MARCO POLO

Griechenland
Festland

Reisen mit Insider Tipps

Diesen Führer schrieb Klaus Bötig,
der Griechenland seit über 25 Jahren
mehrmals jährlich bereist.

marcopolo.de

Die aktuellsten Insider-Tipps finden Sie unter
www.marcopolo.de, siehe auch Seite 157

MAIRS GEOGRAPHISCHER VERLAG

SYMBOLE

Insider Tipp **MARCO POLO INSIDER-TIPPS:**
Von unserem Autor für Sie entdeckt

★ **MARCO POLO HIGHLIGHTS:**
Alles, was Sie in Griechenland kennen sollten

HIER HABEN SIE EINE SCHÖNE AUSSICHT

WO SIE JUNGE LEUTE TREFFEN

PREISKATEGORIEN

Hotels

€€€	**ab 75 Euro**
€€	**40–75 Euro**
€	**bis 40 Euro**

Die Preise gelten für zwei Personen im Doppelzimmer ohne Frühstück in der Hauptsaison pro Nacht.

Restaurants

€€€	**ab 15 Euro**
€€	**10–15 Euro**
€	**bis 10 Euro**

Die Preise gelten für ein Essen mit Fleischgericht, Beilagen, Salat und einem viertel Liter offenen Wein.

KARTEN

[168 A1] Seitenzahlen und Koordinaten für den Reiseatlas Griechenland

[U A1] Koordinaten für die Athen-Karte im hinteren Umschlag

[O] Objekte außerhalb der Athen-Karte

Zu Ihrer Orientierung sind auch die Orte mit Koordinaten versehen, die nicht im Reiseatlas eingetragen sind.

GUT ZU WISSEN

INHALT

Die wichtigsten MARCO POLO Highlights

Sehenswürdigkeiten, Orte und Erlebnisse, die Sie nicht verpassen sollten

1 Epidaurus
Griechenlands besterhaltenes Theater, in dem jeden Sommer antike Tragödien und Komödien aufgeführt werden (Seite 29 und 116)

2 Akrópolis von Athen
Vier Tempel auf einem kahlen Fels über der Altstadt haben Griechenlands antiken Glanz perfekt bewahrt (Seite 32)

3 Archäologisches Nationalmuseum in Athen
Auch für Museumsmuffel ein absolutes Muss, denn hier gehen Sie durch 5000 Jahre Kunstgeschichte (Seite 38)

4 Berg Áthos
Zutritt haben nur Männer mit speziellem Visum, aber eine Bootsfahrt entlang der Küste wird niemandem verwehrt (Seite 54)

5 Sousouráda
In Áfitos auf der Halbinsel Kassándra ist ein bekannter griechischer Fernsehkoch köstlich kreativ (Seite 56)

6 Víkos-Schlucht
Die eindrucksvollste Schlucht Griechenlands können Sie in sieben Stunden durchwandern (Seite 77)

7 Meteóra-Klöster
Die alten Klöster auf steilen Felsen bieten Kunstgenuss und ein einmaliges Landschaftserlebnis (Seite 84)

Der Parthenon-Tempel auf der Akrópolis

Wehrturm in der Máni

Kanal von Korinth

8 Pílion-Rundfahrt
145 km Kurvenfahrt, die sich lohnen: herrliche Natur, grandiose Strände, uralte Dörfer – und einige der stimmungsvollsten Hotels und Pensionen des Landes (Seite 90)

9 Delphi
Schöner können antike Stätten nicht liegen. Und das kleine archäologische Museum genießt Weltruf (Seite 94)

10 Kanal von Korinth
Das technische Meisterwerk ist auch ein Schwindel erregendes Fotomotiv (Seite 110)

11 Nauplia
Die schönste Stadt auf dem griechischen Festland, so etwas wie das Rothenburg ob der Tauber von Hellas (Seite 112)

12 Olympia
In dieser lieblichen Landschaft fanden über 1000 Jahre lang die Olympischen Spiele statt (Seite 121)

13 Mistrás
Kirchen, Klöster, eine Burg und ein Palast zu Füßen des wilden Taigéttos-Gebirges (Seite 128)

14 Máni
Wehrdörfer wie im Mittelalter und historische Wohntürme, in denen Sie übernachten können (Seite 133)

15 Pírgos Dirú
Eine Tropfsteinhöhle, in der Sie über einen unterirdischen Fluss gerudert werden (Seite 134)

★ Die Highlights sind in der Karte auf dem hinteren Umschlag eingetragen

Entdecken Sie Griechenland!

Die Wiege der europäischen Kultur bietet abseits gängiger Ziele viel Entdeckenswertes

Blühender Kaktus

Endlich Urlaub in Griechenland! Die einen freuen sich auf Sonne, Sirtáki und Strand, die anderen auf Theater, Tempel und Museen. Die Vorfreude ist berechtigt, denn das alles hat Griechenland zu bieten – und noch viel mehr. Mich begeistert allerdings die Landschaft am meisten.

Das Land, das Goethe mit der Seele suchte und für das Lord Byron sein Leben gab, ist eins der schönsten und abwechslungsreichsten Europas. Wer es durchquert, erlebt keine Stunde, in der nicht zumindest in der Ferne hohe Berge aufsteigen. Griechenland wird von endlos scheinenden Gebirgsketten durchzogen, von denen viele über 2000 m hoch sind. Ihre spärlich bewachsenen Hänge und Hochebenen sind wie vor Jahrtausenden das Reich der Hirten mit ihren Schafen und Ziegen.

Einige Berge sind eng mit der Mythologie verwoben. Auf dem Olymp (2917 m) hielten Zeus und die anderen elf olympischen Götter bei Nektar und Ambrosia ihre Ratsversammlungen ab; an den Hängen des Parnass (2458 m) tummelte sich der Wein- und Fruchtbarkeitsgott Dionysos mit seinem ausgelassenen Gefolge bei orgiastischen Vergnügungen. Heute laufen die Griechen in den Gebirgen im Winter Ski; im Sommer sind die Berglandschaften Ziel für Wanderer und Ruhe suchende Feriengäste.

Immer wieder durchbrochen wird die Bergwelt von grandiosen Schluchten oder kleinen und großen Ebenen, in denen Getreide und Mais, Baumwolle und Tabak wachsen. Vor allem im Norden sind die Flussmündungen wichtige europäische Vogelparadiese. Griechenlands Küsten sind über 15 000 km lang, 4000 davon entfallen aufs Festland. Unzugängliche Steilküsten, manchmal durchsetzt mit nur von See her erreichbaren Strandbuchten, wechseln mit langen Sand- und Kiesstreifen ab, an denen sich buntes Badeleben entfaltet. Von den meis-

Typisch griechische Kapelle im Parnass-Gebirge

Geschichtstabelle

3200–2000 v. Chr. Kykladische Kultur auf den Ägäischen Inseln

2000–1450 v. Chr. Minoische Kultur auf Kreta

1450–1150 v. Chr. Mykenische Kultur. Die Machtzentren der achäischen Griechen liegen auf dem Peloponnes

1150–750 v. Chr. Die griechischen Stämme der Ionier, Äoler und Dorer dringen in ganz Griechenland ein

750–490 v. Chr. Entwicklung der Stadtstaaten, Entstehung panhellenischer Heiligtümer wie in Delphi und Olympia, wirtschaftlicher Aufschwung, Gründung von Kolonien im Mittelmeerraum und am Schwarzen Meer. Sparta, zunächst Korinth und dann Athen werden zu Machtzentren Griechenlands

492–479 v. Chr. Perserkriege. Die Griechen bleiben siegreich, Athen wird zur stärksten Macht in der Ägäis

338–146 v. Chr. Hellenismus. Philipp II. unterwirft ganz Griechenland, sein Sohn Alexander der Große begründet ein Weltreich

146 v. Chr.–395 n. Chr. Römische Zeit

395–1204 Oströmisch-byzantinische Zeit. Die Reichshauptstadt liegt in Konstantinopel

1204–1453 Fränkische Zeit. Griechenland zerfällt in mehrere kleine Reiche fränkischer Kreuzritter, byzantinischer, serbischer und albanischer Fürsten

1453 Die Türken erobern Konstantinopel, im Verlauf des 15. und 16. Jhs. gelangt fast ganz Griechenland unter ihre Herrschaft

1821–1829 Griechischer Freiheitskampf, Gründung des neugriechischen Staates

1881–1920 Nach mehreren Kriegen ist das gesamte griechische Festland befreit

1940–1945 Italienischer Angriff auf Griechenland. Anschließend Besetzung durch deutsche Truppen

1944–1949 Bürgerkrieg in Griechenland. Rhodos und der Dodekanes werden an Griechenland zurückgegeben

1967–1974 Militärdiktatur in Griechenland

1981 EU-Beitritt Griechenlands

2000 Die regierende sozialdemokratische PASOK unter Ministerpräsident Kóstas Simítis gewinnt Neuwahlen. Stärkste Oppositionspartei wird die konservative Néa Dimokrátia (ND)

2002 Der Euro wird Landeswährung

ten dieser Strände aus sind aber wiederum die hohen Berge zu sehen, viele von Dezember bis in den Mai hinein schneebedeckt. Wasser und Land durchdringen sich in Hellas; man fühlt sich oft am Meer und im Gebirge zugleich. Ein Fünftel Griechenlands machen seine Inseln aus. Fast einhundert sind ständig bewohnt. Auf Kreta, der größten, lebt eine halbe Million Menschen; auf einigen der kleinsten sind es noch nicht einmal einhundert. Auch wer seinen Urlaub auf dem griechischen Festland geplant hat, kann einige Inseln besuchen. Nach Lefkas und Euböa führen Brücken, andere, wie Ägina, Póros und Hydra, sind bequem auf Tagestouren zu erreichen.

Die Griechen sind das älteste Kulturvolk Europas. Politiker, Dichter und Philosophen des antiken Griechenland haben die Grundla-gen des europäischen Denkens ge-schaffen. Alle Epochen der über 5000-jährigen Geschichte Griechenlands haben im Land mehr oder minder deutliche Spuren hinterlassen. In den Ausgrabungsstätten stammen weit mehr Mauern und Säulen aus hellenistischer und römischer Zeit als aus dem klassischen Hellas. Oft sind sie auch mit frühchristlichen Monumenten überbaut; bereits der Apostel Paulus hatte ja die ersten christlichen Gemeinden auf europäischem Boden in Griechenland begründet. Byzantinische Kirchen und Klöster schließlich übertreffen die Zahl antiker Stätten bei weitem. Nur von den Türken gibt es wenige architektonische Spuren, auch, weil die Griechen viele von ihnen nach der Befreiung wütend zerstörten. Dafür ist der 500-jährige Einfluss der Türken auf vielen anderen Gebieten nicht zu übersehen. Die griechische und die türkische Küche ähneln sich sehr. Die typisch griechische Musik klingt nicht wie Sirtáki, sondern hört sich für unsere Ohren oft wie türkische Musik an. Die historischen Trachten erinnern an die Kleidung, die auch anderswo im Osmanischen Reich getragen wurde. Und selbst in die Sprache sind türkische Wörter eingegangen. Es gibt freilich nicht wenige Stimmen, die meinen, dass die Türken all das, was sich in beiden Kulturen ähnelt, von den Griechen übernommen hätten oder dass es gemeinsame Wurzeln in Byzanz habe. Darüber mag jeder denken, wie er will …

Olympia – Teile des Zeus-Tempels

»Die Griechen sind Europas ältestes Kulturvolk«

Nur ungern sprechen die Griechen laut über eine andere Folge ihrer so bewegten Geschichte: die ethnischen Minderheiten, die in Hellas leben. So wurden denn auch 1951 letztmals Zahlen über Muttersprache und Religionszugehörigkeit der griechischen Bevölkerung veröffentlicht.

Urlaubern fallen mit Sicherheit die vielen Roma auf. Sie fahren mit großen und kleinen Lastwagen durchs ganze Land, verkaufen Melonen und Eier, Teppiche und Haushaltswaren. Vor allem aber versorgen sie ganz Griechenland mit den Plastikstühlen, die inzwischen die traditionellen Holzstühle mit geflochtenen Sitzflächen aus nahezu allen Restaurants und Kaffeehäusern verdrängt haben. Große Zeltlager der Roma sind häufig an den Stadträndern zu sehen. Die meisten Roma sprechen Griechisch, einige haben Türkisch als Muttersprache. Im Nordosten Griechenlands, insbesondere in Thrakien, leben noch viele sunnitische Moslems. Im Landkreis Xánthi sind es überwiegend Pomaken, deren Muttersprache Bulgarisch ist. Sie sind an ihrer ausgesprochen bunten Kleidung zu erkennen. Im übrigen Thrakien sind die Moslems vorwiegend Türken. Sie haben ihre eigenen Schulen, an denen Griechisch jedoch Pflichtfach ist. Auf dem Lande sind ältere türkische Frauen oft an ihrer schwarzen Kleidung und den Kopftüchern zu erkennen.

» *Pontosgriechen sieht man auf Flohmärkten* «

Juden stellten bis zum Zweiten Weltkrieg eine kulturell und wirtschaftlich bedeutende, vor allem in Thessaloníki lebende Volksgruppe. Beim Abzug der Deutschen lebten von den zuvor 77 000 griechischen Juden nur noch 10 000; die meisten waren in Konzentrationslagern ermordet worden. Heute wohnen noch etwa 6000 Juden in Hellas.

Seit dem Zusammenbruch der sozialistischen Staatenwelt Ende der 1980er-Jahre strömen Hunderttausende von Albanern aus Albanien ins Land. Manche sind eindeutig griechischer Abstammung und dürfen deshalb bleiben. Die meisten aber kommen illegal über die Grenze. Sie verdingen sich vor allem als wandernde Landarbeiter und auf dem Bau.

Weiteren Zuzug erhält Griechenland durch Griechen von der ehemals sowjetischen Schwarzmeerküste. Diese Pontosgriechen kommen legal. Man sieht sie in jeder Stadt und fast jedem Dorf als Flohmarkthändler, die mitgebrachten Kleinkram wie beispielsweise russische Zigaretten, russisches Werkzeug und russische Spielsachen, Samoware und Tischdecken am Straßenrand feilbieten.

Trotz all dieser Minderheiten fühlen sich die Griechen mehr denn je als ein Volk. Separatistische Bestrebungen wie in Spanien, Frankreich oder gar im ehemaligen Ostblock gibt es nicht.

Als Europäer fühlen sich die Griechen dabei nur ganz am Rande. Den Reisenden fallen die häufigen Schilder mit den 15 Sternen der Europaflagge auf. Sie geben bekannt, mit welcher Summe die Europäische Union ein Straßenbauprojekt oder eine Sanierungsmaßnahme, einen Hafenausbau oder eine neue Kanalisation bezuschusst. Die meisten Griechen aber gehen immer noch davon aus, dass ihr Land der sechste Kontinent ist – anders als der Rest der Welt. Sie schätzen es, dass Europa ihnen den Wegfall vieler Zölle brachte, Haushaltsgeräte und vor allem Autos billiger machte. Sie hassen aber die vielen Brüsseler Vorschriften, die ihren Gewohnheiten und ihrer Mentalität widersprechen.

»Griechen halten an ihrem Lebensrhythmus fest«

Die meisten Griechen möchten unbedingt ihre Eigenarten bewahren. Davon haben sie wahrlich genug. Die Urlauber plagen sich mit der griechischen Schrift ab. Sie bemerken selbst im Straßenbild, dass sie in einem orthodoxen Land reisen. Überall fällt auf, dass sich die griechische Folklore weit besser gegen angloamerikanische Einflüsse behaupten kann als das Brauchtum anderswo in Europa.

Die Griechen halten an ihrem Lebensrhythmus fest. Der Tag ist viergeteilt. Von morgens früh bis mittags wird gearbeitet. Dann folgt eine lange Siesta; Nachmittag nennt man die Zeit nach 17 Uhr. Der Abend beginnt mit dem Abendessen gegen 21 oder 22 Uhr; Nachtlokale machen meist erst gegen 23 Uhr auf und präsentieren beste Stimmung selten vor Mitternacht. Vorher geht auch kaum jemand schlafen. Auch die Lebensziele sind andere als in Mitteleuropa. Die Arbeit ist kein Selbstzweck, ein Wort für Beruf gibt es im Griechischen nicht. Man fragt »welche Arbeit machst du«, nicht »welchen Beruf hast du«. Die Arbeit dient dem Lebensunterhalt und dem Kauf von Statussymbolen, vor allem aber dem Erwerb von Immobilien. Die gewährleisten den Menschen die soziale Absicherung, die ein mangelhaftes staatliches Sozialversicherungssystem nicht zu geben vermag. Um diese Sicherheit zu erwerben, wandern Griechen

Das kafeníon, das Kaffeehaus, ist für griechische Männer eine Institution

Die Marco Polo Bitte

Marco Polo war der erste Weltreisende. Er reiste in friedlicher Absicht, verband Ost und West. Er wollte die Welt entdecken, fremde Kulturen kennen lernen, nicht zerstören. Könnte er heute für uns Reisende nicht Vorbild sein? Aufgeschlossen und friedlich sollte unsere Haltung auf Reisen sein. Dazu gehören auch Respekt vor Mensch und Tier und die Bewahrung der Umwelt.

schon seit Jahrhunderten von Inseln und Dörfern in die Städte ab oder emigrieren ins Ausland. Den Lebensabend jedoch wollen sie im Heimatdorf verbringen, und liegt es noch so weltabgeschieden in den Bergen. Deswegen sieht man so viele Dörfer, die außerhalb der Hochsommermonate fast menschenleer scheinen, in denen aber prächtige Häuser stehen: vorausplanend gebaute Altersruhesitze. Gerade in solchen Dörfern erlebt man als Urlauber oft die schönsten Stunden. Abseits der Strände und Touristenzentren sind Fremde noch Gäste, die man neugierig betrachtet. Wer sich nicht wie ein Jäger auf Fotosafari verhält, sondern sich mit Muße für einige Zeit im Kaffeehaus niederlässt, wird bald nach Woher und Wohin, Kinderzahl, Arbeit, Heimatland und Reisezweck gefragt. Oft findet sich ein Einheimischer, der die Muttersprache des Gastes oder ein wenig Englisch beherrscht, ein Gespräch entwickelt sich. Dann zeigt sich auch die Gastfreundlichkeit der Griechen, die in den Touristenzentren nicht mehr so leicht wie früher zu finden ist. Unmerklich wird der Kaffee des Fremden von Einheimischen bezahlt, den Kindern ganz selbstverständlich eine Limonade spendiert.

Von den Highways des Massentourismus abzuweichen ist ohnehin der beste Tipp, den ich Reisenden mit auf den Weg geben kann. Es gibt Kirchen und Klöster, Museen und archäologische Stätten, Landschaften und Dörfer, die man gesehen haben muss. Nicht minder reizvoll ist ein Besuch der unbekannteren Schönheiten, auf die in diesem Führer auch hingewiesen wird. Darüber hinaus gibt es aber eine Vielzahl von Orten, die nichts Besonderes zu bieten haben – und die Ihnen dennoch besonders in Erinnerung bleiben werden, weil Sie sie selbst entdeckt haben.

» Arbeit ist kein Selbstzweck «

Kreuz und quer durch Griechenland zu reisen ist kein Problem. In vielen griechischen Dörfern stecken die Hausschlüssel außen in der Tür, außerhalb der Städte bleiben die Wagen meist unabgeschlossen. Die Kriminalitätsrate ist ausgesprochen niedrig; die Händler sind nur in wenigen Touristenzentren aufdringlich. Bettler gibt es fast nur in Athen; Sprachprobleme lassen sich immer irgendwie lösen. Und hilfsbereit sind die Griechen allemal: Wer nach dem Weg fragt, wird oft ein Stück weit begleitet. Unterkünfte gibt es fast überall, weil sich viele Griechen durch Zimmervermietung ein Zubrot verdienen.

Eines allerdings ist in Griechenland schwierig: korrekte Antworten auf Fragen zu bekommen, die sich nicht auf den gegenwärtigen Aufenthaltsort selbst beziehen. Im Ort A kennt niemand den Busfahrplan von Ort B; 20 km abseits des Fährhafens weiß niemand, wann dort die Schiffe ankommen und abfahren. Die Griechen denken, gefördert durch Geografie und Geschichte, weiterhin kleinräumig. Schließlich sind viele Landschaften noch immer durch Berge von der Außenwelt getrennt; schließlich zählt das Wohl der eigenen Gemeinde wie im alten Hellas noch immer mehr als das des Staates.

» Das Wohl der eigenen Gemeinde hat Vorrang «

Der nämlich hat es schwer im heutigen Griechenland. Die griechische Nation wird in Ehren gehalten und im Notfall begeistert verteidigt, doch der Staat nur als lästig empfunden. Er schluckt Steuern und Zölle, ohne viel dafür zu geben. Er versucht durch immer neue Gesetze und Ausführungsbestimmungen das Leben des Einzelnen zu reglementieren – und stört damit die Kreise der Griechen, die eins vor allem sein wollen: Individualisten. Mehr als durch Gesetze werden sie noch immer vom eigenen *philótimo,* dem Ehrgefühl, gelenkt.

Daran sollten auch die Urlauber denken, wenn sie wirklich einmal Grund haben, sich zu beklagen. Mit Drohungen, Beschimpfungen und gesteigerter Lautstärke wird man nie etwas erreichen. Die Aussicht auf Erfolg einer Beschwerde ist viel größer, wenn man einen Griechen bei seiner Ehre packt. Er hat keinen Fehler gemacht, doch man braucht ganz einfach seine Hilfe. Schließlich ist er ja klug, gewitzt und stark genug, um etwas verändern zu können …

Vor der Küste des Peloponnes liegt die Insel Elafónissi

Von alten Göttern bis zur Gegenwart

Das moderne Griechenland bereitet ebenso viele Überraschungen wie Antike und Byzanz

Antike Götter

Die meisten antiken Bauten, deren Überreste wir heute gern bestaunen, wurden zu Ehren von Göttern erbaut. Die Götter waren den alten Griechen allgegenwärtig. Sie residierten auf dem Olymp, dem höchsten Berg des Landes, mischten sich in Kriege und das Alltagsleben der Menschen ein, hatten Liebschaften mit Irdischen und legten großen Wert darauf, dass die Menschen sie gebührend ehrten. Sie waren in den Tempeln präsent, die für sie nicht nur in den Städten, sondern auch auf einsamen Bergen und auf hohen Kaps am Meer errichtet worden waren.

Die Römer übernahmen später weitgehend die Götter der Griechen und gaben ihnen lateinische Namen. Da die bei uns oft bekannter sind als die griechischen, stehen im Folgenden die lateinischen Götternamen in Klammern:

Göttervater *Zeus* (Jupiter) galt als mächtigster der Götter. Ihm zu Ehren wurden alle vier Jahre die Olympischen Spiele veranstaltet. Zeus-Heiligtümer standen außer in Olympia auch im makedonischen Díon und in Dodóni in Epirus.

Olympia: Zeus und Ganymed

Zeus' Bruder *Poseidon* (Neptun), dem ein bedeutendes Heiligtum auf Kap Súnion bei Athen geweiht war, war für das Meer und die Erdbeben zuständig. *Hades* (Pluto), sein zweiter Bruder, hütete die Unterwelt; ihn ehrte man im Totenorakel Nekromanteíon bei Mesopótamo in Epirus.

Gemahlin des Zeus war *Hera* (Juno), deren Hauptheiligtum auf der Insel Sámos lag. Sie beschützte die Ehe. Ihr einziger gemeinsamer Sohn war *Hephaistos* (Vulcanus), der Gott der Schmiedekunst, dem ein Tempel auf dem Marktplatz von Athen geweiht wurde, der als der besterhaltene Griechenlands gilt.

Hephaistos' Gattin *Aphrodite* (Venus) war die Göttin der Liebe, ihr Hauptheiligtum lag auf der Insel Zypern. Ihr Geliebter war der Kriegsgott *Ares* (Mars).

Aus einem der häufigen außerehelichen Verhältnisse des Zeus soll *Apoll* (auch römisch Apoll) hervorgegangen sein, der Gott der Schönheit und des Lichts. Seine bedeutendsten Heiligtümer standen in Delphi sowie in Bassae auf dem Peloponnes. Seine Zwillingsschwester *Artemis* (Diana) war die Göttin der Jagd, die in Brauron bei Athen einen schönen Tempel hatte.

Dionysos (Bacchus) schließlich war der Gott der Fruchtbarkeit und des Weins und weithin bei den Menschen sehr beliebt. Als Gott des Theaters wurden ihm in jedem griechischen Theater vor den Aufführungen Opfer dargebracht.

Byzanz

Byzanz begegnet man in Griechenland häufiger als der Antike. Man besichtigt byzantinische Kirchen und Klöster, Wandmalereien und Ikonen, Burgruinen und Stadtmauern. Man hört von byzantinischen Traditionen, die in der Musik, der Volkskunst und im Denken der Menschen fortleben. In nahezu allen Gotteshäusern trifft man auf den byzantinischen Doppeladler, Symbol der weiter bestehenden Kirche und des untergegangenen Reiches. Byzanz wurde 1204 von den Venezianern und den Teilnehmern des vierten Kreuzzugs geplündert. Weite Teile des Festlands und der Inseln gerieten damals unter die Herrschaft fremder Herren. Byzanz selbst ging jedoch erst 1453 endgültig unter, als die Türken die Stadt eroberten und sie in Istanbul umbenannten. Die Griechen nennen sie weiter mit ihrem spätantiken Namen *Konstantinúpolis*, Konstantinopel.

Fauna

Vor allem im Norden Griechenlands sind viele schwer zugängliche Hochebenen, Gebirgstäler und Wälder erhalten. Hier leben noch große Säugetiere wie Braunbären, Wölfe, Schakale, Wildschweine, Hirsche und Rehe. Im übrigen Griechenland sind sie schon lange ausgerottet. Neben der Verstädterung und verheerenden Waldbränden hat dazu vor allem die Jagdleidenschaft der Griechen beigetragen, die nur schwer in gesetzliche Bahnen zu lenken ist.

Inzwischen wurden freilich einige Nationalparks eingerichtet, die auch von großem touristischen Interesse sind. Dazu gehören der Olymp in Makedonien und der Víkos-Aoós-Nationalpark in Epirus. Naturschützer unternehmen beachtliche Anstrengungen zum Schutz der von der Landwirtschaft bedrohten Naturparadiese des Néstos- und des Évros-Deltas im Nordosten des Landes.

Zu den besonders auffälligen, aber seltenen Großvögeln in Griechenland gehören Adler, Uhus, Flamingos und Pelikane. Noch häufiger zu sehen sind Reiher und vor allem Störche.

Mit ein wenig Glück sieht man auch Wiesel, Land- und Sumpfschildkröten sowie Schlangen. Skorpione hingegen sind selten und ebenso wenig wie die Schlangen eine Bedrohung für die Menschen.

Die Meere Griechenlands sind stark überfischt und durch die immer noch betriebene Dynamitfischerei sowie die bedrohlich wachsende Sportfischerei mit Harpunen zunehmend gefährdet. Nur noch selten sieht man Delphine; vor Haien braucht beim Schwimmen niemand Angst zu haben.

Flora

Im Frühjahr bedecken Blütenteppiche einen Großteil Griechenlands. Im Sommer und Herbst hingegen sind Felder und Wiesen braun und ausgedörrt, im Winter sprießt wieder das erste Grün. Griechenlands Flora ist nicht nur mediterran, sondern in den Bergen auch kontinental; über zehn Prozent aller hier wachsenden Pflanzen sind endemisch und kommen nur in Griechenland vor.

Olivenhaine prägen die griechische Kulturlandschaft. In fruchtbaren Ebenen, insbesondere auf dem Peloponnes, wachsen Orangen und Zitronen in großen Plantagen. Bedeutende Nutzpflanzen sind außerdem Baumwolle und Tabak, Weizen, Gerste und Mais. Platanen und Oleander säumen viele im Sommer oft ausgetrocknete Bachläufe. Macchia aus Steineichen, Kermeseichen, Mastixsträuchern, Ginster, Lorbeer, Erdbeerbäumen und allerlei Kräutern wie Thymian und Oregano bedeckt viele Kahlflächen. In Höhen über 500 bis 800 m wird sie abgelöst durch die Phrygana, eine Trockenmacchia aus Kräutern, Wacholder, Heide und Wolfsmilchgewächsen.

Häufig anzutreffen, aber erst in den letzten Jahrhunderten eingeführte Pflanzen sind Agaven, Feigenkakteen und, besonders viel an Straßen, Eukalyptusbäume.

Ikonen

Darstellungen von Heiligen und biblischen Ereignissen auf Tafelbildern nennt man in der orthodoxen Kirche Ikonen. Man findet sie in allen Gotteshäusern, aber auch in vielen Autos, Bussen, Geschäften, Restaurants und Privatwohnungen. Sie sind etwas ganz anderes als fromme Bilder in unseren Kirchen. Ikonen sind »Tore zum Himmel«. Sie bringen den Heiligen ins Haus, machen ihn präsent. Deswegen genießen sie auch große Verehrung, werden geküsst, mit Edelmetall, kostbaren Vorhängen, Edelsteinen, Ringen und Uhren geschmückt. Ikonen sind Konsulate des Himmels auf Erden. Sie werden behandelt, als wären sie der oder die Heilige selbst.

Götzendienst ist das nicht. Die Verehrung gilt ja nicht dem gemalten Bild, weil die Ikone selbst viel mehr als nur ein Bild ist. Die Verehrung gilt dem Dargestellten selbst. Die Ikone ist nicht das Abbild des Heiligen, sondern mit ihm wesenseins. Der Ikonenmaler muss

Olivenhaine, wie hier bei Ligúrio, finden Sie vielerorts in Griechenland

sich ebenso wie der Schöpfer von Wandmalereien in den Kirchen auch heute noch streng nach uralten Regeln richten. Er hat nur wenig Freiheiten, seine Phantasie und künstlerische Kreativität sind nicht gefragt. Das führt dazu, dass sich so viele Ikonen gleichen, ganz egal, aus welchem Jahrhundert sie stammen. Die Maler halten sich streng an den byzantinischen Formenkanon. Er hat sich während und vor allem nach dem Bilderstreit, dem Ikonoklasmus (726–843), herausgebildet. In jener Zeit kam es über die Frage, ob Ikonen verehrt werden dürfen, zu einem regelrechten Bürgerkrieg im Byzantinischen Reich. Die Ikonenfreunde siegten. Fortan aber musste es für jede Darstellungsweise eine theologische Bedeutung und Rechtfertigung geben und damit Malvorschriften, die bis heute eingehalten werden.

Kamáki

Allein reisende Frauen müssen in Griechenland nicht lange allein bleiben. Dafür sorgen die Kamákia (was wörtlich übersetzt »Harpunen« heißt). Schick gekleidet und mit einem Goldkettchen auf der halb entblößten Brust, vermögen sie in vielen Sprachen ein Gespräch zu beginnen. Man trifft sie vor allem in den Touristenzentren an; viele von ihnen sind im Hauptberuf Kellner oder Souvenirhändler. Zu ihrer Ehrenrettung sei gesagt, dass sie es nicht nur auf eine möglichst hohe »Trefferzahl« anlegen: Aus so manchem Kamáki ist der Ehemann einer Ausländerin geworden.

Komboloi

Vor allem ältere griechische Männer tragen stets ein Komboloi bei sich, ein Kettchen, dem Rosenkranz ähnlich. Es hat jedoch keinerlei religiöse Bedeutung, sondern dient einzig und allein dem Zeitvertreib. Wahrscheinlich haben es die Griechen in Abwandlung der islamischen Gebetskette übernommen.

Príka

Bis 1983 stand es im griechischen Gesetzbuch: Der Vater hatte seinen Töchtern eine Mitgift – die *príka* – zu verschaffen. Normalerweise gehörte dazu ein Haus, mindestens aber eine Wohnung. Das Gesetz ist abgeschafft worden, Haus oder Apartment als Mitgift der Braut sind aber immer noch üblich. Nur dass jetzt häufig neben dem Vater und den Brüdern auch die jungen Frauen selbst arbeiten, um das dafür notwendige Geld zu verdienen. Das Haus bleibt während der Ehe im Besitz der Frau und dient ihrer sozialen Absicherung.

Der Bräutigam soll in die Ehe eine gute Ausbildung und einen einträglichen Beruf mitbringen; denn er ist verpflichtet, die Familie zu ernähren.

Für die Ausrichtung der Hochzeitsfeierlichkeiten ist der Trauzeuge zuständig. Er wird damit zum Familienmitglied und genießt alle Vorteile des Klientelismus. Strebt er beispielsweise ein politisches Amt an, kann er sich der Stimmen des Brautpaares und späterer Kinder sicher sein.

Religion

Außer in Thrakien, wo es eine starke islamische Minderheit gibt, bekennen sich fast alle Griechen zum griechisch-orthodoxen Christentum. Andere christliche Konfessionen werden als Häresien betrachtet, denen anzuhängen den Weg in den Himmel versperrt.

Den Urlaubern fallen zunächst die Kirchen und die vielen kleinen Kapellen auf, die anders aussehen als bei uns. Viele sind überkuppelt; innen sind sie meist prunkvoll. Statuen, Beichtstühle und Weihwasserbecken fehlen im Gegensatz zu römisch-katholischen Kirchen.

Überall in Griechenland begegnet man den orthodoxen Priestern, die lange, dunkle Gewänder, einen üppigen Bart und eine Kopfbedeckung tragen, unter der nur ein mehr oder minder langer Zopf herausschaut. Die orthodoxen Priester dürfen vor der Priesterweihe heiraten und haben oft große Familien. Sie werden vom Staat bezahlt.

Orthodoxe Gottesdienste dauern häufig zwei und mehr Stunden. Nur wenige Kirchenbesucher harren diese lange Zeit über aus. Es herrscht ein ständiges Kommen und Gehen; man plaudert auch während des Gottesdienstes gelegentlich miteinander. Predigten sind kaum üblich; formeller Hauptinhalt ist der Wechselgesang der täglich unterschiedlichen Liturgie, die vom Priester und einigen Laien vorgetragen wird. Gesangbücher für die Gemeinde gibt es nicht. Äußerliche Unterschiede zwischen orthodoxen und anderen Christen zeigen sich auch in der Art der Bekreuzigung. Der orthodoxe Christ schlägt das Kreuz mit nur drei Fingern: je einem für Gottvater, Gottsohn und Heiligen Geist.

Die orthodoxen Christen erkennen den Papst nicht als Oberhaupt der Christenheit an. Sie fühlen sich den Aposteln und frühen Christen eng verbunden, weil sich ihre Glaubensgrundsätze aus dem Urchristentum heraus entwickelt und seit dem 9. Jh. nicht mehr verändert haben. Sie beklagen das Werk der evangelischen Reformatoren und die vom Papst immer wieder einmal neu verkündeten Dogmen als reines Menschenwerk.

Ein kurioser Stilmix prägt die Kirche von 1972 in Mantínea

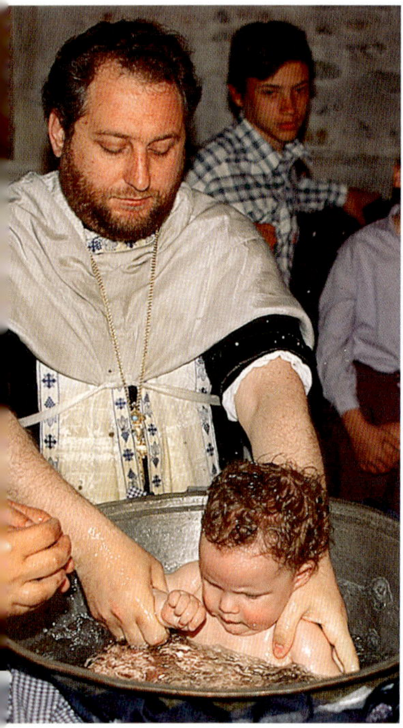

Orthodoxe Taufe: Der Täufling wird ganz mit Wasser benetzt

Zur offiziellen Kirchenspaltung, dem Schisma, kam es bereits 1054. Dogmatische Unterschiede gibt es viele. Zur Kirchenspaltung kam es, weil die Orthodoxen glauben, dass der Heilige Geist nur von Gottvater ausgeht, während die »Papisten« verkündeten, er ginge von Vater und Sohn zugleich aus. Bei der Taufe halten die Orthodoxen am vollständigen Untertauchen des Täuflings fest. Und für sie ist Maria nach ihrem Tode nicht leiblich gen Himmel gefahren; Christus trug nur ihre Seele davon. Darum wird am 15. August auch nicht Mariä Himmelfahrt gedacht, sondern Mariä Entschlafung.

Rusfétti

Simple Bestechungen sind in Politik und Wirtschaft Griechenlands nicht seltener als in anderen Ländern der Welt. Darüber hinaus aber hat sich in Hellas ein soziales System der Einflussnahme entwickelt, das man wissenschaftlich als Klientelismus bezeichnet. In der griechischen Umgangssprache heißt es schlicht *rusfétti*.

Der Kandidat für ein politisches oder gesellschaftliches Amt versucht, sich möglichst viele Wähler zu verpflichten. Ein Mittel dazu ist die familiäre Bindung. Der Kandidat kann seine Familie vergrößern, indem er möglichst oft als Taufpate oder Trauzeuge agiert. Das kostet ihn zwar viel Geld für die Ausrichtung der Feierlichkeiten; die Stimmen der neuen Familie sind ihm dafür aber zunächst sicher. Wähler gewinnt man auch dadurch, dass man ihnen Vorteile verspricht, etwa das Beschaffen einer Baugenehmigung oder eine Anstellung im Staatsdienst. Vor allem deswegen ist der griechische Beamtenapparat so aufgebläht. Nach Wahlen müssen immer neue Staatsdiener eingestellt werden, ohne dass dafür andere entlassen werden können.

Tageslicht

In Griechenland sind die Wintertage spürbar länger und die Sommertage deutlich kürzer als bei uns. Damit Sie die Urlaubstage besser planen können, hier einige Sonnenauf- und -untergangszeiten: Anfang Januar 7.45 Uhr und 17.15 Uhr; Anfang April 7.05 Uhr und 19.55 Uhr; Anfang Juli 6.10 Uhr und 20.55 Uhr; Anfang Oktober 7.25 Uhr und 19 Uhr (die Sommerzeit ist jeweils berücksichtigt).

Umweltschutz

Ein Umweltbewusstsein entsteht in Griechenland erst ganz langsam. Natur- und Umweltschutzorganisationen, darunter seit 1991 auch ein griechischer Ableger von Greenpeace, haben einen sehr schweren Stand. Eine ökologische Partei gibt es zwar, aber die griechischen Grünen sind mit keinem einzigen Abgeordneten im 300-köpfigen Parlament vertreten.

Müll wird überall in unübersehbaren Mengen produziert. Trotz angedrohter Strafen kippt man ihn gern irgendwo ins Gelände. Die Gemeinden machen es kaum anders: Sie verbrennen den Müll unter offenem Himmel. Sondermüllsammlungen oder gar -deponien sind unbekannt. Nahezu jeder Wirt zieht Getränkedosen Glasflaschen vor, Plastikwaren haben die alten Materialien Holz und Ton ersetzt. Die Menschen aber scheinen nicht verstanden zu haben, dass Plastik, anders als Holz und Ton, nahezu unvergänglich ist. Da ist es schon ein gewaltiger Fortschritt, dass den Wirten 1991 wenigstens die Verwendung von Einmal-Plastiktischdecken untersagt wurde.

Der Athener Smog, *néfos* genannt, hat ebenso Weltruhm erlangt wie die Akrópolis. Sonst ist aber außer im Großraum Thessaloníki die Luftverschmutzung mangels Industrie noch kein großes Problem. In den Städten aber spüren Touristen sie dennoch am eigenen Leib: Die vielen Mopeds, Motorräder, Autos, LKW und Busse sind die Verursacher. Bleifreies Benzin ist inzwischen zwar an fast jeder Tankstelle zu haben, aber noch fahren viele alte Fahrzeuge ohne moderne Katalysatoren.

Ägäis und Ionisches Meer sind weitgehend sauber. Nur in den Ballungsgebieten von Athen und Thessaloníki macht sich bemerkbar, dass die Industrie Abwässer ungeklärt ins Meer leitet. In der Nähe beider Städte ist das Meer schwermetallverseucht. Die privaten Haushalte sammeln ihre Fäkalien hingegen in Sickergruben, sodass sie nicht in die See gelangen. Die Besatzungen der Fährschiffe sind durch ein freiwilliges Programm der Reeder zu umweltbewusstem Handeln erzogen worden und werfen Müll fast nie mehr einfach über Bord.

Wegen der hohen Stromkosten gehen immer mehr Haus- und Hotelbesitzer dazu über, zur Warmwasseraufbereitung Sonnenkollektoren auf ihren Dächern zu installieren. Strom wird in Griechenland noch zu 90 Prozent aus Braunkohle oder Dieselkraftstoff gewonnen. Mit Hilfe der EU entstehen jedoch vor allem auf den Inseln immer mehr Windkraftwerke.

Gegen Lärm scheinen Griechen nahezu unempfindlich zu sein. Das zeigt sich nicht nur an den vielen heftig knatternden Mopeds und der lauten Musik in Lokalen und Privathäusern bis weit nach Mitternacht, sondern auch daran, dass Nachtlandeverbote auf den Flughäfen noch nicht einmal in Erwägung gezogen werden.

Urlaub

Urlaub machen die Griechen bevorzugt im August, insbesondere in den Tagen um Mariä Entschlafung (15.8.) herum. Die meisten Griechen bleiben im Lande, fahren beispielsweise auf die Inseln, ans Meer oder – sofern sie in Städten leben – in ihre Heimatdörfer.

Tafeln wie die Griechen

Tavernen gibt es wie Sand am Meer. Sie haben die Wahl zwischen echter Dorfatmosphäre und moderner Romantik

Souvláki-Spießchen, Moussaká, Gýros und Bauernsalat bekommen Sie auch beim Griechen zu Hause. Dafür braucht man nicht nach Griechenland zu reisen. Die echte griechische Küche hat jedoch viel mehr und ganz anderes zu bieten, das zu kosten sich lohnt.

In den meisten Restaurants und Tavernen gibt es längst mehrsprachige, gedruckte Speisekarten. Die tagesaktuellen Angebote sind darauf jedoch überhaupt nicht oder nur handschriftlich auf Griechisch vermerkt. Also macht man es lieber so wie die Griechen, geht in die Küche und schaut in die Töpfe oder in Warmhaltetresen und in den Kühlschrank, um zu sehen, was es wirklich gibt. Bestellen Sie beim Kellner aber lieber nicht gleich ein ganzes Menü. Was das ist, wissen die wenigsten und servieren meist alles gleichzeitig. Ordern Sie also besser schrittweise.

Essen in der paréa

Noch besser nimmt man sich auch in dieser Hinsicht ein Beispiel an den Einheimischen. Die lieben es, möglichst viele Teller mit verschiedenen Gerichten gleichzeitig auf dem Tisch zu haben. Sie gehen allerdings abends auch selten allein oder in trauter Zweisamkeit zum Essen aus. Für sie ist die fröhliche Tischgemeinschaft, die *paréa,* ebenso wichtig wie der kulinarische Genuss.

In einer *paréa* bestellt man immer viele verschiedene Speisen. Sie werden in die Mitte des Tisches gestellt. Jeder nimmt sich, was und wie viel er mag. Meist werden auch Fleisch und Fisch auf großen Platten serviert. Üblicherweise bestellt man viel mehr, als man essen kann. Alles restlos zu verputzen gilt als Blamage, zeigt es doch, dass man offenbar nicht genug geordert hat. Alle Teller, auch die leer gegessenen, bleiben normalerweise auf dem Tisch stehen. Der Kellner räumt sie nicht ab, damit die *paréa* jederzeit sehen kann, wie gut sie gespeist hat.

Beim Bezahlen übernimmt meist einer die Rechnung für alle. Gemeinsam am Tisch zu sitzen, aber später getrennt zu zahlen, finden Griechen befremdlich und nennen das »die deutsche Art«. Wer sie pflegen will, macht den

Klassisch: Tomaten mit Schafskäse und Oliven

Griechische Spezialitäten

Lassen Sie sich diese Köstlichkeiten gut schmecken!

arnáki fassolákia – geschmortes Lammfleisch mit grünen Bohnen

arsinósalata – Seeigelsalat

briám, briamé – Ratatouille mit viel Auberginen

chtapódi ksidáto – in Essig und Öl eingelegter Krakensalat

fáva – ein Püree aus gelben Erbsen, das mit Öl übergossen und mit Zwiebeln und Zitronensaft gegessen wird

jurvalákia – die griechische Variante der Königsberger Klopse, aus Rinderhack hergestellt

juvétsi – überbackene, Reis ähnlich sehende Nudeln mit Rindfleisch

kakaviá – die griechische Form der Bouillabaisse. Der Fisch wird nicht in der Suppe, sondern auf einem separaten Teller serviert

karidópitta – Walnusskuchen

kléftiko – zusammen mit Kartoffeln im Backofen gegartes Lamm- oder Ziegenfleisch

láchanodolmádes – mit Reis und Hackfleisch gefüllte Kohlblätter

lukanikó – gebratene, meist sehr fette Wurst

lukanikópitta – Würstchen im Schlafrock

manitária – Pilze

márides – knusprig ausgebackene Sardellen, die man mit Haut und Gräten, Kopf und Schwanz verzehrt

milópitta – Apfelkuchen

papútsi – gefüllte Aubergine

patsá – deftige Kuttelsuppe, in der auch Schweins- und Lammfüßchen mitgekocht werden können; wird vor allem nachts und frühmorgens gegessen

pikilía – ein Teller mit verschiedenen kalten Vorspeisen

revithókeftedes – Reibekuchen aus Kichererbsenmehl

rewáni – Grießkuchen

sikóti – gebratene Leber

skordaljá – Knoblauchsoße zu Fisch oder Schweinefleisch auf der Basis von püriertem Weißbrot

spanakópitta – mit Spinat gefüllte Strudelteigtaschen

spetsofaí – Landwürste, in einer ölreichen Tomatensoße zusammen mit vielen grünen Paprika gekocht

stifádo – meist Rinds-, manchmal auch Kaninchengulasch mit Zwiebelgemüse

Kellner am besten schon bei der Bestellung darauf aufmerksam.

Extrakosten

In fast allen Restaurants und Tavernen zahlt man zwangsweise 0,20 bis 1 Euro für das Couvert, also für Besteck, Servietten und Brot. Darauf zu verzichten ist nicht möglich. Trinkgeld hingegen sollten Sie nur geben, wenn Sie zufrieden waren: Griechen geben entweder gar nichts oder eine Summe, mit der sie sich nicht blamieren.

Missverständnisse entstehen leicht, wenn man frischen Fisch bestellt. Dessen Preis richtet sich nämlich nach dem Gewicht. Deswegen sollte der Gast beim Auswiegen unbedingt dabei sein.

Jederzeit ist Essenszeit

Nahezu alle Restaurants und Tavernen sind von mittags bis Mitternacht durchgehend geöffnet. Für den kleinen Hunger zwischendurch oder für Tage, an denen man sparsam sein will, bilden zudem die *psistariá* genannten Imbissstuben und die vielen Bäckereien, die mit Käse, Würstchen, Spinat und anderem gefüllte Blätterteigtaschen anbieten, eine gute Alternative.

Liebhaber süßer Leckereien sind im *zacharoplastío,* der griechischen Konditorei, am richtigen Platz. Neben Cremetörtchen und Sandkuchen gibt es hier überwiegend orientalische Spezialitäten mit Nüssen und Honig wie z. B. *baklavá* und *kataífi.*

Gegen den Durst

Das griechische Nationalgetränk ist Wasser. In abgelegenen Regionen bekommt man es sogar häufig noch zu Bier und Eis serviert. Offenen Wein bekommen Sie in fast allen Lokalen. Die Auswahl an guten Flaschenweinen wird immer größer. Eine Besonderheit ist der mit dem Harz der Aleppokiefer versetzte Weißwein *retsína.*

Unter den einheimischen Spirituosen ist der Anisschnaps Oúzo am verbreitetsten. Nach dem Essen mundet auch der Weinbrand Metaxá; den gibt es in drei Qualitätsstufen, mit drei, fünf und sieben Sternen.

Kaffee trinken die Griechen den ganzen Tag über. Man hat die Wahl zwischen einem Mokka, *kafés ellinikós,* heißem Instantkaffee, generell *ness sestó* genannt, und kaltem, schaumig geschlagenem und mit Eiswürfeln serviertem Instantkaffee, *frappé.* Den gewünschten Süßegrad muss man bei der Bestellung gleich mit angeben: *skétto,* ohne Zucker; *métrio,* mit etwas Zucker; *glikó,* süß. Mokka trinkt man immer ohne Milch, bei anderen Kaffees hat man die Wahl zwischen *mä gála,* mit Milch, und *chorís gála,* ohne Milch.

Regionale Unterschiede

Regionale Unterschiede in der Küche werden Fremde kaum bemerken. Am ehesten fällt auf, dass im Norden neben dem klassischen griechischen Salat aus Tomaten, Gurken, Oliven und Zwiebeln häufig auch *saláta pikantík* gegessen wird, eine Art leicht saurer, gut gewürzter Krautsalat. Außerdem gehören im Norden *piperjés,* grüne, gebratene Paprikaschoten, zu den beliebtesten Vorspeisen. Als Paradies für Fischesser gilt die Chalkidikí, frische Miesmuscheln gibt es zum Beispiel zu Füßen des Olymp und in Itéa bei Delphi.

Schmuck und Keramik

Die Souvenirshops sind voll mit Billigware. Echtes Kunsthandwerk hat seinen Preis

Industrielle Massenproduktion beherrscht auch in Hellas die Läden in den Urlauberzentren. Echtes Kunsthandwerk ist vor allem noch bei den Juwelieren und Keramikern zu finden. Für seine traditionellen Silberschmiedearbeiten ist Ioánnina in Epirus berühmt, moderner Silberschmuck kommt meist von jungen Künstlern aus Athen. Keramikwerkstätten finden Sie überall im Land.

Wenn inzwischen auch nahezu alles überall zu haben ist, lieben es die Griechen doch, am Ursprungsort zu kaufen. So ist Aráchova bei Delphi für seine Webteppiche bekannt, Arnéa auf der Chalkidikí für seine Flokatis genannten Schafswollteppiche. In Súfli in Thrakien wird noch immer Seide produziert; Kastoriá ist das Zentrum des Kürschnerhandwerks. Für moderne Designermode ist ein Besuch in Athen unerlässlich.

Gute Museumsläden mit einem breiten Angebot an Museumskopien bieten die Archäologischen Museen von Athen und Thessaloníki sowie das Benáki-Museum und das Museum für kykladische Kunst in Athen. Ikonen kann man in manchen Klöstern in Auftrag geben oder in den Devotionalienhandlungen der Städte kaufen; gleich mehrere Ikonenmaler leben zwischen Kalambáka und den Metéora-Klöstern. Weltliche Maler bieten ihre Ansichten griechischer Dörfer und Landschaften an.

Vasenmaler in Alt-Korinth

Griechische Urlauber bringen von ihrer Reise gern essbare Köstlichkeiten mit. So ist Kalamáta auf dem Peloponnes für seine Oliven berühmt, Attika für seinen *retsína* und Korinth für seine Korinthen.

Oúzo, Brandys und Liköre produziert man noch in vielen kleinen Destillerien; Kräuter werden in vielen Bergregionen zum Kauf angeboten. Die zahlreichen Imker des Landes verkaufen ihren duftenden Thymianhonig häufig direkt am Straßenrand. Groß ist die Auswahl an echt griechischen Käsesorten. Auch die in vielen kleinen Manufakturen hergestellten Nudeln sind ein originelles Souvenier.

In den Touristenzentren und in kleinen Dörfern sind die meisten Geschäfte täglich bis spätabends geöffnet. In den Städten sind sie sonntags sowie mittags etwa von 14 bis 17 Uhr geschlossen. Etwa von 17 bis 20 Uhr haben sie dann noch einmal an zwei bis drei Tagen geöffnet.

Feste, Events und mehr

Irgendwo wird immer gefeiert. Kulturfestivals bereichern den Sommer

Für jeden Tag im Jahr gibt es einen Heiligen – und damit immer dort, wo ihm eine Kirche geweiht ist, auch ein Kirchweihfest. Diese *panigíria* sind häufig mit

Athen: Herodes-Attikus-Theater

traditionellen Musik- und Tanzveranstaltungen verbunden, manchmal auch mit Prozessionen und kostenloser Verköstigung mit örtlichen Spezialitäten, Wein und Oúzo für alle Anwesenden. Im Sommer veranstalten viele Gemeinden Kulturfestivals mit Theateraufführungen, Folklore, Popkonzerten, Kunst- und Kunsthandwerksausstellungen. Wo die Archäologen es zulassen, werden in antiken Theatern antike Tragödien gezeigt. Sehr urwüchsig sind die großen ländlichen Jahrmärkte, die mehrere Tage lang dauern und zu denen viele Bauern zusammenströmen. Da kann man dann sogar noch traditionelle Viehmärkte miterleben.

Gesetzliche Feiertage

1. Jan. *Neujahr;* **6. Jan.** *Epiphanias; Rosenmontag* (10. März 2003, 23. Febr. 2004); **25. März** *Nationalfeiertag; Karfreitag* (25. April 2003, 9. April 2004); *Ostern* (27./28. April 2003, 11./12. April 2004); **1. Mai** *Tag der Arbeit; Pfingsten* (23./24. Juni 2002, 15./16. Juni 2003, 30./31. Mai 2004); **15. Aug.** *Mariä Entschlafung;* **28. Okt.** *Nationalfeiertag;* **25./26. Dez.** *Weihnachten*

Feste und Veranstaltungen

Sonntag vor Faschingssonntag

Insider Tipp *Traditionelles Karnevalstreiben* in Náoussa mit vielen altertümlichen Bräuchen.

Faschingssonntag
Karnevalsumzug brasilianischer Art in Patras mit über 16 000 kostümierten Teilnehmern.

Rosenmontag
In ganz Griechenland fährt man mittags in die Berge oder ans Meer, lässt Drachen steigen und picknickt ausgiebig, oft mit Livemusik und Tanz. Besonders eindrucksvoll: das Drachensteigen am Philopáppos-Hügel in Athen.

Karfreitag
Abends gegen 21 Uhr *Prozessionen* in allen Städten und Dörfern.

Ostersamstag
Gegen 23 Uhr Beginn des feierlichen *Ostergottesdienstes,* nach Mitternacht meist großes Feuerwerk.

Ostersonntag
Überall werden in Vorgärten Lämmer am Spieß gegrillt.

25./26. Juni
Insider Tipp Großes *Kirchweihfest* im Eichenwald bei Arnéa mit Folklore und Jahrmarkt.

Anfang Juni–Ende Sepember
Athener Festival mit zahlreichen Konzerten, Ballett- und Theateraufführungen im römischen Herodes-Attikus-Theater.

Ende Juni–Ende August
Kassándra-Festival mit etwa 20 Veranstaltungen im modernen Freilichttheater beim Dorf Síviri auf der Kassándra-Halbinsel.
★*Aufführung antiker Tragödien* im antiken Theater von Epidaurus.

Anfang August
River Party, größtes Openairfestival Griechenlands in Nestório bei Kastoriá.

Erstes Augustwochenende
Sardinenfest am Hafen von Préveza. Wein kostenlos, Sardinen superpreiswert, dazu viel Musik.

Mitte August
Große *Kirchweihfeste* am 14./15. August in vielen Städten und Dörfern. Einwöchiger Jahr- und Viehmarkt im Park von Paléo Episkopí bei Trípoli.

1.–3. September
★ *Kirchweihfest* mit großem Jahrmarkt beim Dorf Ágios Mámas auf der Halbinsel Chalkidikí.

Freilichtbühne bei Síviri

Athen ist viel besser als sein Ruf

Eine Stadt voller Altertümer, Museen und Szenetreffs

Die griechische Hauptstadt, in deren Großraum die Hälfte aller Griechen lebt, hat sich in den letzten Jahren fein herausgeputzt. Jetzt bekommt sie für die Olympischen Spiele 2004 den letzten Schliff. Viele früher laute Straßen wurden in Fußgängerzonen umgewandelt, neue U-Bahn-Linien entlasten den Verkehr. Busse wurden umweltfreundlicher, der Flughafen ist verlegt worden, eine Umgehungsautobahn hält viel Verkehr aus der Stadt fern. Bis vor kurzem noch unattraktive Industrie- und Gewerbeviertel haben sich in Szenetreffs voller Theater und Tavernen verwandelt, Altstadthäuser wurden aufwändig restauriert. Athen ist wieder eine Reise wert!

Kein anderer Ort in Griechenland hat vergleichbare Museen und Altertümer zu bieten, kaum irgendwo in Hellas sind Antike und Gegenwart so miteinander verzahnt wie hier. Hier wurden das europäische Theater und die Demokratie geboren, hier entstanden mit den Tempeln der Akrópolis Meisterwerke der Architektur. Auch das kulturelle Leben der Gegenwart,

Athener Akrópolis, Parthenon-Tempel

In der Pláka von Athen

Tavernen und Märkte, Einkaufsstraßen und Häfen sind attraktiv.

Athen richtig schätzen wird freilich erst, wer es mit den Griechen hält und die Möglichkeit nutzt, von hier aus in die nahen Berge, an die Küsten Attikas oder auf die Inseln im Saronischen Golf zu fahren. Die Stadt ist ein idealer Standort für eine Vielzahl interessanter Ausflüge per Auto, Schiff und Linienbus. Ausführlich informiert der MARCO POLO Führer »Athen«.

ATHEN

Karte in der hinteren Umschlagklappe

[174 C4–5] Das weiße Häusermeer des hauptstädtischen Ballungsraums breitet sich in einer großen Ebene zwischen Bergketten aus,

Autofahren in Athen ist eine Kunst

die bis über 1400 m hoch sind und die griechische Metropole wie ein Amphitheater umschließen. Nach Süden öffnet sich die Bühne zur weiten Bucht des Saronischen Golfes. Gegenüber liegen die bis in den April hinein schneebedeckten Berge des Peloponnes. Dazwischen liegen Inseln, ziehen Yachten, Fähren, High-Speed-Katamarane, Tragflügelboote und Frachter ihre Bahn.

SEHENSWERTES

Die meisten Sehenswürdigkeiten liegen recht dicht beieinander im Altstadtviertel *Pláka* oder sind vom Zentrum aus in ein paar Minuten zu Fuß zu erreichen.

Insider Tipp

Agía Dínami **[U C4]**

Das winzige Kirchlein aus dem 17. Jh. steht unter einem modernen Hochhaus, das man eigens dieser Kapelle wegen zum Teil auf Pfeilern erbaute. *Tagsüber geöffnet, Odós Mitropóleos*

Akrópolis **[U B5]**

★ Athens bedeutendste Tempel standen auf einem 156 m hohen Felssockel mitten im Stadtgebiet. Was heute noch zu sehen ist, stammt zumeist aus dem 5. Jh. v. Chr. Die *Propyläen* bildeten das monumentale Eingangstor zum heiligen Bezirk. Es besteht aus einer dreiflügeligen Halle mit sechs dorischen Säulen auf der Längs- und einer Doppelreihe von je zwei mal drei ionischen Säulen auf den Schmalseiten. Durch die Säulen führte der Weg in eine Halle mit einer fein bemalten Kassettendecke. Wiederum sechs dorische Säulen, parallel zu den sechs vorderen stehend, wiesen den Besucher in das Heiligtum.

Geht man die breiten Stufen zu den Propyläen hinauf, sieht man rechts über sich den kleinsten Tempel der Akrópolis, den *Nike-Tempel.* In dem Tempelchen mit je sechs zierlichen ionischen Säulen an Vorder- und Rückseite wurde das Kultbild der Siegesgöttin verehrt.

Das bekannteste Merkmal des *Erechteion* ist der Vorbau der Korenhalle, deren Dach von sechs Karyatiden, anmutigen Mädchenstatuen (Koren), getragen wird. Heute sieht man moderne Kopien; die Originale stehen im Britischen Museum in London und im Akrópolis-Museum.

Der größte und immer noch glanzvollste Bau auf der Akrópolis ist der *Parthenon.* Der gewaltige Tempel entstand 447 bis 432 v. Chr. Zwar fehlen ihm heute das Dach, die Wände des Innenraums und die Bemalung von Dachgebälk und Giebeln, sodass der jetzige Eindruck nicht der gleiche ist wie in der Antike, doch seine Eleganz und

Harmonie sind nach wie vor zu spüren. *April–14. Mai und Sept., Okt. tgl. 8–19 Uhr, 15. Mai–Aug. tgl. 8–20 Uhr, Nov.–März tgl. 8 bis 14.30 Uhr, Akrópolis-Museum Mo erst ab 12 Uhr, Eintritt inkl. Akrópolis-Museum 6 Euro*

Archaía Agorá **[U A–B 4–5]**

Das Herz der antiken Stadt Athen schlug auf ihrem Markt- und Versammlungsplatz zu Füßen der Akrópolis. Hier hatten politische Institutionen ihren Sitz, Götter ihre Tempel, Helden ihre Statuen, Händler ihre Geschäfte. Hier provozierte der Philosoph Sokrates die Athener, verbrachten Denker wie Plato und Aristoteles viele Stunden. Die Agorá bildete über 1000 Jahre lang, vom 5. Jh. v. Chr. bis 580 n. Chr., den Mittelpunkt des kommerziellen und sozialen Lebens. Was davon übrig blieb, stammt freilich aus ganz unterschiedlichen Jahrhunderten.

Zwei Bauten bestimmen den heutigen Eindruck. Im Osten steht die 116 m lange, zweigeschossige Säulenhalle der *Stoa des Attalos* aus dem 2. Jh. v. Chr., die von amerikanischen Archäologen anschaulich rekonstruiert wurde. Weitgehend original ist hingegen der *Hephaistos-Tempel* (auch *Thissío* genannt), Griechenlands besterhaltener Tempel. Er stammt aus dem 5. Jh. v. Chr. und wurde bis 1834 als Kirche genutzt. 34 dorische Säulen bilden eine Ringhalle um den Tempelkern, dessen Innendecke reich verzierte Kassetten schmückten. *April–14.*

MARCO POLO Highlights »Athen und Attika«

★ **Akrópolis**
Die muss man gesehen haben (Seite 32)

★ **Archäologisches Nationalmuseum**
Schatzkammer Griechenlands (Seite 38)

★ **Markthallen**
Hier brodelt das Athener Leben (Seite 35)

★ **Pláka**
Athens Altstadtviertel ist abends am schönsten (Seite 36)

★ **Nationalgarten**
Ideal für eine ruhige Stunde (Seite 35)

★ **Taverne Xínos**
Alte Tavernen im Herzen der Pláka (Seite 39)

★ **Saint George Lycabettus**
Athener Luxushotel (Seite 40)

★ **Ägina**
Schöne Insel vor den Toren Arthens (Seite 41)

★ **Dafní**
Mittelalterliche Mosaike voll Farbenpracht und Dynamik (Seite 41)

★ **Kap Súnion**
Das klassische Ausflugsziel zum Sonnenuntergang (Seite 41)

Mai und Sept.–Okt. tgl. 8–19 Uhr, 15. Mai–Aug. tgl. 8–20 Uhr, Nov. bis März tgl. 8–15 Uhr, Agorá-Museum Mo erst ab 12 Uhr, Eintritt inkl. Museum 4 Euro

Areopag **[U A–B5]**

Nahe dem Eingang zur Akrópolis führen einige glatte Stufen auf den kahlen Felsen hinauf, der die ganze Antike über Versammlungsort des obersten Athener Gerichtshofes, eben des Areopag, war. Der Blick über die Stadt ist bei Tag und vor allem bei Nacht grandios. *Frei zugänglich*

Diónisos-Theater **[U B5–6]**

Unterhalb des Akrópolis-Felsens entwickelte sich im 6. Jh. v. Chr. die Urform des Theaterspiels. Seine heutige Form erhielt dieses älteste griechische Theater aber erst um 330 v. Chr. *Tgl. 8–14.30 Uhr, Eintritt 1,50 Euro*

Im Diónisos-Theater dienen Silenen als Stützfiguren

Hadriansbogen (Pylí Adrianoú) **[U C6]**

An der verkehrsreichen Straße Leofóros Amalías steht ein fast 1900 Jahre altes, 18 m hohes Tor. Der römische Kaiser Hadrian ließ es als Denkmal für sich selbst errichten, als er zwischen 124 und 129 Athen um ein ganzes Stadtviertel erweiterte. *Frei zugänglich*

Kapnikaréa-Kirche **[U B–C4]**

Die Kirche aus dem 11. Jh. am Rande der Pláka ist mit Fresken aus dem 19. Jh. geschmückt. *Ganztägig geöffnet, Odós Ermú*

Kerameikós **[U A4]**

Etwas abseits der üblichen Besichtigungstouren finden Sie den antiken Friedhof von Athen. Die deutschen Archäologen, die ihn freilegten, stellten Kopien zahlreicher Grabdenkmäler anstelle der Originale auf, die heute im Archäologischen Nationalmuseum zu sehen sind. Außerdem erkennt man hier die Grundrisse zweier bedeutender Stadttore. Dazwischen blieb ein Teil der antiken Stadtmauer erhalten. *Di–So 8–14.30 Uhr, Eintritt 1,50 Euro, Eingang Odós Ermú*

Kleine Mitrópolis **[U C4]**

Athens reizvollste mittelalterliche Kirche steht unmittelbar neben der modernen orthodoxen Kathedrale. Als man sie im 12. Jh. erbaute, lagen überall in Athen noch zahllose Bauteile antiker und frühchristlicher Gebäude herum. Die bereits

Jahrhunderte zuvor sorgfältig behauenen Marmorquader dienten als schönes und kostengünstiges Baumaterial; uralte Figurenfriese und Reliefs bildeten einen willkommenen Schmuck. So erkennt man z. B. heidnische Tänzerinnen, einen Löwen, der gerade ein Reh erbeutet hat, und über dem Eingang einen Fries aus dem 4. Jh. v. Chr., der heidnische Feste darstellt. *Unregelmäßig geöffnet, Odós Mitropóleos*

Insider Tipp **Kloster Kessarianí** [O]

Im Grün der Wälder am Hang des 1025 m hohen Berges Imíttos steht seit dem 11. Jh. ein heute unbewohntes Kloster mit reizendem Innenhof, gut erhaltenen Zellentrakten und einer im 17./18. Jh. mit Fresken ausgestatteten Kirche. *Di–So 8–14.30 Uhr, Eintritt 2,50 Euro, Bus 224 ab Leofóros Akadimías bis Endstation, dann noch ca. 40 Minuten zu Fuß bergan*

Likavittós [U E3]

Über das Athener Häusermeer erhebt sich der 277 m hohe Kalksteinfelsen mit einem grünen Gartenkragen, aus dem ein kahler Felskopf herausragt. Angenehme Spazierwege und eine Standseilbahn im Innern des Berges führen zum Gipfel mit seiner strahlend weißen Georgskapelle. *Standseilbahn tgl. 8.45–0.15 Uhr (Do erst ab 10.30 Uhr), Talstation am oberen Ende der Odós Plutárchu, Bus 60 ab Kolonáki-Platz* [U F4] *und Platía Káningos* [U C2]

Lysíkrates-Denkmal [U C5]

Während der Antike fanden in Athen jährlich Theaterwettbewerbe statt. Den Siegespreis erhielt nicht der Autor, sondern der damals noch Chorege genannte Sponsor, der die Kosten für die Aufführung des siegreichen Stückes getragen hatte. 334 v. Chr. war das ein gewisser Lysíkrates, der den gewonnenen bronzenen Dreifuß, wie damals üblich, auf einen mit Reliefs geschmückten Marmorbau stellen ließ. *Frei zugänglich, Odós Lisikrátus, Pláka*

Markthallen (Kentrikí Agorá) [U B3]

★ Athens über 100 Jahre alten Markthallen liegen im Zentrum der Stadt zwischen Omónia- und Monastiráki-Platz. Unter ihren Dächern wird vor allem Fleisch und Fisch verkauft. Drei Tavernen in den Hallen sind 24 Stunden täglich geöffnet. Um die Hallen herum sorgen zahlreiche Läden, Obst- und Gemüsestände, Straßenhändler und Losverkäufer für ein buntes Treiben. *Mo–Sa ca. 7–14 Uhr, Odós Athínas*

Nationalgarten (Éthnikos Kípos) [U D4–6]

★ Der ehemalige Königliche Privatgarten aus dem 19. Jh. ist eine Oase der Ruhe mit hohen Palmen, schattigen Laubengängen und einem idyllischen Ententeich im Herzen der Stadt. Am Eingang an der Odós Iródu Attíku lädt ein Gartencafé zur Rast. **Insider Tipp** *Frei zugänglich, Eingänge auch am Leofóros Vas. Amalías und am Leofóros Vas. Sofías*

Odeon des Herodes Attikus (Odeíon Iródou Attikoú) [U B5]

Das mächtige Amphitheater von 161 am Südhang der Akrópolis ist Hauptschauplatz der Athener Sommerfestspiele. *Nur für Aufführungen geöffnet, aber guter Blick auf das Theater von der Akrópolis aus*

Odeon des Herodes Attikus mit Blick auf Athen

Olympiastadion **[U E6]**
An der Stelle des antiken Stadions entstand für die ersten Olympischen Spiele der Neuzeit 1896 dieses Marmorstadion nach antikem Vorbild. *Nur von außen einsehbar, Leofóros Vas. Konstantínu*

Philopáppos-Denkmal (Mnimeíon Filopáppou) **[U A6]**
Den 147 m hohen Musenhügel im Süden der Akrópolis ziert ein Denkmal, das die Athener um 115 einem syrischen Prinzen stifteten, der sich um Athen verdient gemacht hatte. 1687 gaben die Venezianer von hier oben den Kanonenschuss ab, der den Parthenon auf der Akrópolis in eine Ruine verwandelte. Am Rosenmontag lassen tausende Athener auf dem Philopáppos-Hügel Drachen steigen. *Frei zugänglich*

Piräus (Peiraíefs) **[173 F3]**
Filmromantik finden Sie in Griechenlands größtem Hafen nicht mehr. Der Handelshafen *Kantharáos* dient vor allem dem Fährverkehr zu den Inseln. Schöner sind der ausgedehnte Yachthafen *Zéa Marína* und der kleine Yacht- und Fischerboothafen *Mikrolímano* mit vielen guten Fischrestaurants. Das *Archäologische Museum* ist klein, aber eindrucksvoll *(Di–So 8–14.30 Uhr, Eintritt 1,50 Euro, Odós Har. Trikúpi 31)*. Das *Schifffahrtsmuseum* am Hafen Zéa Marína illustriert die griechische Seefahrtsgeschichte seit der Antike *(Di–Fr 9 bis 14, Sa 9–13 Uhr, Eintritt 1,50 Euro). Ab Athen fahren Sie am besten mit der U-Bahn von den Stationen Monastiráki oder Omónia bis zur Endstation am Kantharáos-Hafen, von dort fährt Trolleybus Nr. 20 zur Zéa Marína und nach Mikrolímano*

Pláka **[U B–C5]**
★ Im Altstadtviertel gibt es viele malerische Winkel, bis zu 150 Jahre alte Wohnhäuser und zahllose

Tavernen. Im Gassengewirr stößt man immer wieder auf kleine Kirchen, antike Ruinen und Denkmäler. Die meisten Souvenirgeschäfte liegen an der *Odós Adrianoú*. Besonders viele Tavernen finden Sie an der *Odós Kidathinéon*, die meisten griechischen Musiklokale an der stufenreichen *Odós Mnisikléus*.

Síndagma-Platz (Platía Sintagmátos) [U C–D4]
Am oberen Rand wird Athens Hauptplatz vom Parlamentsgebäude begrenzt, das 1834 bis 1838 als Königspalast entstand. Davor halten Ehrengardisten Wache am *Grabmal des Unbekannten Soldaten (große Wachablösung So 11 Uhr, kleine stündlich)*. In der prachtvollen U-Bahn-Station unter dem Platz sind archäologische Funde ansprechend präsentiert, die bei den Ausschachtungsarbeiten in den 1990er-Jahren zu Tage gefördert wurden.

Tempel des Olympischen Zeus (Stíles Olympíou Diós) [U C6]
Die 15 höchsten Säulen Athens gehören zu einem Tempel, den einst 104 fast 17 m hohe Marmorgiganten mit einem Gesamtgewicht von 15 500 t umgaben. Begonnen wurde der Bau bereits 550 v. Chr., vollendet jedoch erst knapp 700 Jahre später. *Di–So 8–14.30 Uhr, Eintritt 1,50 Euro, Leofóros Vas. Ólgas*

Turm der Winde (Naós Aiólou) [U B5]
Der 12 m hohe Turm am Rand der antiken römischen Agorá stammt aus dem 1. Jh. v. Chr. Er diente mit einer Sonnen- und einer Wasseruhr der Zeitmessung. *Di–So 8–14.30 Uhr, Eintritt 1,50 Euro, Odós Pelopída, Pláka*

MUSEEN

Agorá-Museum [U B4–5]
Das Museum in einer nach antikem Vorbild errichteten Stoa zeigt viele Objekte aus dem Alltag der Menschen vor über 2000 Jahren. *April bis 14. Mai und Sept., Okt. tgl. 8 bis 19 Uhr (Mo ab 12 Uhr), 15. Mai bis Aug. tgl. 8–20 Uhr (Mo ab 12 Uhr), Nov.–März Di–So 8–15 Uhr*

Akrópolis-Museum [U B5]
In neun Sälen zeigt das Museum ausschließlich antike Funde von der Akrópolis, darunter einige der schönsten Skulpturen und Reliefs des Landes. *April–14. Mai und Sept., Okt. tgl. 8–19 Uhr (Mo ab 12 Uhr), 15. Mai–Aug. tgl. 8–20 Uhr (Mo ab 12 Uhr), Nov.–März Di–So 8–15 Uhr*

Athener Parlamentsgebäude

Archäologisches Nationalmuseum **[U C1]**

★ Die hier zusammengetragenen Schätze aus dem antiken Griechenland begeistern jeden Besucher. Zu den Höhepunkten gehören die ganz modern anmutenden Kykladenidole aus dem 2. Jahrtausend v. Chr., die Goldfunde aus den Königsgräbern von Mykene, die Fresken aus dem minoischen Santorin und viele Meisterwerke der Bildhauerkunst und der Vasenmalerei. *April–14. Mai und Sept., Okt. tgl. 8 bis 19 Uhr (Mo ab 12 Uhr), 15. Mai bis Aug. tgl. 8–20 Uhr (Mo ab 12 Uhr), Nov.–März Di–So 8–15 Uhr, Eintritt 6 Euro, Leofóros Patisíon/ Odós Tosíta 1*

Benáki-Museum **[U E4]**

Objekte aus der Antike und dem koptischen Ägypten, der byzantinischen, islamischen und chinesischen Kunst. Besonders interessant ist die volkskundliche Sammlung. *Mo, Mi, Fr, Sa 9–17, Do 9–24, So 9–15 Uhr, Eintritt 6 Euro, Leofóros Vas. Sofías/Odós Kumbári 1*

Museum für kykladische Kunst **[U E4]**

Die modern gestaltete Privatsammlung zeigt Meisterwerke der kykladischen Kunst des 2. Jahrtausends v. Chr. *So, Mo, Mi–Fr 10–16 Uhr, Sa 10–15 Uhr, Eintritt 2 Euro, Odós Neofítu Dúka 4*

Insider Tipp **Numismatisches Museum im Schliemann-Haus** **[U D4]**

Eine Vielzahl hervorragend erhaltener Münzen aus Antike und Mittelalter im exzellent restaurierten ehemaligen Wohnhaus Heinrich Schliemanns. Auch wer sich nicht für Münzen interessiert, wird von der Pracht der Räume beeindruckt sein. *Di–So 8–14.30 Uhr, Eintritt 2,50 Euro, Leofóros Panepistimíu 12*

ESSEN & TRINKEN

Archaíon Gévsi **[U A2]** Insider Tipp

Edle Erlebnisgastronomie. Hier hat man es sich zur Aufgabe gemacht, die Küche der Antike wieder zu beleben. Auf der Karte steht z. B. Schwertfisch mit einer Soße aus Maulbeeren und süßem Gemüse. Service und Weinkarte sind exzellent, Reservierung ist anzuraten. *Mo–Sa 12–15 und ab 18.30 Uhr, Odós Kodrátu 22/Platía Karaiskáki, Tel. 21 05 23 96 61,* €€€

Daphne's **[U C6]**

Feinschmeckerrestaurant mit kreativer und klassischer griechischer Küche, in dem auch schon Hillary Clinton und Meryl Streep gegessen haben. Reservierung empfehlenswert. *Tgl. 19.15–23.45 Uhr, im Juli ca. 2 Wochen geschl., Odós Lisikratús 4, Tel. 21 03 22 79 71,* €€€

Furin Kazan **[U C5]** Insider Tipp

Kleines, bistroartiges japanisches Restaurant mit kleiner Karte und authentischer Küche. *Mo–Sa ab 11.30 Uhr, Odós Apóllonos 2,* €€

Néon

Moderne Restaurantkette mit Marché-Charakter. Kern der Lokale sind viele Selbstbedienungstresen mit Speisen aller Art, Kuchen und Getränken. Auch eine Bar und eine Abteilung mit Bedienung sind integriert. Sehr gut für ein schnelles Mittagessen. *Tgl. 8 bis 2 Uhr, Odós Mitropóleos 3* **[U C4]**, *Omónia-Platz/Ecke Odós Dóru* **[U B2]**, *Odós Tsakálof 6* **[U D4]**, *alle* €€

In den Athener Markthallen ist das Alltagsleben besonders bunt

Insider Tipp
O Damígos [U C5]
Urige Kellertaverne mit Fasswein; Stockfisch als Spezialität. *Tgl. 11 bis 24 Uhr, im Hochsommer geschl., Odós Kidathinéon 41,* €€

To Geráni/Kouklís [U B5]
Ouzerí auf zwei Etagen eines klassizistischen Hauses. Der Kellner kommt mit einem Tablett voller Spezialitäten an den Tisch, aus denen man auswählt. Besonders gut: in Oúzo flambierte Landwurst. *Tgl. ab 12 Uhr, Odós Tripódon 14,* €€

Xínos [U C5]
★ Taverne in der Pláka mit alten, humorvollen Wandmalereien. *Mo bis Sa ab 19 Uhr, im Juli geschl., Odós Angélu Gerónta 4,* €€

EINKAUFEN

Bezahlbare Mode und Accessoires finden Sie in der Fußgängern vorbehaltenen *Odós Ermú* zwischen Síndagma-Platz und Kapnikaréa-Kirche. Athens schickste Geschäfte haben sich im *Kolonáki-Viertel* zwischen Síndagma-Platz und Likavittós angesiedelt. Sehr viel bunter ist das Leben in der *Odós Athínas* mit ihren Markthallen. Rund um die Metrostation Monastiráki findet an jedem Sonntagmorgen ein ausgedehnter Flohmarkt statt.

ÜBERNACHTEN

Adónis [U C5]
Älteres und für Athener Verhältnisse ruhig gelegenes Altstadthotel. Frühstücksterrasse mit Akrópolis- und Likavittós-Blick. *28 Zi., Odós Kódru 3, Tel. 21 03 24 97 37, Fax 21 03 23 16 02,* €

Aphrodite [U C5]
Insider Tipp
Einfaches, ruhig in der Pláka gelegenes Hotel mit Tiefgarage. *84 Zi., Odós Apóllonos 21, Tel. 21 03 23 43 57, Fax 21 03 22 60 47,* €€

Electra Palace **[U C5]**
Modernes, ruhig im Herzen der Pláka gelegenes Hotel mit Pool und Dachgarten. *110 Zi., Odós Nikodímu 18, Tel. 21 03 37 00 00, Fax 21 03 24 18 75, electrahotels@forthnet.gr, €€€*

Saint George Lycabettus **[U E3]**
★ Das stimmungsvollste und ruhigstgelegene der Athener Luxushotels, mit Pool auf dem Dach. *144 Zi., Odós Kleoménus 2/Platía Dexamenís, Tel. 21 07 29 07 11, Fax 21 07 29 04 39, www.sglycabettus.gr, €€€*

Student's and Travellers Inn **[U C5]**
Einfache Pension an einer Fußgängerstraße im Herzen der Pláka; Zimmer für bis zu 4 Personen, mit und ohne Bad. *33 Zi., Odós Kidathinéon 16, Tel. 21 03 24 48 08, €*

AM ABEND

Zentren des Nachtlebens sind die im Sommer sehr touristische *Pláka* mit zahlreichen Tavernen und mehreren Musiklokalen vor allem in der *Odós Mnisikléus* **[U B5]**, das von jungen Leuten bevorzugte Viertel *Exarchía* **[U D2]** mit vielen Bars und Musicclubs, der vom Arbeiter- zum Schickeriaviertel avancierte Stadtteil *Psirrí* mit exklusiven Bars und Restaurants **[U B4]** *(www.psirri.gr)* sowie die *Odós Iraklídion* **[U A4]** mit originellen Bars, Musicclubs und Galerien. Insider Tipp

Cíne París **[U C5]** Insider Tipp
Dachgartenkino mit Akrópolis-Blick. *Odós Kidathinéon*

Dóra Strátou **[U A6]**
Professionelles Volkstanztheater unterm Sternenhimmel. *Ende Mai bis Sept. Di–So 22.15, Mi und So auch 20.15 Uhr, Philopáppos-Theater, Odós Antéu*

Plus Soda **[U A4]**
Exklusive Riesendisko mit Viplounge. *Mi–So ab 24 Uhr, Odós Ermú 161, www.plussoda.com*

Vréttos **[U C5]** Insider Tipp
Spirituosenhandlung als einfache, aber sehr originelle Bar. *Tgl. ab 10 Uhr, Odós Kidathinéon 43*

Das Athener Festival

Konzerte, Ballett- und Theateraufführungen

Zwischen Anfang Juni und Ende September lädt Athen renommierte Künstler aus aller Welt ins römische Herodes-Attikus-Theater unmittelbar unterhalb der Akrópolis ein (Programm: *www.athen-festival.de)*. Karten können bis zu 20 Tage im Voraus per Fax oder Brief bestellt werden *(Hellenic Festival, Odós Voukourestíou 1, GR-10564 Athen, Fax 21 03 23 51 72)* und müssen spätestens eine Stunde vor der Vorstellung an der Abendkasse oder an der Kasse des Athener Festivals *(tgl. 10–13 Uhr, Odós Stadíou 4, nahe dem Síndagma-Platz)* abgeholt werden.

AUSKUNFT

Griechische Zentrale für Fremdenverkehr (EOT) **[U D4]**

Mindestens Mo–Fr 8–14 Uhr, Odós Amerikís 2, Tel. 21 03 22 31 11

ZIELE IN DER UMGEBUNG

Ägina **[173 F3]**

★ Wer mit der Autofähre oder dem Tragflügelboot in 90 bzw. 40 Minuten zu dieser Insel (12 000 Ew.) im Saronischen Golf übersetzt, erlebt so zugleich auch eine Art Hafenrundfahrt in Piräus. Hauptsehenswürdigkeiten sind das *Kloster Ágios Nektários* und vor allem der gut erhaltene *Aféa-Tempel* aus dem 5. Jh. v. Chr. Er wird auch im Rahmen der sehr empfehlenswerten, in Athen angebotenen Tageskreuzfahrten besucht, bei denen außer Ägina auch die Inseln *Póros* und *Hydra* angelaufen werden.

Dafní **[174 C4]**

★ Die 76 Mosaike in der Klosterkirche von Dafní gehören zu den größten Schätzen der byzantinischen Kunst in Hellas. Sie stammen ebenso wie das Kloster aus der Zeit um 1100 *(wegen Restaurierungsarbeiten geschl., Termin der Wiedereröffnung noch nicht bekannt). 11 km westlich*

Eleusis (Eléfsis) **[174 C4]**

Das heutige Eléfsis ist eine unter Umweltverschmutzung leidende Industriestadt (20 000 Ew.) am inneren Ende des Saronischen Golfs. Vor dem Ufer ankern stillgelegte Tanker und Frachter. Inmitten dieser eher abschreckenden Szenerie wurde eine der wichtigsten Mysterienstätten der Antike freigelegt. Von den Gebäuden der heiligen Stätte sind jedoch nur Grundmauern erhalten *(Di–So 8–14.30 Uhr, Eintritt 1,50 Euro). 21 km westlich*

Kap Súnion **[175 D5]**

★ Die 16 teils original erhaltenen, teils wieder aufgerichteten Säulen des antiken *Poseidon-Tempels* erheben sich auf der äußersten Landspitze der Halbinsel Attika in 60 m Höhe über der Ägäis. Den um 445 v. Chr. erbauten Tempel besuchen Sie am besten am späten Nachmittag, denn dann können Sie einen der meistgerühmten Sonnenuntergänge der Ägäis miterleben *(April–14. Mai und Sept., Okt. tgl. 8–19 Uhr, 15. Mai–Aug. tgl. 8–20 Uhr, Nov.–März tgl. 8 Uhr–Sonnenuntergang). 63 km südöstlich*

Marathon **[174 C4]**

In der Ebene von Marathon entschied sich vor fast 2500 Jahren das Schicksal Europas. Hier kam es 490 v. Chr. zur ersten großen Schlacht zwischen den Persern und den Athenern. Nach dem für die Athener überraschenden Sieg rannte einer ihrer Krieger in voller Rüstung nach Athen, um davon Nachricht zu geben. Er brachte sie gerade noch über die Lippen, dann fiel er um und starb. In Erinnerung daran wurde 1896 der Marathonlauf ins Leben gerufen. Er führt über eine Distanz von 42 195 m – das ist genau die Entfernung zwischen Marathon und Athen. Auf dem antiken Schlachtfeld ist heute noch der Grabhügel zu sehen, in dem die Athener ihre 192 Gefallenen beisetzten. In der Nähe befindet sich ein kleines Museum *(Di–So 8 bis 14.30 Uhr, Eintritt 1,50 Euro). 42 km nordöstlich*

Traumstrände und ein Hauch von Orient

Hier überrascht Griechenland mit ungewohnten Bildern, stillen Seen und Ursprünglichkeit

Frühlingswiese auf der Chalkidikí

Zwischen dem Olymp an der Südgrenze Makedoniens (neugriechisch: Makedonía) und der Évros-Mündung an der Grenze Thrakiens mit der Türkei liegen 450 Straßenkilometer. Zwischen Thessaloníki, dem wirtschaftlichen und kulturellen Zentrum Nordgriechenlands, und den Dörfern Thrakiens liegen Welten. In weiten Teilen von Thrakien (neugriechisch: Thráki) leben überwiegend bulgarisch- und türkischstämmige Moslems. Sie unterscheiden sich vor allem in den ländlichen Gebieten noch immer durch ihre Kleidung von den christlichen Griechen. Moscheen sind hier keine Museen, sondern Betstätten, und die Busverbindungen nach Istanbul sind fast so häufig wie nach Athen. An Markttagen werden insbesondere in Xánthi Bilder aus 1001 Nacht lebendig.

Ausländische Urlauber sind in Thrakien ein seltener Anblick. Auch in den bis über 1800 m hohen Rhodopen, die Thrakien und Ostmakedonien gegen Bulgarien abschirmen, sind Fremde kaum anzutreffen. Sie tummeln sich vor allem auf der Halbinsel Chalkidikí mit ihren traumhaft schönen Stränden und in den Badeorten unterhalb des Olymps. Besichtigungsziele sind die Zentren des antiken Makedoniens, Pélla und Vérgina. Philíppi und Thessaloníki, beide Wirkungsstätten des Apostels Paulus, sind vor allem durch ihre christlichen Monumente attraktiv.

Über dem Gebirgsbach leuchtet schneebedeckt der Olymp

Mit dem Néstos-Delta, dem Flusslauf des Évros und dem Olymp finden auch Naturliebhaber attraktive Ziele. Die Ebenen an den Flussläufen Makedoniens und Thrakiens werden intensiv genutzt. Hier werden Mais und Baumwolle, Reis und Getreide angebaut. Im Osten Thrakiens spielt die Seidenraupenzucht noch eine bescheidene Rolle; Thrakien ist das bedeutendste Tabakanbaugebiet des Landes. Erdöl wird vor der Insel Thássos gefördert und in Thessaloníki verarbeitet, Bergbau auf der Halbinsel Chalkidikí betrieben, die auch für ihren Honig bekannt ist und von der die meisten griechischen Weihnachtsbäume stammen. Kastoriá ist das größte Pelzhandels- und Verarbeitungszentrum Europas; die Felle werden aber größtenteils importiert.

Makedonien und Thrakien sind für viele ungewöhnliche Urlaubserlebnisse gut. Kajakfahrer können Boote mieten und damit die Néstos-Schlucht bezwingen, Marathonschwimmer an Rennen zwischen den chalkidischen Halbinseln Kassándra und Sithonía teilnehmen. Die Binnenseen sind Vogelparadiese. Heiße Thermen und Schlammbäder laden zu Kuren ein. Männer, die in sich gehen und eine völlig andere Welt kennen lernen wollen, bemühen sich um ein Visum für die Mönchsrepublik Áthos.

Makedonien und Thrakien sind eine längere Reise wert – vor allem für den, der nicht nur auf der Suche nach den Postkartenbildern Griechenlands ist.

Über die Chalkidikí informiert Sie ausführlich der gleichnamige MARCO POLO Führer.

KASTORIÁ

[168 C3] ★ Kastoriá (30 000 Ew.) ist das Zentrum des griechischen Pelzhandels und der Kürschnerei. Die Kürschner und Händler aus Kastoriá sind weltweit tätig; der wirtschaftliche Erfolg ihrer Arbeit zeigt sich in den vielen großen und gepflegten, architektonisch angenehm der Tradition verbundenen Villen der Stadt. Kastoriá ist ein wohlhabender Ort, der dem Tourismus kaum Aufmerksamkeit widmet. Dabei lohnt er den Besuch sehr. Kastoriá liegt wahrhaft malerisch auf einem Hügel und einer Halbinsel am Ufer eines großen Binnensees und ist voller mittelalterlicher Kirchen und historischer Gassen und Häuser. Schließlich war Kastoriá jahrhundertelang eine der bedeutenden Städte Makedoniens.

SEHENSWERTES

Hauptsehenswürdigkeiten sind die 70 byzantinischen und nachbyzantinischen Kirchen in der Altstadt. Viele sind noch in Privatbesitz und stehen nur manchmal zufällig offen. Die drei im Folgenden genannten, bedeutendsten Kirchen der Stadt kann man zusammen mit einem Wärter des Byzantinischen *Museums (Di–So 8.30–13 Uhr, Eintritt frei)* ansehen, das man also zuerst aufsuchen muss.

Agíi Anárgiri

Die den Arztheiligen Kosmas und Damian im 10. Jh. geweihte Kirche vom Typ einer dreischiffigen Basilika besitzt außen schöne Ziegelsteindekorationen und an der Westfassade Malereien. Die Wandmalereien im Innern stammen aus dem 12. Jh. Sie werden dem makedonischen Stil zugeordnet und zeichnen sich durch Vielfarbigkeit und Ausdruckskraft aus.

Ágios Stéfanos

In der Kirche sind drei Schichten von Wandmalereien zu erkennen, die zwischen dem 9. und 12. Jh. entstanden und teilweise im 14. Jh. ausgebessert wurden.

Panagía i Kumbelídiki
Die Marienkirche aus dem 11. Jh. mit ungewöhnlich hohem Tambour ist innen mit Fresken aus dem 14. und außen zum Teil mit Malereien aus dem 15. Jh. geschmückt.

Panagía Mavriótissa
Das idyllisch außerhalb der Stadt am Ufer des Sees gelegene Kloster besitzt in der Klosterkirche Fresken aus dem 12. Jh. und in der dem Evangelisten Johannes geweihten Kapelle Wandmalereien aus dem Jahr 1552. *Tagsüber geöffnet, frei zugänglich, an der Uferstraße rund um die Halbinsel*

MUSEEN

Byzantinisches Museum
Das moderne Museum präsentiert über 80 Ikonen aus Kirchen der Stadt. Die älteste, eine Darstellung des Propheten Elias, stammt aus dem 12. Jh. *Di–So 8.30–13 Uhr, Eintritt frei, am ausgeschilderten Xenia-Hotel auf dem höchsten Punkt der Altstadt*

Volkskundliches Museum
Das äußerst interessante Museum ist in einem der besterhaltenen Herrenhäuser der Altstadt, dem *Archontikó Nerántzis Aivázsis*, untergebracht. Es stammt aus dem 17. Jh. und wurde von einem der etwa zehn bis zwölf reichen Pelzhändler erbaut, die damals das Ge-

MARCO POLO Highlights »Makedonien und Thrakien«

★ **Sithonía-Halbinsel**
Herrliche Sandstrände und gute Fischtavernen (Seite 59)

★ **Die Akrópolis von Thessaloníki**
Dörfliche Atmosphäre im mittelalterlichen Festungswall (Seite 50)

★ **Archäologisches Museum von Thessaloníki**
Goldene Schätze und schöne Mosaike (Seite 51)

★ **Berg Athos**
Auch eine Bootsfahrt entlang der Küste ist unvergesslich (Seite 54)

★ **Olymp**
Am Götterberg Olymp zeigt sich Griechenland von seiner grünen Seite (Seite 56)

★ **Sousouráda**
Hier kocht einer der berühmtesten Köche Griechenlands (Seite 56)

★ **Kastoriá**
Die wohlhabende Stadt am See ist Zentrum des Pelzhandels und der Kürschnerei (Seite 44)

★ **Xánthi**
Orientalisches Flair und samstags exotischer Wochenmarkt (Seite 61)

werbe beherrschten. Es steht an einer romantischen Gasse mit weiteren Herrenhäusern aus jener Zeit. *Tgl. 10–12 und 15–17 Uhr, Eintritt 0,50 Euro, Odós K. Lazu*

ESSEN & TRINKEN

Insider Tipp **Omónia**
Klassisches griechisches Restaurant mit Stil. Viele exzellente Gerichte. *Tgl. ab 12 Uhr, Platía Omonías/ Odós Mitropóleos 47, €€*

EINKAUFEN

Pelze sind noch immer das typische Produkt der Stadt. Man muss ja nicht gleich einen teuren Nerzmantel kaufen: Es gibt beispielsweise auch eine große Auswahl an Pelzpantoffeln.

ÜBERNACHTEN

Insider Tipp **Archontikó Alexíu Vergúla**
Traditionell eingerichtete Zimmer, z. T. mit offenem Kamin und/oder Seeblick in einem Herrenhaus im südlichen Teil der Altstadt. Im Erdgeschoss eine Weinstube mit sehr guter Küche. *12 Zi., Odós Aidítras 14, Tel. 24 67 02 34 15, Fax 24 67 02 36 76, sfinas@ote-net.gr, €€€*

Tsamis
Modernes Hotel am westlichen Seeufer, ruhig, 3 km außerhalb der Stadt gelegen. *80 Zi., Nationalstraße 15, Tel. 24 67 08 53 34, Fax 24 67 08 57 77, €€*

ZIELE IN DER UMGEBUNG

Insider Tipp **Prespa-Seen** **[168 C2]**
Der 800 m hoch im Dreiländereck zwischen Griechenland, Albanien und der jugoslawischen Exrepublik Makedonien gelegene Große Prespa-See ist der größte See des Balkans. Vom Kleinen Prespa-See wird er nur durch eine 1 km breite Landzunge mit schönem Sandstrand getrennt. Die Seen sind im Sommerhalbjahr Heimat von über 400 Pelikanen und zahlloser Kormorane. Ihnen begegnet man auch auf einer Fahrt mit dem Fischerkahn vom Dorf *Psarádes* am Großen Prespa-See zu den mittelalterlichen Einsiedeleien *Metamórfosis* (13. Jh.) und *Panagía Eleoúsa* (15. Jh.). Auf der bewohnten Insel *Ágios Achíllios* im Kleinen Prespa-See stehen die eindrucksvollen Überreste einer Basilika aus dem 10. Jh. Die schönste mit Fresken geschmückte Dorfkirche im vom Bohnenanbau dominierten Hinterland der Seen besitzt *Ágios Germanós.* Preiswerte Karpfen aus den fischreichen Seen werden in allen Tavernen am Seeufer serviert. Absolut ruhig und stimmungsvoll wohnt man ganzjährig in von örtlichen Frauengenossenschaften betriebenen Hotels: *I Prespes* in Ágios Germanós *(Tel. 23 85 05 13 20)* und *Psarádes* im gleichnamigen Dorf *(Tel. 23 85 04 60 15, beide je 16 Zimmer, beide €). Prespa 55 km*

KAVÁLA

[170 C3] Kavála (56 000 Ew.), ein Zentrum der Tabakindustrie, aber auch der Fischerei, dehnt sich fotogen weit am Ufer mehrerer Buchten und über viele Hänge hinweg aus. Historischer Stadtkern ist die auf einer Halbinsel gelegene und zum Teil noch ummauerte Altstadt, an die sich gen Westen das moderne Stadtzentrum mit der Uferstraße und der Platía Eleftherías anschließt.

SEHENSWERTES

Altstadt
Kommt man vom Hafen und geht die erstmögliche Straße rechts in die Altstadt hinauf (Odós Poulídu), sieht man zunächst rechter Hand einen weitläufigen Bau mit vielen Kuppelchen, Innenhöfen und Türmchen. Es ist das *Imaret*, im 19. Jh. als Koranschule erbaut und später als Armenhaus genutzt. Die Straße endet an der modernen *Kirche Kímisis tu Theotóku*, auch Panagía genannt. Von der Marienkirche aus sind es nur wenige Schritte zum Reiterstandbild *Mehmet Alis* und dessen unmittelbar benachbartem Geburtshaus aus dem Jahr 1720, das besichtigt werden kann. Mehmet Ali stammte aus einer moslemischen Tabakhändlerfamilie und wurde 1769 zum Begründer der letzten ägyptischen Königsdynastie, die mit der Vertreibung König Faruks 1952 abtrat. Auf dem höchsten Punkt der Altstadt-Halbinsel steht die 1425 von den Türken erbaute *Burg*.

Aquädukt
Über 60 Bögen schwingt sich ein mächtiges, bis zu 60 m hohes Aquädukt von einem gegenüberliegenden Hügel zur Altstadt. Es wurde bereits im 16. Jh. erbaut.

MUSEUM

Archäologisches Museum
Der Besuch lohnt nur für archäologisch besonders Interessierte. Zu sehen sind u. a. Goldschmuck aus dem 3. Jh. v. Chr., antike Grabstelen, farbiges Glas aus der Römerzeit und tönerne Büsten der Göttinnen Demeter, Kore und Aphrodite aus dem 4. Jh. v. Chr., an denen noch Spuren der ursprünglichen Bemalung erhalten sind. *April–14. Mai und Sept., Okt. Di–So 8–19 Uhr, 15. Mai–Aug. Di–So 8–20 Uhr, Nov.–März Di–So 8–14.30 Uhr, Eintritt 2 Euro, Ethnikís Andistásis (am westlichen Ende der Uferpromenade)*

ESSEN & TRINKEN

Auf Pizza und Nudeln haben sich mehrere kleine Restaurants am Fähranleger nach Thássos spezialisiert. Fischtavernen sind am Ufer nahe dem Zollamt zu finden; kleine Tavernen mit typisch griechischer Küche liegen in der Hauptstraße der Altstadt, der *Odós Poulídu.*

EINKAUFEN

Das Marktviertel liegt zwischen *Platía Eleftherías* und Altstadt.

Aquädukt von Kavála

ÜBERNACHTEN

Egnatía

Hoch über der Stadt an der Straße nach Philíppi gelegenes Hotel mit prächtiger Aussicht. *45 Zi., Odós 7. Merarchías 139, Tel. 25 10 24 48 91, Fax 25 10 24 53 96, egnatiah@otenet.gr, €€€*

Lucy

Hotel am westlichen Stadtrand nur 150 m vom Strand entfernt, relativ ruhig gelegen, mit Pool. *217 Zi., Kalamítsa, Tel. 25 10 24 28 30, Fax 25 10 24 25 01, €€*

AUSKUNFT

Griechische Zentrale für Fremdenverkehr

Tgl. 7–14.30 Uhr, Odós Filéllinon 5/Platía Eleftherías, Tel. 25 10 22 24 25

ZIELE IN DER UMGEBUNG

Dráma **[170 B3]**

Das in einer weiten Ebene gelegene Dráma (36 000 Ew.) besitzt keine Sehenswürdigkeiten, wird von Einheimischen aber wegen seines vielen Grüns und seines Wasserreichtums geschätzt. Gut essen kann man im *Restaurant To Nisaki (€€)* mitten im Grünen und doch nur 200 m von der zentralen Platía Eleftherías entfernt. Das *Hotel Marianna* mit Dachgarten liegt zentral und relativ ruhig *(51 Zi., Odós Vorazáni 3, nahe der Platía, Tel. 25 21 03 15 20, Fax 25 21 03 42 30, marianna-hotel@bigfoot.com, €€€)*. Sehr viel preiswerter ist das *Hotel Anéssis* nahe dem Bahnhof *(13 Zi., Odós Ágion Anárgiron 8, Tel. 25 21 03 19 00, €€). 39 km*

Néstos-Delta **[170–171 C–D3]** Insider Tipp

Das 550 km^2 große Néstos-Delta ist eins der großen Naturparadiese Griechenlands. Außer dem 30 km langen Unterlauf des Flusses von Parádissos bis zur Mündung zählt man auch den etwa 50 km langen Küstenstreifen von Néa Karváli bis Ávdira mit seinen Dünen, Lagunen und Salzmarschen dazu. Besonders reizvoll ist die etwa 1 km breite Flusslandschaft zwischen den Hochwasserdämmen zu beiden Seiten des Flusses mit ihren sich ständig verändernden Sandbänken und Inselchen, Altarmen und Auwäldern. Neben zahllosen Vogelarten, zu denen Seidenreiher und Schreiadler gehören, sind hier auch viele seltene Tiere wie Schakale und Fischotter zu Hause. Ein idealer Beobachtungsort ist das *Nestos-Café* am Westufer des Flusses auf der Höhe von Chrissúpolis.

Bevor Sie dorthin fahren oder in andere Bereiche des Deltas vordringen, sollten Sie jedoch unbedingt das *Naturschutzzentrum* mit dem angeschlossenem *Museum (Etairía Prostasías tis Phísis ke Oikoanaptíxis)* an der Ausfallstraße von Chrissúpolis nach Kaválla besuchen. Hier erhält man in vielen Sprachen Ratschläge für Touren auf eigene Faust und erfährt auch, wann naturkundliche Führungen stattfinden *(Mo bis Sa 9–15 Uhr, So 10–16 Uhr, Tel. 25 91 02 31 44)*.

Übernachten können Sie im familiären, gut gepflegten *Hotel Iríni* in Chrissúpolis *(26 Zi., Odós Venizélu 13, Tel. 25 91 02 21 63, Fax 25 91 02 27 18, €)* oder strandnah im Apartment-Hotel Astória in Keramotí *(14 Apts., Tel. 25 91 05 15 95, Fax 25 91 05 16 07, www.keramoti-gr.de, €€). Chrissúpolis 31 km*

Romantisch wohnen

Traditionelle Pensionen und Hotels

Mit Fördermitteln der EU wurden zahlreiche alte Villen und andere stattliche Gebäude restauriert und in kleine, äußerst stimmungsvolle Hotels und Pensionen verwandelt. Oft bekommt man hier ein Frühstück mit regionalen, hausgemachten Spezialitäten und hat Wirtsleute, die viel über den Ort zu erzählen wissen. Standorte solch romantischer Unterkünfte abseits der Küsten sind z. B. Arnéa und Polígiros auf der makedonischen Halbinsel Chalkidikí. In Arnéa ist es das *Archontikó Mítsiou (10 Zi., 20 m vom Dorfplatz, Tel. 23 72 02 28 77, Fax 23 72 02 29 88, €€)*; in Polígiros sind es die Pensionen *María Kastrétsou (6 Zi., Odós Dumbiótu 7, Tel. 23 71 02 33 60 und 23 71 02 20 86, €)* und *Christáras Charítos (4 Zi., Odós Dumbiótu 10, Tel. 23 71 02 40 39, €€)*.

Philíppi **[170 C3]**
In Philíppi gründete der Apostel Paulus die erste christliche Gemeinde auf europäischem Boden. Etwa 100 Jahre vorher, 42 v. Chr., war die Ebene Schauplatz der Entscheidungsschlacht zwischen den Cäsarmördern Cassius und Brutus einerseits sowie Antonius und Octavian, dem späteren Kaiser Augustus, andererseits. Erhalten blieben von der antiken Stadt einige fotogene Reste. Am römischen Forum ragen Pfeiler und Wände einer frühchristlichen Basilika aus dem 6. Jh. in die Höhe. Gut erhalten ist am straßenseitigen Rand der Ausgrabungen auch das antike Pflaster der *Via Egnatía*, die von Konstantinopel nach Thessaloníki führte. Im Ausgrabungsmuseum sind Kleinfunde aus dem Neolithikum und der Bronzezeit ausgestellt *(Ausgrabungen April–14. Mai und Sept., Okt. tgl. 8–19 Uhr, 15. Mai–Aug. tgl. 8–20 Uhr, Nov. bis März tgl. 8–14.30 Uhr, Museum Nov.–März Mo geschl., sonst Mo erst ab 12 Uhr)*. Sehr lohnend ist der kurze Abstecher zu den 3 km entfernten *Heilschlammbädern von Lýdia-Laspólutra* (Insider Tipp) *(tgl. 6–21 Uhr, Bad 2 Euro)*, die 1995 modernisiert wurden. Hier zelten sehr viele Griechen, die im warmen Schlamm eines Bachbetts Linderung verschiedener Beschwerden suchen. *15 km*

THESSALONÍKI

[169 F2] Auf den ersten Blick ist Thessaloníki (710 000 Ew.), 1997 Kulturhauptstadt Europas, eine laute, moderne Großstadt mit einzelnen Bauten aus zwei Jahrtausenden. Wer sie zu Fuß erkundet, wird aber auch den kleinstädtischen Charakter der Altstadt und die fast dörfliche Atmosphäre im Akrópolis-Viertel entdecken. Am besten begibt man sich zuerst auf die Platía Aristotélus direkt am Meer, mit ihren vielen Straßencafés. Bei gutem Wetter reicht der Blick über den Thermäischen Golf bis zum Olymp.

In entgegengesetzter Richtung sieht man, wie die Häuser der Altstadt einen Hügel hinauf gebaut wurden und bekommt eine Vorstellung von der immensen Größe der ummauerten byzantinischen Stadt, die vom Meeresufer bis auf den Kamm des Hügels reichte. An der Küste entlang erstreckte sie sich vom Weißen Turm bis zum heutigen Fährhafen.

SEHENSWERTES

Beim Bummeln trifft man auf Moscheen, türkische Bäder und mehr als ein Dutzend byzantinischer Kirchen. Manche stehen in unmittelbarer Nähe der immer noch sehr eindrucksvollen, einst über 7 km langen Stadtmauer.

Agía Sophía

Die Kirche aus dem späten 8. Jh., während der Türkenherrschaft in eine Moschee verwandelt, weist in der Apsis ein wertvolles Mosaik der thronenden Gottesmutter (12. Jh.) auf und in der Kuppel eine Mosaikdarstellung der zwölf Apostel, Mariens und der Himmelfahrt Christi (9. Jh.). *Tgl. 7.30–12 und 17–20.30 Uhr, Platía Agías Sofías*

Ágios Dimítrios

Die dem Schutzheiligen der Stadt geweihte Basilika birgt in einem silbernen Sarkophag die Gebeine des hl. Demetrios, der 303 den Märtyrertod starb. *Mo 12.30–19 Uhr, Di bis Fr 8–20 Uhr, Sa, So 10.30 bis 19.30 Uhr, Odós Agíu Dimitríu*

Ágios Nikólaos Orphanós

Die aus dem 14. Jh. stammende Kirche liegt in einem Altstadtviertel mit türkischen Häusern. Mehrere Fresken aus dem 14. Jh. sind gut erhalten. *Tgl. 8–12 Uhr, Eintritt 1,50 Euro, Odós Irodótu*

Akrópolis und Altstadt

★ Für einen Rundgang durch die Altstadt sollten Sie mindestens einen halben Tag ansetzen. Sie beginnen ihn am besten am Westende der Via Egnatía und folgen dann dem Verlauf der Stadtmauer bis hinauf zum Heptapyrgion, dem höchstgelegenen Punkt der Akrópolis.

An der Platía Aristotélus können Sie mit Meerblick Kaffee trinken

Galerius-Bogen
Der nur teilweise erhaltene Triumphbogen überspannte die Prachtstraße, die in römischer Zeit von der Rotonda zum Kaiserpalast des Galerius führte. Er wurde 297 zur Erinnerung an einen gewonnenen Feldzug des Kaisers gegen die Perser errichtet und zeigt auf zahlreichen steinernen Reliefplatten Szenen aus jenem Krieg. *Frei zugänglich, Via Egnatía*

Insider Tipp **Ósios Dávid**
Die kleine, idyllisch gelegene Klosterkirche aus der Zeit um 500 besitzt in der Apsis ein sehr gut erhaltenes, einzigartiges Mosaik aus der gleichen Zeit. Es zeigt einen bartlosen Christus, der dem Propheten Hezekiel in einer Vision erscheint. Die Fresken, von denen Christi Geburt und Taufe noch gut zu erkennen sind, stammen aus dem 12. Jh. *Tgl. 8–12 und 17–19 Uhr, versteckt nahe der Odós Dimitríu Poliorkitú gelegen, ab dort gut ausgeschildert*

Panagía Achiropíitos
Die auch Agía Paraskeví genannte Basilika aus dem 5. Jh. weist in den Bögen zwischen den Säulen, die die drei Kirchenschiffe untergliedern, gut erhaltene Mosaike aus der gleichen Zeit auf. Sie zeigen Pflanzen, Tiere und Kreuze, aber noch keinerlei Darstellungen von Heiligen oder biblischen Ereignissen. *Tgl. 7.30–12 und 17–20.30 Uhr, Odós Papageorgíu/Ecke Agías Sofías*

Panagía Chalkéon und Römische Agorá
Am größten Platz der Stadt, der Platía Dikastírion, liegen das türkische Bad Hamam Bey, die Kirche Panagía Chalkéon von 1028 und die

Apsis der Basilika Ágios Dimítrios

Ausgrabungen des römischen Marktplatzes, von dem Gebäudereste und die Sitzplatzreihen eines Odeons erhalten sind. *Via Egnatía*

Rotonda
Geschaffen wurde der Rundbau im 4. Jh. als Mausoleum für Kaiser Galerius. Schon am Ende des gleichen Jahrhunderts wurde sie unter Hinzufügung einer Apsis in eine christliche Kirche, in türkischer Zeit unter Hinzufügung eines Minaretts in eine Moschee verwandelt. *Mo bis Fr 8–14.30 Uhr, nördlich des Galerius-Bogens*

Weißer Turm
Das Wahrzeichen Thessaloníkis wurde in der ersten Hälfte des 16. Jhs. unter türkischer Herrschaft erbaut. Der Turm, einst Teil der Stadtmauer, beherbergt ein sehr gutes Museum mit Objekten aus der byzantinischen Stadtgeschichte. *Di bis So 8–14.30 Uhr, Eintritt 2,50 Euro, Leofóros Níkis (Uferstraße)*

MUSEEN

Archäologisches Museum
★ Besonders sehenswert sind Grabfunde aus Síndos, zu denen 2500 Jahre alte, bronzene Minia-

turmodelle der damals üblichen Tische, Stühle und Maultierkarren gehören. Ein besonders schönes römisches Mosaik zeigt Dionysos, den Gott des Weines, mit Ariadne. *April–14. Mai und 15. Sept.–Okt. tgl. 8–19 Uhr, 15. Mai–14. Sept. tgl. 8–20 Uhr, Nov.–März tgl. 8–17 Uhr, wegen Personalmangels häufig auch im Sommer nur bis 14.30 Uhr, Eintritt 5 Euro, Platía Chanth, gegenüber vom Haupteingang zum Messegelände*

Museum der byzantinischen Kultur
Eines der schönsten und modernsten Museen Griechenlands präsentiert Architektur, Kunstobjekte und Alltägliches aus der Zeit zwischen dem 5. und 19. Jh. *April–14. Mai und 15. Sept.–Okt. tgl. 8–19 Uhr, 15. Mai–14. Sept. tgl. 8–20 Uhr, Nov.–März tgl. 8–17 Uhr, Eintritt 3 Euro, Kombiticket mit Archäologischem Museum 7 Euro, Leofóros Stratú 2 (100 m vom Archäologischen Museum)*

ESSEN & TRINKEN

Besonders viele urige Tavernen finden Sie auf der Akrópolis in der Umgebung der Kirche Agíi Anárgiri (Stadtbus 23 ab Platía Eleftherías). Vor allem mittags sind auch die Lokale auf der Platía Aristotélus und in ihren Seitenstraßen empfehlenswert.

Aristotélus
Versteckt in einem Hausdurchgang gelegene Ouzerí mit kleinem Innenhof und großer Auswahl an zum Oúzo passenden kleinen Gerichten. *Tgl. 12–24 Uhr, So nur bis 16 Uhr, Leofóros Aristotélus 8, €€*

Krikelás
Das Restaurant gilt als eines der besten Griechenlands. Service und Ambiente sind ausgezeichnet. Serviert werden neben exzellenten Vorspeisen vor allem Fisch und Meeresfrüchte. Tischreservierung ratsam. *Sept.–Mitte Juni tgl. ab 12 Uhr, Leofóros Ethnikís Antístasis 32 (Ausfallstraße zum Flughafen), Tel. 23 10 41 12 89, €€€*

Ta Spáta
Einfaches Restaurant mit Riesenauswahl, besonders für ein schnelles Mittagessen geeignet. Gutes Preis-Leistungs-Verhältnis. *Tgl. 9–24 Uhr, Odós Aristotélus 28, €*

EINKAUFEN

Mit Fisch, Fleisch, Blumen, Gemüse und allerlei mehr wird im malerischen *Marktviertel* zwischen den Straßen Tsimiskí, Ermú, Aristotélus und Komnínion gehandelt.

Marthalle von Thessaloníki

Die Haupteinkaufsstraßen mit Geschäften aller Art sind die *Tsimiskí, Ermú* und *Egnatía*. Mehrere Ikonenmaler sind auf der Südseite der Kirche Panagía Achiropíitos *(Odós Ag. Sofías)* angesiedelt; größtes Kaufhaus der Stadt ist das *Klaudatos* in der *Odós Ermú/Ecke Aristotélus.*

ÜBERNACHTEN

Zu Messezeiten (vor allem im September und Anfang November) sind Hotelzimmer knapp.

Amalía
Einfaches, sehr zentral gelegenes Hotel mit freundlichem Service. *66 Zi., Odós Ermú 33/Ecke Komnínon, Tel. 23 10 26 83 21, Fax 23 10 23 33 56, €€*

Electra Palace
Bestes Hotel im Stadtzentrum nahe dem Meer. *135 Zi., Platía Aristotélus 5a, Tel. 23 10 23 22 21, Fax 23 10 235947, www.forthnet.gr/electrapalace, €€€*

Insider Tipp
Orestías Kastoriá
Eines der preiswertesten Hotels im Zentrum und dennoch sehr ordentlich, nahe der Kirche Ágios Dimítrios. *28 Zi., Odós Agnóstu Stratiótu 14/Ecke Odós Ólimpu, Tel. 23 10 27 65 17, Fax 23 10 27 65 72, €*

AM ABEND

Insider Tipp
Kismet
Gepflegte Bar in 160 Jahre altem Gemäuer, Publikum meist zwischen 30 und 45, Jazz, Klassik und Soul vom Band, große Getränkeauswahl vom Espresso bis zum Champagner. *Odós Katúni 11 (nahe Platía Eleftherías)*

Ta Hassápika
Große Musiktaverne am Rande der Akrópolis, spezialisiert auf Fleisch vom Holzkohlengrill. *Di–So 20–2 Uhr, Odós Graviás 8, €€*

AUSKUNFT

Griechische Zentrale für Fremdenverkehr (EOT)
Mo–Fr 8–14.30 Uhr, Platía Aristotélus 8, Tel. 23 10 27 18 88

ZIELE IN DER UMGEBUNG

Amolianí **[170 B5]** Insider Tipp
Die kleinste bewohnte Insel Makedoniens (9 km², 450 Ew.) liegt dicht vor der Küste der Athos-Halbinsel und ist wegen ihrer preiswerten Fischtavernen und guten Strände ein beliebtes Wochenendziel der Thessaloniker. Man wohnt gut im *Hotel Sunrise* im einzigen Inseldorf *(46 Zi., Tel. 23 77 05 12 73, Fax 23 77 05 11 74, www.papcorp.gr, €€€). Autofährverkehr mit Tripití mehrmals täglich*

Amphípolis **[170 B3]**
Die Ausgrabungen der antiken Stadt an der Via Egnatía, die Konstantinopel mit Thessaloníki verband, liegen auf einem Hügel südwestlich des heutigen Dorfes (200 Ew.). Gut zu erkennen sind noch die Reste der Stadtmauern sowie die Fundamente von vier frühchristlichen Basiliken. Reizvoll ist der Blick auf die Mündung des Flusses Strimónas ins Meer und auf das Pangéon-Gebirge.

Unmittelbar an der alten Hauptstraße steht ein sehr gut erhaltenes, monumentales Löwendenkmal aus dem späten 4. Jh. v. Chr. *(frei zugänglich). 101 km*

Berg Athos – Kloster Stavronikíta

Arnéa **[170 B4]**
Arnéa (2300 Ew.) ist das Bilderbuchstädtchen der Chalkidikí. Hier stehen noch viele gut erhaltene Herrenhäuser aus dem 18./19. Jh.; eines davon dient als *Volkskundliches Museum (meist Di–So 8–14 Uhr, Eintritt 2 Euro, nahe dem Hauptplatz an der Durchgangsstraße). 77 km*

Berg Athos **[170 C5]**
★ Der östliche der drei Finger der Chalkidikí wird größtenteils von der Mönchsrepublik Athos eingenommen, die innerhalb Griechenlands eine autonome Region bildet. In ihr leben in 20 Klöstern und zahlreichen Einsiedeleien heute noch über 2000 Mönche. 17 der Klöster sind griechisch-, je eins russisch-, serbisch- und bulgarisch-orthodox. Sie bergen reiche Schätze an Handschriften, Fresken und byzantinischer Kleinkunst. Das erste Kloster wurde bereits im 10. Jh. gegründet.

Die Mönche dulden in ihrer Republik keinerlei weibliche Wesen, gleich, ob Mensch, Huhn oder Kuh. Ausländischen Männern über 21 Jahren wird in sehr begrenzter Zahl ein bis zu viertägiger Besuch gestattet; sie brauchen dafür jedoch eine spezielle Einreisegenehmigung.

Die imposante Architektur der Klöster und ihre einzigartige Lage an den bewaldeten Hängen der Halbinsel und unter dem 2033 m hoch steil aus dem Meer aufragenden Berg Athos können Männer und Frauen aber jederzeit ohne Einschränkungen bei einer halb- oder ganztägigen Schiffstour genießen, die in etwa 300 m Abstand an der Südküste der Halbinsel entlangführt. Solche Touren werden im Sommer täglich von Uranópolis und von Ormós Panagías auf Sithonía aus angeboten. *140 km*

Chalkidikí **[170 A–C 4–5]**
Chalkidikí ist der Name einer Halbinsel südöstlich von Thessaloníki, deren Form einer dreifingrigen Hand gleicht. Diese drei Finger – Kassándra, Sithonía und Athos – sind hier getrennt beschrieben. Hauptstadt des Regierungsbezirks ist Polígiros im Binnenland.

Díon **[169 E3]**
Díon (1000 Ew.) liegt in der Küstenebene zu Füßen des Olymp. Am Dorfrand graben Archäologen die ausgedehnten Reste einer ummauerten antiken Stadt aus, die im 5. und 4. Jh. v. Chr. eins der beiden großen kultischen Zentren Makedoniens war. Hier wurde vor allem Zeus verehrt, dem auch Alexander der Große vor seinem Aufbruch zur Welteroberung noch einmal opferte. Vom Kassenhäuschen aus führt eine breite, antike, gepflasterte Straße geradeaus in die Stadt. Sie wird von mehreren Nebenstraßen gekreuzt. Gleich links oberhalb dieser Hauptstraße liegen etwas erhöht das römische Odeon und die römischen Thermen sowie zwischen Odeon und Straße eine gut erhaltene Gemeinschaftslatrine. Etwas weiter folgen links an der Straße Marmorreliefs von Schildern und Rüstungen, die Teil eines hellenistischen Denkmals waren. Rechts der Straße liegt hier eine große Villa aus der römischen Kaiserzeit, das so genannte Haus des Dionysos.

Gegenüber vom Kassenhäuschen sind jenseits der modernen Asphaltstraße die Grundmauern eines Demeter-Heiligtums eingezäunt und etwa 150 m weiter in Richtung Meer die eines Isis-Heiligtums. Auf der Rückfahrt ins heutige Dorf ist deutlich das große Theater aus dem späten 5. Jh. v. Chr. zu sehen. Das *Archäologische Museum* von Díon zeigt Ausgrabungsfunde, darunter schöne Mosaike und ein antikes Mobile aus Ton. Einzigartig ist die erst 1992 entdeckte älteste Orgel der Welt aus dem 2. Jh. *(Ausgrabungen April–14. Mai und Sept., Okt. tgl. 8–19 Uhr, 15. Mai–Aug. tgl. 8–20 Uhr, Nov.–März tgl. 8 bis 14.30 Uhr; Museum Nov.–März Mo geschl., sonst Mo erst ab 12 Uhr).* Übernachten können Sie im modernen *Hotel Díon (23 Zi., Tel. 23 51 05 36 82, Fax 23 51 05 32 22, €€). 94 km*

Édessa **[169 D2]**
Die 450 m hoch am Rande des Vérmiongebirges gelegene Stadt (16 000 Ew.) wird von Griechen wegen ihres hohen Wasserfalls viel

Wasserfall von Édessa

besucht. Sehenswert sind auch die frei zugänglichen Ausgrabungen der antiken Stadt Lóngu in der Ebene unterhalb von Édessa. *70 km*

Kassándra-Halbinsel **[170 A–B 5–6]**
Der westliche Finger der Halbinsel Chalkidikí wird durch einen schnurgeraden, 1250 m langen und 40 m breiten Kanal vom Festland getrennt. An ihm liegt das Dorf *Néa Potídea*, das ebenso wie das weiter südlich gelegene *Síviri* für seine guten Fischtavernen bekannt ist.

Typisch für die Kassándra sind ihre kilometerlangen Sandstrände und die nur leicht gewellten Binnenebenen, auf denen auf großen Feldern vorwiegend Weizen angebaut wird. Hohe Berge fehlen; der vorwitzigste der kassandrischen Hügel steigt gerade einmal auf 353 m Höhe an. Wo kein Weizen wächst, gedeihen Olivenbäume und Kiefern, deren Harz im Sommer gezapft wird. Die Winzer brauchen es zur Herstellung des geharzten Retsína-Weins.

Historische Stätten fehlen bis auf einige Wehrtürme, die im Mittelalter dem Schutz der Ländereien dienten, die den Klöstern vom Berg Athos gehörten. Besonders gut erhalten sind diese Türme in *Néa Fókea* und auf dem Gelände des *Saní Beach Hotels*. Das einzige Dorf mit gut erhaltener alter Bausubstanz ist *Áfitos*, wo im September am Strand tausende kleiner Strandnelken blühen. Die ganze Halbinsel ist touristisch stark entwickelt; es gibt zahlreiche Campingplätze und große, gute Hotels. Besonders empfehlenswert ist das *Saní Beach Hotel (489 Zi., Tel. 23 74 03 12 31, Fax 23 74 03 12 93, www.saniresort.gr, €€€)* mit großem Sport- und Animationsprogramm.

Als eines der besten Restaurants Griechenlands gilt die ★ *Taverne Sousouráda (tgl. ab 18 Uhr, Tel. 23 74 09 15 94, €€€)* nahe der Dorfkirche von Áfitos. *Néa Potidéa 74 km, Kassándra-Rundfahrt ab dort ca. 130 km*

Kerkínis-See **[170 A3]** Insider Tipp
Der große Stausee am Oberlauf des Strimónas ist ein Vogelparadies, in dem Reiher und sogar Pelikane vorkommen. Auch Seerosen und seltene Wasserpflanzen wie Schwimmfarn, Wassernuss und Seekanne sind hier zu finden. In den Dörfern *Livádia* und *Kerkíni* nisten etliche Storchenpaare. Lange Wanderungen sind auf dem Deich möglich, der den See umgrenzt. Das einzige Hotel in Seenähe ist das sehr einfache *Ellinikón* in *Virónia* mit nur 6 Zimmern *(Tel. 23 23 03 17 80, €). 120 km*

Olimpiáda **[170 B4]**
Auf einer felsigen Halbinsel unmittelbar südlich des ruhigen Badeortes mit langem Sandstrand legen Archäologen die Stadt frei, in der der Philosoph Aristoteles geboren wurde. Besonders eindrucksvoll ist die Stadtmauer aus dem 4. Jh. v. Chr. *(tgl. 8–15 Uhr, Eintritt frei)*. Man isst und wohnt gut im *Hotel Germany* Insider Tipp direkt am Strand *(32 Zi., Tel. und Fax 23 76 05 12 55, www.chalkidiki.de, €). 85 km*

Olymp **[169 E4]**
★ Das Gebirgsmassiv des Olymp besteht aus insgesamt 52 Gipfeln. Der höchste von ihnen ist der *Mýtikas* mit 2917 m. Seine Nachbargipfel sind 2912, 2911 und 2866 m

Hotel in Litóchoro vor dem Bergmassiv des Olymp im Abendlicht

hoch. Die Hänge des Olymp sind bis auf Höhen von 2000 m bewaldet; die Gipfelregionen, nur 20 km vom Meer entfernt, sind oft bis weit in den Mai hinein mit Schnee bedeckt. Den alten Griechen galt der Olymp als Wohnsitz der Götter. Heute sind weite Teile des Gebirges *Nationalpark*. Vier Schutzhütten stehen Wanderern offen, die den Olymp besteigen wollen. Etwas Bergerfahrung ist für die Gipfelbesteigung nötig; der mindestens siebenstündige Aufstieg aus 1100 m Höhe erfordert gute Kondition, festes Schuhwerk und warme Kleidung. Die Landschaft in den unteren Regionen des Nationalparks Olymp können auch Autofahrer bei einer Tour entlang der 16 km langen Piste durch die Wälder erleben. Ausgangspunkt für den Besuch des Nationalparks und die Olymp-Besteigung ist das große Dorf *Litóchoro* an der Ostflanke des Gebirges unweit der Küstenstraße. Hier können im Büro des *Alpine Club EOS* Übernachtungsplätze in den Schutzhütten reserviert und Wetterauskünfte eingeholt werden *(Mo–Fr 10–13 und 18–20.30 Uhr, Sa 10–13 Uhr, Odós Evángelou Korovángou, Tel. 23 52 08 19 44)*. Übernachten können Sie in Hotels, wie dem zentral am Dorfplatz gelegenen *Aphrodíti (24 Zi., Tel. 23 52 08 14 15, €€)*, in Pensionen oder in einer *Jugendherberge (Tel. 23 52 08 13 11)*.

Die Straße von Litóchoro in den Nationalpark (kein Busverkehr!) passiert nach 3,8 km einen Kontrollposten und nach 10 km die bewirtschaftete *Schutzhütte Stavrós* auf 944 m Höhe. Nach 16 km endet sie an der einfachen *Jausenstation Priónia* in 1100 m Höhe. Wer den Olymp besteigen will, gelangt von hier aus in etwa 2 ½ Stunden zur Schutzhütte A in 2100 m Höhe und von dort in weiteren 4 Stunden auf den Mýtikas. Wer sich mit Spaziergängen im unteren Teil des Nationalparks begnügen möchte, kann von *Priónia* aus in etwa 40 Minuten zum *Kloster Ágios Dionísios* laufen, das noch von einem Mönch bewohnt wird. *95 km*

Pélla **[169 E2]**
Pélla gilt als Geburtsstadt von Alexander dem Großen. Um 410 v. Chr. löste es Vérgina als Makedoniens Hauptstadt ab. Hier verbrachte der Dichter Euripides seine letzten Jahre, hier unterrichtete Aristoteles den kleinen Alexander. Die Römer plünderten Pélla 168 v. Chr. und machten 20 Jahre später Thessaloníki zur Hauptstadt Makedoniens. Durch die Ausgrabungen zu gehen, lohnt wenig. Einen Besuch wert ist aber das kleine *Museum,* in dem einige sehr schöne Mosaike ausgestellt sind. Sie zeigen eine Kentaurin (Pferdeleib mit weiblichem Oberkörper), Dionysos auf einem Panther reitend und eine Löwenjagd. Einzigartig ist eine Modellierform für Schüsseln aus dem 1. Jh. v. Chr., die die Gefäße mit kleinen Reliefs schmückte, die ein Liebespaar in sieben verschiedenen Stellungen zeigen *(Ausgrabungen April–14. Mai und Sept., Okt. tgl. 8 bis 19 Uhr, 15. Mai–Aug. tgl. 8–20 Uhr, Nov.–März tgl. 8–14.30 Uhr, Museum Nov.–März Mo geschl., sonst Mo erst ab 12 Uhr). 39 km*

Petralóna-Höhle **[170 A4–5]**
Die weitläufige Tropfsteinhöhle mit ihren schönen Stalaktiten und Stalagmiten beim gleichnamigen Dorf (400 Ew.) auf der Chalkidikí-Halbinsel ist effektvoll ausgeleuchtet; sie kann im Rahmen einer Führung besichtigt werden. In den 60er-Jahren wurde hier der ungefähr 600 000 Jahre alte Schädel einer Frau gefunden *(tgl. 9–20 Uhr, Eintritt 5 Euro). 60 km*

Platamónas **[169 F4]**
Eine der am schönsten gelegenen mittelalterlichen Burgen erhebt sich auf einem Hügel zwischen der Küste des Thermäischen Golfes und dem Olymp. Fränkische Kreuzritter ließen sie kurz nach 1204 erbauen, um von hier aus den Verkehr zwischen Nord- und Südgriechenland zu kontrollieren. Die Burg liegt unmittelbar oberhalb der Nationalstraße, ein Parkplatz ist vorhanden *(Di–So 8–14.30 Uhr, Eintritt 2,50 Euro). 108 km*

Polígiros **[170 A5]**
Die Hauptstadt der Chalkidikí (5000 Ew.) ist ein hübsches und noch ursprüngliches Landstädtchen in den Bergen. Reizvoll ist im Spätsommer die Fahrt von hier durch die großartige Heidelandschaft ins 14 km entfernte *Vrástama,* wo man im Kafeníon *To Kentro* auf dem Dorfplatz den dort aus den Früchten des Erdbeerbaums gebrannten Schnaps *kúmaro* kosten kann. *65 km*

Sérres (Serrai) **[170 A3]**
Sérres (45 000 Ew.) ist kein aufregendes, aber ein angenehmes Städtchen. An der Papapávlu-Straße, die vom *Hotel Park (Tel. 23 21 02 21 33, Fax 23 21 02 35 33, €€)* an der großen Platía Eleftherías zu den Ruinen der mittelalterlichen Burg (mit Café) führt, steht die 1984 erbaute und vollständig im traditionellen Stil ausgemalte *Mitrópolis-Kirche.* Kurz vor Erreichen der Burg zeigt ein Wegweiser zur nahen *Kirche Ágios Nikólaos* aus dem 14. Jh. mit ebenfalls neuen Fresken. Bestes Restaurant der Stadt ist das *Aléxis Zorbás* im Hotel Park *(€€).*

Eins der schönsten Klöster Griechenlands liegt nur 9 km von Sérres entfernt. Das um 1270 in einem weltabgeschiedenen Hochtal ge-

Insider Tipp gründete *Nonnenkloster Tímiu Prodrómu* wirkt mit seinen sich eng um die Kirche drängenden, altertümlichen Zellentrakten und seinem holprigen Pflaster inmitten üppigen Grüns wie ein kleines Dorf aus vergangenen Zeiten. Im Innern der Klosterkirche sind schöne Fresken aus verschiedenen Jahrhunderten und eine 1804 reich beschnitzte Ikonostase aus Walnussholz bemerkenswert. Die Zufahrt ist am Ortsanfang aus Richtung Dráma beschildert *(tgl. 8–12 und 16–19 Uhr). 84 km*

Sithonía-Halbinsel **[170 B5]**

★ Der Mittelfinger der Chalkidikí ist bergiger, grüner und landschaftlich noch schöner als die Kassándra-Halbinsel. An der Nord- und Ostküste der Halbinsel zwischen *Ormós Panagías* und *Kalamítsi* gibt es viele lange Sandstrände, aber kaum Ortschaften, während die Westküste mit dem umweltverschandelnden *Pórto Cárras* und dem sehr viel angenehmeren *Néos Marmarás* teilweise für den Massentourismus erschlossen ist. Besonders schön ist *Pórto Kufós*, eine kleine Siedlung an einer fast völlig vom Meer abgeschirmten Bucht. Seine Fischtavernen sind exzellent, besonders *O Psarás* unmittelbar an der Uferstraße *(€€)*. Individualisten wohnen am besten in Privatzimmern und kleinen Pensionen in *Sárti. Néos Marmarás 124 km, Sithonía-Rundfahrt von dort aus ca. 115 km*

Uranópolis **[170 B4–5]**

Uranópolis (650 Ew.) ist das letzte Dorf vor der Grenze der Mönchsrepublik Athos. Am Kai, von dem die Versorgungsboote zu den Klöstern an der Südküste ablegen, erhebt sich der schon 1344 erbaute *Turm von Prosphórion*. Er diente dem Schutz der umliegenden Ländereien des Athos-Klosters Vatopédi.

Herrliche Sandstrände locken auf die Sithonía-Halbinsel

Zwischen *Ierissós* mit seinen Kaiki-Werften direkt am Ufer und Uranópolis verläuft die Straße durch eine Senke, die der Perserkönig Xerxes 480 v. Chr. als Kanal ausheben ließ. Er wollte damit seinen Schiffen die Umrundung des Berges Athos ersparen, bei der seine Flotte zwölf Jahre zuvor bei einem ersten Angriffsversuch gegen Griechenland im Sturm vernichtet worden war.

Uranópolis besitzt viele kleine Strände und bietet die Möglichkeit, mit gemieteten Motorbooten zu sehr schönen Sandstränden auf den vorgelagerten, unbewohnten *Dreniá-Inseln* überzusetzen. Einfach, aber ruhig und direkt am Strand wohnt man im *Xenia* am Ortsrand *(42 Zi., Tel. 23 77 07 14 12, Fax 23 77 07 13 62, www.papcorp.gr, €€)*, komfortabel im *Eagle's Palace* ca. 5 km außerhalb *(168 Zi., Tel. 23 77 03 10 47, Fax 23 77 03 13 83, www.eaglespalace.gr, €€€)*. Oktopus und Schweinefleisch in Weinsoße *(krassáto)* sind die Spezialität in der *Taverne Kókkinos* an der Hauptstraße, die als eine der besten Fischtavernen der Region gilt *(€€)*. *140 km*

Vérgina **[169 E3]**

Das Dorf am Rande der Ebene des Flusses Aliákmonas erlangte 1978 Weltruhm, als der griechische Archäologe Manólis Andrónikos das Grab des makedonischen Königs Philipp II., dem Vater von Alexander dem Großen, entdeckte. Es war unversehrt und barg kunstvolle Schätze, darunter zwei goldene, kistenförmige Urnen, einen goldenen Eichenlaubkranz und die Rüstung König Phillipps.

Vérgina war bis etwa 410 v. Chr. die Hauptstadt Makedoniens, die dann jedoch nach Pélla verlegt wurde. Vérgina blieb aber neben Díon eins der beiden großen kultischen Zentren des Landes mit bedeutenden Tempeln und den Grabstätten vieler adliger Familien.

1977/78 legte Andrónikos unter einem 13 m hohem Grabhügel mit 110 m Durchmesser drei Gräber von besonderer Bedeutung frei. Das wichtigste war das Philipps II. Das zweite wird Grab des Fürsten genannt und barg vielleicht den Leichnam von Alexander IV., einem Sohn Alexanders des Großen. Das dritte Grab gilt als das Kleopatras, der Gattin Philipps II. (nicht der ägyptischen Pharaonin!).

Mit finanzieller Hilfe der EU wurden die gefundenen Gräber gesichert. Eine moderne Betonkonstruktion schützt heute die gesamte Anlage, die wie ein Museum zu begehen ist.

Außerdem kann man in Vérgina die Überreste eines etwa 9000 m^2 großen Palastes besichtigen. Er gilt als größtes antikes Gebäude Makedoniens und wurde erst um 310 v. Chr. erbaut.

Unmittelbar unterhalb des Palastes sind die Konturen des erst 1981 entdeckten Theaters freigelegt, in dem König Philipp II. 336 v. Chr. von einem einheimischen Adligen ermordet wurde. Links der Straße vom Dorf zum Palast ist außerdem ein teilweise restauriertes makedonisches Grab aus der zweiten Hälfte des 3. Jhs. v. Chr. zu besichtigen, das eine besonders schöne dorische Fassade besitzt *(Ausgrabungen April–14. Mai und Sept., Okt. tgl. 8–19 Uhr, 15. Mai bis Aug. tgl. 8–20 Uhr, Nov.–März tgl. 8–14.30 Uhr, Museum Nov. bis März Mo geschl., sonst Mo erst ab 12 Uhr).* Unterkunft bietet in Vérgina die moderne *Pension Vérgina (Odós Aristotelous 55, Tel. 23 31 09 25 11, €). 69 km*

Vérria (Véroia) **[169 E3]**
Die Stadt hoch über dem fruchtbaren Tal des Flusses Aliákmonas lohnt den Besuch vor allem für Liebhaber byzantinischer Kirchen. Das Ortsbild selbst ist überwiegend modern; die meisten alten Häuser verfallen. Von den 51 mittelalterlichen Kirchen der Stadt sind nur zwei zugänglich. Man besichtigt sie in etwa 15 Minuten zusammen mit dem Wärter der *Kirche Tu Christú (Di–So 8.30–15 Uhr, Trinkgeld üblich)*, die am unteren Ende der Haupteinkaufsstraße Mitropoleos steht. Die Kirche Tu Christú mit gut erhaltenen Wandmalereien stammt aus dem Jahr 1315. Eindrucksvoll ist die Architektur der *Kirche Ágios Vlássios* aus dem 13. Jh. Übernachten können Sie im Hotel *Makedonía (37 Zi., Odós Kontogeorgáki 50, Tel. 23 31 06 69 02, Fax 23 31 02 79 00, €€)* oder im Hotel *Villa Elía (35 Zi., Odós Elías 16, Tel. 23 31 02 68 00, Fax 23 31 02 18 80, €€). 76 km*

XÁNTHI

[171 D2] ★ In Xánthi (25 000 Ew.) kommt sich der Griechenlandreisende plötzlich wie in eine andere Welt versetzt vor – und das ganz besonders am Markttag, dem Samstag. In der Stadt und in vielen umliegenden Dörfern leben türkischstämmige Moslems und die ebenfalls islamischen bulgarischstämmigen Pomaken. Die Frauen beider Volksgruppen tragen auch im Alltag ihre Tracht und sorgen in Xánthi für eine orientalisch anmutende Atmosphäre. Sie ist auch an den vielen traditionellen Häusern in der ausgedehnten Altstadt und in den Basargassen spürbar, in denen es eine ganze Reihe türkischer Geschäfte gibt. Das Stadtzentrum wird von mehreren ineinander übergehenden Plätzen mit der an den Basar angrenzenden Markthalle, dem Busbahnhof und der Mitrópolis gebildet, von der es nur wenige Schritte zur Altstadt sind.

SEHENSWERTES

Altstadt
Um die Jahrhundertwende war Xánthi eine bedeutende Tabakhandelsstadt. Die meisten großen Altstadthäuser wie das in der Odós Antíka 7, in dem heute das *Folkloremuseum (tgl. 17–19 Uhr)* untergebracht ist, gehörten reichen Tabakhändlern. Außer den noch heute vorhandenen Volksgruppen lebten in Xánthi auch Armenier und Juden, deren *Synagoge* in der *Odós Chatzistávru 8* steht. Hauptgasse in der Altstadt ist die *Odós Antíka*, die auch zur schön restaurierten *Platía Mitropóleos* führt.

Basarviertel Insider Tipp
Das orientalisch anmutende Basarviertel erstreckt sich zwischen der Markthalle und der großen Platía to Basári, auf der an jedem Samstagmorgen ein großer Wochenmarkt stattfindet, wie man ihn außerhalb Thrakiens in ganz Griechenland nicht erleben kann.

Karawansereien
Vor 100 Jahren standen in Xánthi 53 Karawansereien, von denen

noch 13 erhalten sind. Dazu gehören der *Averóff Cháni* nahe der Platía sowie die Bauten *Odós Komotiní 55* und *Odós Loutróna 20.*

ESSEN & TRINKEN

Mehrere stimmungsvolle Tavernen und Ouzerien finden Sie am unteren Rand der Altstadt, wenn Sie vom Uhrturm auf der zentralen Platía der Beschilderung Palia Xánthi etwa 200 m weit folgen. Samstags kann man auf dem Markt essen.

ÜBERNACHTEN

Dimókritos
Das Hotel liegt zentral zwischen der Markthalle und dem markanten Uhrturm. Dazu gehört auch ein Nachtclub. *40 Zi., Odós 28 Oktovríu 41, Tel. 25 41 02 51 11, Fax 25 41 02 55 37,* €€

Natássa
Modernes Motel am Ortsrand an der E 90 aus Richtung Kaválla. *72 Zi., Tel. 25 41 02 15 21, Fax 25 41 02 15 25,* €€€

ZIELE IN DER UMGEBUNG

Alexandrúpolis **[171 E3]**
Die nach einem neugriechischen König benannte Hafenstadt (36 000 Ew.) entstand erst nach 1871 und besitzt außer der kürzlich im traditionellen Stil ausgemalten *Kathedrale Ágios Nikólaos* keine Sehenswürdigkeiten. Sie ist aber ein guter Standort für die Erkundung Thrakiens und Fährhafen für die Insel Samothráki. Man wohnt sehr gut im *Hotel Okeánis (24 Zi., Odós Paleológu 20, Tel. 25 51 02 88 30, Fax 25 51 03 41 18,* €€*). 122 km*

Ávdira **[171 D3]** Insider Tipp
Die Ruinen der antiken Stadt Abdera liegen beidseits der Straße am Meer südlich des heutigen Dorfes Ávdira (2000 Ew.). Zu sehen sind die antike Stadtmauer und die Grundmauern von Wohnhäusern, römischen Thermen und eines Tempels. Im Ort selbst wurde 2001 ein kleines *Archäologisches Museum* eröffnet *(Ausgrabungen und Museum Di–So 8–14.30 Uhr, Eintritt frei). 20 km*

Dadiá **[171 F2]**
In den ausgedehnten Wäldern von Dadiá leben außer Schakalen, Wildschweinen, Braunbären und Wölfen auch 26 aller 28 europäischen Greifvogelarten. Über diese Vögel und Wandermöglichkeiten in den Wäldern informiert das *Greifvogel-Informationszentrum* (Insider Tipp) am Rande des Dorfes Dadiá, in dem man auch übernachten kann. *188 km*

Didimóticho **[171 F2]**
Die Stadt am Rande des Évros-Tales (8400 Ew.) besitzt die Ruine einer türkischen Festung und eine große Moschee aus dem Jahr 1420, die allerdings nicht besichtigt werden kann. *220 km*

Évros-Delta **[171 F3]**
Der Fluss Évros bildet auf viele Kilometer die Grenze zur Türkei. Er und sein Delta sind ein Naturparadies, in das Fremde der Grenze wegen aber nur mit einer Sondererlaubnis einreisen dürfen.

Féres (Pherrai) **[171 F3]**
Die Kirche *Panagía Kosmosótira* (Insider Tipp) auf dem höchsten Punkt des Städtchens (5000 Ew.) stammt aus dem 12. Jh. Sie beeindruckt durch ihre

mächtige Kuppel und das schöne Ziegelmauerwerk. *152 km*

Insider Tipp

Komotiní **[171 D–E2]**
In der Stadt (37500 Ew.) zu Füßen der Rodopen leben zahlreiche türkischstämmige Moslems. Moscheen gehören ebenso wie Kirchen zum Stadtbild, das im alten *Basarviertel* nordwestlich der großen Platía Irínis besonders schön ist. An seinem Rand findet neben dem Regierungshochhaus dienstags ein großer, orientalisch angehauchter Wochenmarkt statt. Historischer Kern ist das nur bruchstückhaft erhaltene byzantinische *Kastro* mit der *Panagía-Kirche* aus dem Jahr 1800, das man von der Platía Irínis aus durch die Fußgängerstraße Odós Venizélu erreicht. Das *Archäologische Museum (Di bis So 8–19 Uhr, Eintritt frei, Odós Aléxandros Simionídou)* ist das sehenswerteste Thrakiens. Allein die Büste des römischen Kaisers Marc Aurel aus 950 Gramm purem Gold ist den Besuch wert. Zentral gelegen ist das *Hotel Orpheus (79 Zi., Platía Irínis 48, Tel. 25 31 03 71 80, Fax 25 31 02 82 71, €). 56 km*

Néstos-Schlucht **[170 C2]**
Ein Naturerlebnis ist die tunnelreiche Bahnfahrt durch die wilde, straßenlose Néstos-Schlucht von Xanthí nach Stavrúpolis. Das Bergdorf liegt inmitten von Laubwäldern, die für Spaziergänger durch Waldwege, Picknickplätze und Schutzhütten erschlossen sind. Die Rückfahrt kann per Zug oder auf ebenfalls schöner Strecke per Bus durchs Gebirge erfolgen. Fahrtdauer des Zuges ca. 40 Minuten. Kanutouren durch die Schlucht bietet das Reisebüro *Forestland (Odós Karaóli 16, Xanthí, Tel. und Fax 25 41 06 24 88). Stavrúpolis 27 km*

Pórto Lágos **[171 D3]**
Das Dorf (500 Ew.) liegt auf einem schmalen Isthmos, der den lagunenartigen Vistónis-See vom Meer trennt. Auf einer vorgelagerten Halbinsel nisten in einem Naturschutzgebiet zahlreiche Seiden- und Graureiher, deren Flug man vom Hafen aus beobachten kann. Etwas außerhalb des Dorfes passiert die Straße nach Komotiní das kleine *Kloster Ágios Nikólaos* auf einem Inselchen, das durch einen Holzsteg mit dem Festland verbunden ist. Es gehört zum Kloster Vatopédi auf dem Berg Athos. Vom Steg aus kann man im Winter Pelikane, Flamingos und zahlreiche andere Wasser- und Brachvögel beobachten. Schöne Strände finden Sie beim nahen *Fanári (Hotel Bosporos, 20 Zi., Tel. 25 35 03 12 16, Fax 25 35 03 12 12, €€). 24 km*

Súfli **[171 F2]**
Die Stadt (5600 Ew.) im Évros-Tal gilt als die Seidenstadt Griechenlands. Ihre goldene Zeit erlebte sie im 19. Jh., als 16000 ha Land in der Umgebung Súflis mit Maulbeerbäumen bepflanzt waren und jährlich etwa 40000 kg Seidenfäden gewonnen wurden. Heute sind nur noch etwa 50 Stadtbewohner mit der Seidenproduktion befasst. Ein kleines, exzellentes *Museum (Mo bis Fr 7.45–15.30 Uhr, Eintritt frei, Odós Venizélu)* informiert über die Technik der Seidengewinnung früher und heute. An der Platía bieten mehrere Geschäfte allerlei Produkte aus Naturseide an, darunter auch ein eigener Laden der *Seidenfabrik Tsiakíri. 189 km*

Insider Tipp

Wilde Schluchten, unverfälschte Dörfer

Im Nationalpark können Sie noch wilden Braunbären begegnen

Der Epirus (neugriechisch: Ipiros) ist eine Gebirgslandschaft im Nordwesten Griechenlands voller Naturschönheiten und ursprünglich gebliebener Dörfer. Nur an den Küsten des Ionischen Meeres und des flachen Ambrakischen Golfs durchbrechen die breiten Schwemmlandschaften von Flüssen, die ganzjährig Wasser führen, die schier unendlich scheinenden Reihen von Bergketten, die die Region prägen. Viele Gipfel sind bis weit im Frühjahr schneebedeckt.

Im Landesinneren gibt es nur eine größere Ebene. An deren Rand breitet sich die epirotische Hauptstadt Ioánnina mit ihrer schönen, ein wenig orientalisch anmutenden Altstadt aus. In ihren Gassen arbeiten noch immer Silberschmiede; stattliche Wohnhäuser zeugen vom einstigen Wohlstand der Kaufleute. Christliche und islamische Elemente verschmelzen miteinander.

Am allerschönsten ist der Epirus in der Zagóri, einer Landschaft zwischen Ioánnina und den Hauptstraßen nach Kónitsa und Métsovo. Hier kreisen noch Adler am Himmel, schweifen Braunbären durch die Wälder. Abends schwirren hunderte von Glühwürmchen durch die Luft; Autofahrer müssen bremsen, weil große Landschildkröten auf die andere Straßenseite wechseln. Wilde Schluchten, allen voran die Víkos-Schlucht, können durchwandert werden; Trekkingrouten führen durch den Víkos-Aoós-Nationalpark und in die höchsten Regionen des Píndos-Gebirges.

Párga: Blick auf die kleine Insel an der Hafenbucht

Erntereife Orangen

Die 45 Dörfer der Zagóri, 650 bis 1350 m hoch gelegen, haben ihr historisches Aussehen reiner bewahrt als die meisten anderen Orte Griechenlands. Ihre unverputzten Häuser und Kirchen aus Naturstein künden von vergangenem Wohlstand. Esel ziehen über das jahrhundertealte Pflaster autofreier Gassen, eine Vielzahl kunstvoller Brücken aus türkischer Zeit überspannt Bäche und Flüsse. Zwar ste-

Das Theater bei Dodóni war Teil einer großen antiken Orakelstätte

hen heute in den meisten Dörfern viele Häuser den größten Teil des Jahres über leer, aber dennoch verfallen nur wenige, weil die Zagorianer in den Ferien in ihre Heimat zurückkehren. In nahezu allen Dörfern sind außerdem in einigen dieser Häuser Pensionen eingerichtet worden. Da ist dann oft auch die Möblierung noch traditionell, das Wohnen besonders stimmungsvoll.

Viel daheim waren die Männer der Zagóri auch früher nicht. Wegen der schwierigen Bodenverhältnisse suchten sie schon seit dem 12. Jh. ihr Glück im Ausland. Sie emigrierten nach Mitteleuropa, Ägypten und Konstantinopel, Kleinasien und Moldawien, wurden Gelehrte, Ärzte, Politiker und Kaufleute. Kehrten sie zu ihren Familien zurück, errichteten sie Kirchen und vergrößerten ihre Häuser oder bauten neue. Ihr Einfluss in den Großstädten und die Weltabgeschiedenheit ihrer Dörfer sicherten den Zagorianern auch während der langen Türkenherrschaft Privilegien, die den Wohlstand bewahrten.

Nicht nur in der Zagóri, sondern auch in vielen anderen Gebirgsregionen des Epirus lag viel Weideland brach. Das lockte nomadisierende Stämme an. Da waren zum einen die von den Griechen Vlachen genannten Aramáni, die eine romanische Sprache sprachen. Einige von ihnen besaßen im Píndos Sommerdörfer, andere lebten in Zelten und pachteten Weideland. Viele ließen sich bereits im 18. Jh. als Weber und Silberschmiede in der Gegend von Ioánnina nieder, andere wurden erst in den letzten Jahren sesshaft. Im Sommer ziehen aber noch immer vlachische Hirten mit ihren Herden ins Gebirge.

Eine zweite Volksgruppe, die noch bis zum Zweiten Weltkrieg nomadisierend unterwegs war, waren die Griechisch sprechenden Sarakatsáni. Beide Volksgruppen sind heute für Fremde nicht mehr von den übrigen Griechen zu unterscheiden, doch leben ihre Folklore und ihr Kunsthandwerk in den volkskundlichen Museen fort.

Auch moslemische Albaner waren bis 1944 im Epirus zahlreich vertreten. Sie wurden im Verlauf des Griechischen Bürgerkriegs ins kommunistische Albanien vertrieben. Der Bürgerkrieg zwischen den konservativen und den linken Partisanenbewegungen Griechenlands tobte im Epirus besonders heftig. Ein anschauliches Bild von den Auswirkungen dieses Kampfes, der in Griechenland mehr Opfer forderte als der Zweite Weltkrieg, zeichnet Nicholas Gage in seinem Tatsachenroman »Eléni«, der in viele Sprachen übersetzt worden ist.

Zwei Blütezeiten erlebte der Epirus in den kurzen Perioden seiner Unabhängigkeit. Zwischen 1204 und 1337 regierten byzantinische Fürsten die Region von Árta aus. In dieser Zeit entstanden zahlreiche Kirchen und Klöster. 1788 schwang sich dann der albanische Abenteurer Ali Pascha zum weitgehend vom Sultan unabhängigen Herrn über Epirus auf und erweiterte bis 1822 seinen Machtbereich bis auf den Peloponnes. Er hinterließ vor allem blutrünstige Legenden.

Wilde Schluchten, grandiose Berge, ursprüngliche Dörfer und Relik-

MARCO POLO Highlights »Epirus«

★ **Die Brücken von Kípi**
Uriges Bergdorf und jede Menge schöner Brücken (Seite 74)

★ **Die Víkos-Schlucht**
Einmaliges Natur- und Wandererlebnis im Nationalpark (Seite 77)

★ **Die Felstürme von Pápingo**
Insider Tipp
Schönes Dorf vor Hochgebirgskulisse (Seite 76)

★ **Die Insel im See von Ioánnina**
Idyllisches Dorf und sehenswerte Klöster (Seite 72)

★ **Altstadt von Ioánnina**
Moscheen und alte Gassen (Seite 72)

★ **Theater von Dodóni**
Eines der besterhaltenen antiken Theater (Seite 74)

★ **Nekromanteíon**
Hier sprachen die Menschen der Antike mit ihren Toten (Seite 79)

★ **Nikópolis**
Byzantinische Stadtmauern ohne Touristentrubel (Seite 80)

★ **Die Kirchen von Árta**
Meisterwerke mittelalterlicher Architektur und Malkunst (Seite 68)

★ **Váltos-Strand**
Kilometerlanger Sandstrand vor Olivenwäldern und einer Burg (Seite 78)

Ali Pascha

Der Löwe von Ioánnina und die Frauen

Ali Pascha wurde 1822 von Häschern des Sultans ermordet, weil er ihm zu mächtig und zu eigenständig geworden war. Er starb in den Armen einer Christin, seiner Frau Vassilikí. Diese Treue einer Rechtgläubigen zu einem Moslem rührt die Griechen noch heute – die Sterbeszene kann man auf Postkarten kaufen. Als Volkslied zu hören ist die schaurige Geschichte von einer der vielen Gräueltaten Ali Paschas. Sein Sohn hatte ein vom Vater missbilligtes Verhältnis mit einer gewissen Frau Froschini begonnen; Ali Pascha ließ darauf die Geliebte des Sohnes mitsamt 16 ihrer Freundinnen im See ertränken. Das Lied verspricht: »Tausende von Zuckerdosen werden wir in den See schütten, damit er süß ist und Frau Froschini daraus trinken kann.«

te aus der Geschichte sind aber nicht alles, was Urlauber im Epirus finden. Zwischen Párga und Préveza erstrecken sich auch lange Sand- und Kiesstrände.

ÁRTA

[168 C6] Die Kleinstadt (33 000 Ew.) an der viel befahrenen Hauptstraße von Ioánnina nach Athen wird auf drei Seiten vom ganzjährig Wasser führenden Fluss Árachthos umflossen. Sie wurde an niedrigen Hügeln inmitten einer großen, fruchtbaren Ebene erbaut, die von Olivenhainen, Apfelsinen- und Zitronenplantagen bedeckt ist.

Zwischen den Häusern der modernen Stadt mit ihren auffällig vielen kleinen und großen Plätzen voller Kaffeehausstühle sind antike Ruinen, eine mittelalterliche Burg und äußerst sehenswerte ★ byzantinische Kirchen zu finden.

In der Antike hieß die Stadt Ambrakia. Nach ihr wurde der südlich gelegene Ambrakische Golf benannt. Mit der Gründung von Nikópolis durch Octavian und der Zwangsumsiedlung vieler Bürger dorthin sank ihre Bedeutung; mit dem Untergang von Nikópolis durch die Versandung seines Hafens im 11. Jh. erlangte der Ort als Árta neue Bedeutung. Nach der Eroberung Konstantinopels durch die Kreuzritter 1204 und dem vorübergehenden Zerfall des Byzantinischen Reichs wurde Árta zur Hauptstadt eines kleinen christlichen Reichs, des Despotats von Epirus. Bis 1318 entstanden die meisten seiner schönen Kirchen. Später kamen Serben, Albaner, Türken, Venezianer, Franzosen und wieder Türken, bis Árta 1912 dem neugriechischen Staat angeschlossen werden konnte.

SEHENSWERTES

Bester Ausgangspunkt für einen Stadtrundgang ist die Burg, die unmittelbar an der Nationalstraße

Ioánnina–Athen liegt. Nach der Besichtigung der Burg folgt man der Nationalstraße 200 m weit in Richtung Athen, dann nach rechts dem Wegweiser »Centre«, gelangt durch die Odós Skoufá zur Odós B. Pýrrou. Folgt man ihr nach links, kommt man zum Historischen Museum und zur Kirche Panagía Parigorítissa, folgt man ihr nach rechts, gelangt man an den übrigen byzantinischen Kirchen und antiken Ruinen vorbei zurück zur Burg.

Agía Theodóra

In der Kirche aus dem 13. Jh. ist die hl. Theodora in einem schönen Sarkophag beigesetzt. Sie wirkte im 13. Jh. in dem Kloster, das damals zur Kirche gehörte. Ihre als wundertätig angesehene, mit Silber beschlagene Ikone wird alljährlich am 11. März in feierlicher Prozession durch die Stadt getragen. Besonders bemerkenswert sind in der Kirche die antiken Kapitelle der Säulen, die von Bauten des 6. Jhs. aus Nikópolis stammen. *Unregelmäßig geöffnet, Odós Agías Theódoras (von der Odós Pýrrou Richtung Burg, die zweite Gasse links hinter den Ruinen des Apollo-Tempels)*

Ágios Geórgios

Die moderne Kirche zeugt davon, dass orthodoxe Kirchen auch heute noch mit Fresken ausgestattet werden. Anders als in byzantinischer Zeit kommt aber nicht ein einzelner Gläubiger für die Kosten auf. Jede Heiligendarstellung wurde von einem anderen Stifter finanziert. *Unregelmäßig geöffnet, Odós Skoufá*

Ágios Vasílios

Die Kirche aus dem 13. Jh. weist ein besonders schönes Mauerwerk auf. Farbig glasierte Kacheln und unterschiedlich gestaltete Bänder aus Ziegelsteinen gliedern die Fassade. In die Ostwand sind zwei Reliefs eingelassen. Eines stellt die Kreuzigung Christi, das andere drei Kirchenväter dar. *Nur von außen zu besichtigen, am Ende der Odós B. Pýrrou an der offenen Markthalle in die Gasse 20 m links hinein*

Alte Brücke

Artas Old Bridge (so die Wegweiser) gilt als eine der schönsten Brücken Griechenlands. Vier unterschiedlich hohe Bögen überspannen seit 1612 den Fluss; in einen der beiden Pfeiler des höchsten Bogens musste der Baumeister einer örtlichen Legende nach seine Frau einmauern, weil die während der Bauarbeiten immer wieder eingestürzte Brücke einer Weissagung gemäß anders keine Stabilität gewinnen konnte. Die Brücke steht unmittelbar neben der modernen Straßenbrücke. *1 km nördlich der Stadt an der Straße nach Ioánnina*

Apollo-Tempel

Geringfügige Reste eines Tempels vom Ende des 6. Jhs. v. Chr. liegen eingezäunt und als »Ancient Temple« gekennzeichnet *links der Odós B. Pýrrou.*

Burg

Die Festung von Árta nimmt eine kleine Bodenerhebung am Ufer des Árachthos ein. Im Innern der Burg grünen zahlreiche Orangenbäume. Errichtet wurde die Burg im 13. und 14. Jh., umfangreiche Veränderungen nahm Ali Pascha im 18. Jh. vor. Dass beim Bau der Burgmauern die antike Stadtmauer mit ihren großen, regelmäßig behauenen

Steinblöcken mitverwendet wurde, ist besonders gut von der Nationalstraße aus an der Ostecke der Burg zu erkennen. *Frei zugänglich*

Káto Panagías

Am Stadtrand von Árta liegt nahe dem Flussufer das Maria geweihte Nonnenkloster aus dem 13. Jh. Die meisten Bauten sind neu, nur die Apsis der Klosterkirche stammt noch aus der Gründungszeit. Hier sind einige Freskenreste des 13. Jhs. erhalten. Weitaus eindrucksvoller ist aber die 1715 mit Heiligen und biblischen Szenen bemalte Westwand. *Mai–15. Sept. tgl. 7–13 und 16.30–19.30 Uhr, sonst tgl. 8–13 und 15–18 Uhr, vom Ortszentrum aus auf der dem linken Flussufer nächstgelegenen Straße am modernen Stadion vorbei 2 km*

Odeon

Vom kleinen, antiken Musiktheater Ambrákias aus dem 2. Jh. sind nur noch einige wenige Stufenreihen erhalten. *Frei einsehbar, Odós B. Pýrrou in Richtung Burg folgend hinter den Ruinen des Apollo-Tempels erste Gasse rechts*

Panagía Parigorítissa

Die größte byzantinische Kirche Ártas ist ein architektonisches Meisterwerk von hohem Rang. Sie entstand 1285 bis 1289 als zentrales Gotteshaus eines Klosters, von dem am Rande des Kirchhofs noch der Zellentrakt mit 16 Räumen und das Refektorium erhalten sind. Das Refektorium dient heute als Ausstellungsraum, in dem einige Kleinfunde aus dem antiken Ambrákia gezeigt werden.

Dem dreischiffigen, kubischen Bau mit mehreren Fensterreihen sind fünf Kuppeln aufgesetzt. In der Zentralkuppel ist ein schönes Mosaik aus dem 13. Jh. zu sehen, das Christus als Pantokrátoras, also als Weltenherrscher zeigt. Einige der zum Teil gut erhaltenen Fresken aus dem 16. bis 18 Jh. verraten römisch-katholischen Einfluss. Besonders deutlich wird das in der Apsis, wo nicht, wie in Byzanz üblich, die im Westen unbekannte himmlische Apostelkommunion, sondern das heilige Abendmahl dargestellt ist.

Besonders faszinierend ist die Architektur des Innenraums mit einem einzigartigen System von Ge-

Eine der vielen sehenswerten byzantinischen Kirchen von Árta

wölbezwickeln und Säulen, die das Gewicht der Kuppel tragen und das dem Innenraum zusammen mit dem weitgehend freiliegenden Mauerwerk aus Ziegelsteinen einen archaischen Ausdruck verleiht. Westlichen Einfluss verraten hier wiederum die in der Fachsprache Grotesken genannten Tierdarstellungen unter den höchsten Säulchen und die Skulpturenreihe im obersten Bogen der Nordwand mit der Darstellung von Jesu Geburt im Zentrum. Im Innern der Kirche ist das Fotografieren streng verboten. *Di–So 8.30–15 Uhr, Eintritt 2,50 Euro, Platía Nik. Skoufá*

MUSEUM

Historisches Museum
Das kleine, liebevoll gestaltete Museum gibt u. a. durch Fotografien, Schautafeln, Puppen und Modelle sowie mit Hilfe englischer Erklärungen einen Einblick in die Geschichte Ártas. *Tgl. 9–13 Uhr, Eintritt 1 Euro, Platía Nik. Skoufá*

ESSEN & TRINKEN

Protomástoras
Taverne an der Alten Brücke unter einer alten Platane, an der Ali Pascha ihm unliebsame Griechen hängen ließ. Spezialität des Hauses ist *éskalop*, eine mit Schinken und Wurst gefüllte Fleischroulade. *Plátanos tis Ártas, €*

ÜBERNACHTEN

Cronos
Einfaches Hotel nahe den Ruinen des Apollo-Tempels. *55 Zi., Platía Kílkis, Tel. 26 81 02 22 11, Fax 26 81 07 37 95, €€*

Vizantinó
Das einzige moderne Hotel in und um Árta, 5 km außerhalb im Vorort Filothéi in einem 35 ha großen Garten. *53 Zi., Tel. 26 81 05 22 05, Fax 26 81 05 21 16, byzantino@compulenk.gr, €€*

ZIELE IN DER UMGEBUNG

In der Umgebung der Stadt Árta gibt es zahlreiche byzantinische Kirchen und Klöster. Sie können allerdings nur von außen betrachtet werden. Ihr Besuch lohnt daher nur für besonders Interessierte.

Kirkizátes **[168 C6]**
Die *Kirche Ágios Nikólaos tis Rodías* aus dem 13. Jh. steht gleich am Ortseingang. Im Nachbardorf *Plísii* stammt die *Kirche des Ágios Dimítrios tu Katsúri* bereits aus dem 10. Jh., wurde aber im 13. Jh. verändert. Zufahrt über die an der Alten Brücke bei Árta beginnende Straße nach Kostákii. *3 km*

Panagía tu Brióni **[168 C6]**
Die Kirche auf einem Friedhof, der immer noch genutzt wird, entstand 1238. 900 m abseits der Nationalstraße Árta–Athen, dem Wegweiser nach Megárchi folgen. *8 km*

Vlachérna **[168 C6]**
Die auf dem Friedhof des gleichnamigen Dorfes stehende, Maria geweihte Kirche stammt in ihrer heutigen Gestalt aus dem 13. Jh. und gehörte ursprünglich zu einem Kloster. In ihre Außenwände sind einige schöne Reliefs eingearbeitet. Die mit *Gramenítsa* beschilderte Zufahrtsstraße zweigt kurz hinter der Alten Brücke von der Straße Árta–Ioánnina ab. *6 km*

Ioánnina

[168 C5] Die Hauptstadt (90 000 Ew.) von Epirus liegt schön am Ufer eines großen Sees am Rande einer 500 m hoch gelegenen, von Bergen eingerahmten Ebene. Auf einer Halbinsel im See steht die romantische, ganz von hohen Mauern umgebene Altstadt mit weithin sichtbaren Moscheen. Von der Uferpromenade vor den Mauern legen bis spät abends Boote ab, um Insulaner und Gäste in das Dorf auf der kleinen Insel im See zu bringen. Fast orientalisch geht es in den belebten Basargassen zu, die sich von der Altstadt zum modernen Hauptplatz der Stadt hinaufziehen.

Ioánnina ist eine aufstrebende Universitäts- und Handelsstadt mit viel Flair. Noch immer sind hier Gold- und Silberschmiede zu Hause, die ihre überwiegend traditionellen Erzeugnisse in zahlreichen Werkstätten herstellen.

Die Bauwerke der Stadt zeugen von ihrer wechselvollen Geschichte. Gegründet wurde Ioánnina 527 durch den byzantinischen Kaiser Justinian. Vom 12. bis zum 14. Jh. entstanden vor allem auf der Insel im See mehrere Klöster mit reich ausgestatteten Kirchen. 1430 eroberten die Türken die Stadt, die sie erst 1913 an Griechenland zurückgeben mussten. Ihre Glanzzeit erlebte Ioánnina zwischen 1788 und 1822 während der Herrschaftszeit von Ali Pascha.

SEHENSWERTES

Altstadt

★ Vom Hauptplatz der Neustadt aus führt die Haupteinkaufsstraße *Leofóros Avérof* auf die Altstadt zu, die noch vollständig von 1800 m langen Mauern aus der Türkenzeit umgeben ist. Durch ein mächtiges Stadttor gelangt man in die fast autofreien Gassen, in denen noch immer viele Menschen leben. Ein Schild weist den Weg zum *Municipal Museum,* dem Stadtmuseum. Es nimmt die Räume der restaurierten *Aslan-Pasa-Moschee* aus dem Jahr 1618 ein. Von hier aus kann man weitergehen zur *Zitadelle* in der Nordostecke der Altstadt mit der 1430 errichteten *Fetije-Moschee* und dem Grab Ali Paschas.

Insel

★ Der See von Ioánnina ist 23 km^2 groß und bis zu 13 m tief. In ihm liegt vor Ioánnina eine 35 ha große Insel mit einem schönen, autofreien Dorf (800 Ew.). Flüchtlinge aus der Máni auf dem Peloponnes gründeten es im 17. Jh.

Die Insel ist von dichtem Schilf umgeben. Viele Insulaner fangen im See Aale und Frösche. Sie werden unter skandalösen Bedingungen von mehreren Tavernen auf der Insel zum Konsum angeboten – doch wer gesehen hat, wie die Tiere ihre letzten Stunden in qualvoller Enge verbringen müssen, dürfte den Appetit verloren haben.

Dennoch sollte man einen Besuch der Insel nicht versäumen. Im idyllischen ehemaligen *Panteleimon-Kloster* sind die Zellen, in denen Ali Pascha seine letzten Tage verbrachte und starb, als *Ali-Pascha-Museum* hergerichtet. In der *Klosterkirche* sind Fresken aus dem Jahre 1530 zu sehen.

Auf der Insel stehen noch vier weitere byzantinische Klöster, deren Kirchen allesamt mit Fresken geschmückt sind. Besonders bemerkenswert ist das *Nikólaos-Kloster* von 1292. Unter den Fresken aus dem 16. Jh. sind eigenartigerweise auch Darstellungen von sieben – ja heidnischen – antiken Philosophen, Weisen und Schriftstellern zu finden, darunter Plato, Aristoteles, Plutarch und Thukydides. *Bootsverbindung halbstündlich von der Platía Mavíli nördlich der Altstadt, Hin- und Rückfahrt ca. 2 Euro*

MUSEEN

Archäologisches Museum
Ausgestellt sind vor allem Funde aus dem Totenorakel Nekromanteíon und schöne Bronzestatuetten aus dem Zeus-Orakel von Dodóni. *Di–So 8.30–15 Uhr, im Sommer Mo 12–18 Uhr, Di–Fr 8–18 Uhr, Sa, So 8.30–15 Uhr, Eintritt 1,50 Euro, Kentrikí Platía*

Städtisches Museum
Das Museum in der ansprechend restaurierten Aslan-Pasa-Moschee präsentiert Werke epirotischer Silberschmiede der letzten Jahrhunderte, Waffen, Trachten und Dokumente zur Stadtgeschichte. *Tgl. 8–15 Uhr, im Sommer Mo–Fr 8–20 Uhr, Sa, So 9–20 Uhr, Eintritt 2,50 Euro, Altstadt*

ESSEN & TRINKEN

Chrissó Varéli
Das »Goldene Fass« ist eine stimmungsvoll eingerichtete Taverne im Zentrum. *Odós Dodóni 71, €€*

Mavíli
Taverne unter hohen Platanen am großen Platz am See. Vielfältige Auswahl an Gerichten, darunter gebratener Aal, gebratene Auberginen- und Zucchinischeiben. *Platía Mavíli 10, €€*

EINKAUFEN

Zahlreiche Juweliergeschäfte säumen die Einkaufsstraßen der Neustadt, vor allem den Leofóros Avérof. Juweliere gibt es aber auch in der Altstadt und auf der Insel.

ÜBERNACHTEN

Kástro
Romantisch und ruhig innerhalb der alten Stadtmauern gelegenes Hotel in einer Villa aus dem frühen 20. Jh., im traditionellen Stil möbliert. *7 Zi., Tel. 26 51 02 28 66, Fax 26 51 02 27 80, www.epirus.com/hotel.kastro, €€*

Rooms to let Barakas
Kleine Privatpension mit Zwei- und Dreibettzimmern auf der Insel im See. Gäste werden auf Wunsch vom Anleger in Ioánnina abgeholt. *5 Zi., Nisí Ioanninón, Tel. 26 51 02 43 96, €*

Rooms to let Dellas Sotirios
Zwei- und Dreibettzimmern auf der Insel im See. Abholung vom Anleger in Ioánnina. *Nisí Ioanninón, Tel. 26 51 08 14 94, €*

Xenia
Relativ ruhig gelegenes Hotel in Zentrumsnähe. *60 Zi., Odós Dodóni 33, Tel. 26 51 04 73 01, Fax 26 51 04 71 89, €€€*

AM ABEND

Bei Studenten beliebt ist das *Pub Kastro* in einem restaurierten Haus am Rande der Altstadt. *Tgl. ab 21 Uhr, Odós Ethníkos Antistáseos 11/Ecke Leofóros Avérof*

ZIELE IN DER UMGEBUNG

Dodóni **[168 C5]**

Dodóna, Griechenlands nach Delphi zweite große Orakelstätte der Antike, lag auf einer Hochebene unterhalb des 1818 m hohen Tómaros-Gebirges beim heutigen Dorf Dodóni. Herr des Orakels war hier Zeus. Seine Priesterinnen entnahmen den Orakelspruch dem Rauschen einer heiligen Eiche, zogen später aber auch Losorakel und den Flug heiliger Tauben zu Rate. Die ältesten Funde in Dodóni datieren aus dem 8. Jh. v. Chr., die meisten heute in Ruinen noch sichtbaren Bauten entstammen dem 3. und frühen 2. Jh. v. Chr.

Besonders eindrucksvoll ist das ★ *Theater*, das mit seinen 52 Sitzreihen für 18 000 Zuschauer zu den größten Griechenlands gehört. Dahinter verläuft die *antike Stadtmauer*. Östlich des Theaters folgen die Grundmauern eines großen rechteckigen Baus, des *Buleuterions*, in dem sich die Abgesandten epirotischer Städte zu Versammlungen trafen. Dahinter schließen sich die Grundmauern mehrerer Tempel an. Der größte von ihnen, die eigentliche *Orakelstätte* mit der heiligen Eiche, war Zeus geweiht. Ganz im Osten der Ausgrabungen ist an ihren halbrunden Apsiden noch deutlich eine *frühchristliche Basilika* zu erkennen. Kirchen wurden nach dem Sieg des Christentums oft in heidnischen Heiligtümern errichtet, um damit die Überwindung der alten Götter zu demonstrieren *(April bis 14. Mai und Sept., Okt. tgl. 8–19 Uhr, 15. Mai–Aug. tgl. 8–20 Uhr, Nov.–März tgl. 8-14.30 Uhr)*.

Wohnen können Sie in Dodóni in der kleinen und recht einfachen *Pension Andrómachi (Tel. 26 51 08 22 96, €). 23 km*

Kípi **[168 B–C4]**

Das nur noch 180 Bewohner zählende Dorf im Herzen der Landschaft Zagóri ist ein vom Tourismus nur wenig berührtes Schatzkästlein traditioneller Architektur, eingebettet in üppiges Grün. In seiner näheren Umgebung überspannen acht schöne ★ Brücken aus der Türkenzeit den Voidomátis und seine Nebenflüsse. Kurz vor dem Dorf steht unterhalb der Straße von Ioánnina her die besonders fotogene, dreibogige *Brücke tu Plakída* (1814) und kurz darauf links der Straße in einer Schlucht die einbogige *Brücke tu Kondodímu* (1753). Am Ortsende führt ein Feldweg nach 120 m zur

Brücke tu Plakída bei Kípi

dreibogigen *Mólos-Brücke* aus dem 18. Jh., die zu einer noch erhaltenen *Wassermühle* am anderen Flussufer führt.

Sehr stilvoll und doch preiswert wohnt man mitten im Dorf in einem restaurierten, historischen Haus aus der Zeit um 1850, in der *Pension Xenónas tu Artémi (5 Zi., Tel. 26 53 07 16 44 im Sommer, sonst 26 51 02 38 80, €). 41 km*

Lohnend ist von Kípi aus ein Abstecher ins 8 km entfernte Nachbardorf *Negádes*. Der Weg dorthin führt durch dichten Laubwald; das Dorf selbst ist eingebettet in solch opulentes Grün, wie man es in Griechenland sonst nicht findet. Bemerkenswert sind auch die außergewöhnlich große *Dorfkirche* aus dem Jahr 1792 mit schönen Wandmalereien und die schattige *Platía* mit einem sehr traditionellen *kafeníon* unter einer uralten Platane.

Kónitsa **[168 B4]**

Die Häuser von Kónitsa (4000 Ew.) ziehen sich in 600 m Höhe weit ausladend die Hänge eines Berges über dem weiten Tal des Aoós hinauf. Dieser Fluss tritt am unteren Stadtrand von Kónitsa als bei Kanuten beliebter Wildwasserfluss aus dem 2497 m hohen Tímfi-Gebirge aus. Ihn überspannt an dieser Stelle die größte einbogige Brücke Griechenlands aus türkischer Zeit. Zu Fuß kann man von hier in etwa einer Stunde durch die mit Kiefern und Tannen bewachsene Schlucht zum *Kloster Moní Stómiu* aus dem 18. Jh. wandern. Für Autofahrer lohnt ein Abstecher auf landschaftlich besonders schöner Bergstraße ins 24 km entfernte Dorf *Eléfthero* mit Picknickplatz und Taverne. Übernachten kann man in Kónitsa im *Hotel Aoós (9 Zi., Tel. 26 55 02 20 79, Fax 26 55 02 30 79, €€). 59 km*

Métsovo (Métsobon) **[168 C4]**

Das große Bergdorf (4000 Ew.) in 1160 m Höhe ist ein traditionelles Zentrum der Webkunst und Seidenstickerei. Beide Techniken werden heute in einer Kunsthandwerksschule gelehrt. Im Ort sind noch einige stattliche Herrenhäuser erhalten. Das der Familie Tosítsa ist als *Volkskunstmuseum* zugänglich *(Fr bis Mi 8.30–13 und 16–18 Uhr, Eintritt 1 Euro)*. Sehenswert sind auch die *Kirche Agía Paraskeví* aus dem 16. Jh. mit einer besonders schönen holzgeschnitzten Ikonostase und das *Kloster Ágios Nikólaos* am unteren Ortsrand. Die Fresken in der Klosterkirche stammen aus dem 18. Jh. Von überregionaler Bedeutung ist die moderne *Averoff Art Gallery* (Insider Tipp) am Dorfplatz mit einer großen Sammlung griechischer Kunst des 19. und 20. Jhs. *(Mi–Mo 9 bis 13.30 und 17–19.30 Uhr, Eintritt 1 Euro)*. Hotels gibt es viele; preiswert wohnen Sie in den *Rooms Filoxenía (Tel. 26 56 04 17 25, €)* neben der Kunstgalerie. *53 km*

Monodéndri **[168 B–C4]**

Das in 1000 m Höhe gelegene Bergdorf in der zentralen Zagóri (150 Ew.) hat wieder eine Zukunft, seit immer mehr Urlauber von hier aus zur Durchwanderung der *Víkos-Schlucht* aufbrechen. Aber auch das Dorf selbst ist mit seinen traditionellen Häusern und gepflasterten Gassen einen Besuch wert. Vom Dorfplatz aus führt ein guter Waldweg 600 m weit zum ehemaligen, bereits 1414 gegründeten

Über 2000 m hoch sind die Gipfel des Píndos-Gebirges

Kloster Agía Paraskeví. Es wurde sehr abenteuerlich auf einer Felsterrasse hoch oberhalb der Víkos-Schlucht erbaut. Der Blick hinunter ist ebenso atemberaubend wie von der *Gemarkung Oxiá* aus. Dorthin führt von Monodéndri aus eine 7,5 km lange, teils asphaltierte, teils unbefestigte Straße.

Gut essen können Sie im *Restaurant Kikítsa Makrijánni* an der Platía *(€)*, im Dorfzentrum ruhig schlafen in der *Pension Vícos* mit ihrem schönen Garten *(7 Zi., Tel. 26 53 07 13 70, €€)*. Preiswerter kommt man in der *Pension Monodéndri* an der Hauptstraße am oberen Dorfrand unter *(4 Zi., Tel. 26 53 07 13 00, Fax 26 53 07 14 10, €)*. *41 km*

Pápingo **[168 B4]**

19 steile Haarnadelkurven führen vom Platanenwald im Tal des Voidomátis-Flusses hinauf in die beiden traditionellen Zagóri-Dörfer Megálo Pápingo und Mikró Pápingo. Im Hintergrund ragen die an die Dolomiten erinnernden Insider Tipp ★ *Türme von Pápingo* auf, die Bergspitzen des 2436 m hohen Astráka.

Zugleich ist Megálo Pápingo Ausgangspunkt für eine etwa dreistündige Wanderung zur Schutzhütte von Astráka in 2000 m Höhe *(Reservierung und Schlüssel beim Alpinclub in Megálo Pápingo)*. Von dort aus kann man in etwa 90 Minuten zum Bergsee *Drakólimni* oder in drei Stunden auf den Gipfel des *Gamíla* (2497 m) wandern.

Unterkunft in traditionellen vom Staat restaurierten Häusern bieten ganzjährig die *Pensionen Días (5 Zi., Tel. 26 53 04 12 57, Fax 26 53 04 18 92, €€), Astráka (5 Zi., Tel. 26 53 04 22 77, Fax 26 53 04 16 93, €€)* und *Saxony House (10 Zi., Tel. 26 53 04 16 15, Fax 26 53 04 18 91, €€€)*. *63 km*

Pérama **[168 C5]**

Mitten in diesem Dorf am Ufer des Sees von Ioánnina öffnet sich in einem Fels der Zugang zu einer der schönsten Tropfsteinhöhlen Griechenlands. Durch die erst 1940 zufällig entdeckte Höhle kann man bei 18 Grad Celsius einen 1100 m langen Rundgang unternehmen. Die schönsten Säle in der Höhle tragen so phantasievolle Namen wie

»Palast der Persephone« und »Palast des Pluto« *(tgl. 8–20 Uhr, Eintritt 3 Euro). 4 km*

Tsepélovo **[168 C4]**
Die Straße nach Tsepélovo gleicht einer Höhenpanoramastraße, von der aus man weite Teile der zentralen Zagóri überblickt. Im Dorf (330 Ew.) findet man nicht nur die für die Zagóri typischen Bruchsteinhäuser, sondern auch mehrere Herrenhäuser, die unter Verwendung von viel Holz erstellt wurden. Einen Besuch lohnt das bereits 1050 gegründete *Rongóvu-Kloster* mit schönen Wandmalereien.

Wohnen kann man in Tsepélovo im guten, außen traditionellen und innen sehr modernen *Hotel Dracolímni (Tel. 26 53 08 13 12, Fax 26 53 08 13 11, €€€)*, das auch Minibusse für Gästeexkursionen besitzt. Einige der 31 Zimmer verfügen über einen eigenen Kamin. *51 km*

Insider Tipp

Víkos-Schlucht **[168 B4]**
★ Die Víkos-Schlucht in der Zagóri ist 10 km lang; ihre Wände steigen vom Flußlauf des Voidomátis bis zu 1000 m steil empor. Sie zu durchwandern ist ein unvergessliches Erlebnis. Die etwa siebenstündige Wanderung beginnt man am besten im Dorf *Monodéndri,* wo ein Wegweiser auf den Pfad hinunter in die Schlucht aufmerksam macht. Die Wanderung endet im Dorf *Víkos* oberhalb der Schlucht. Hier kann man in der Pension von *Sotírios Karpúzis* übernachten *(4 Zi., Tel. 26 53 04 11 76, €). 41 km*

Zítsa **[168 B5]**
Das 680 m hoch gelegene Weinbauerndorf gilt als eines der schönsten Dörfer von Epirus. Die genossenschaftlich betriebene *Weinkellerei* kann besichtigt werden; in den beiden *kafenía* des Dorfes werden Essen und der lokale Wein serviert. Einen Abstecher lohnt das oberhalb des Dorfes gelegene *Kloster Profítis Ilías* aus dem 18. Jh. Übernachtungsmöglichkeiten gibt es allerdings nicht. *26 km*

PÁRGA

[168 B6] Párga ist das schönstgelegene Städtchen (3000 Ew.) an der griechischen Westküste. Ganz in das Grün von Olivenhainen und Zitrusplantagen eingebettet, gruppieren sich die Häuser der Stadt amphitheatralisch um eine Bucht, in der mehrere winzige Inselchen dicht vor der Küste liegen. Überragt wird Párga von einer ausgedehnten Burganlage auf hohem Kap. Die zwei- und dreistöckigen Häuser der Altstadt ziehen sich von dort bis hinunter zum Hafen, in dessen Cafés man sich wie in einem griechischen Inselstädtchen fühlt. Diese Atmosphäre, gute Sandstrände und ein angenehmes Klima haben Párga zum bedeutendsten Ferienort in diesem Teil Griechenlands werden lassen, der hauptsächlich von Franzosen, Italienern und Briten besucht wird.

Historisch hat Párga im letzten Jahrtausend eine Sonderstellung eingenommen. Anders als die übrigen griechischen Festlandsorte entging es lange Zeit der türkischen Unterdrückung. Von 1413 bis 1797 war der Ort venezianisch, erst dann wurde er ans Osmanische Reich abgetreten. Zum freien Griechenland gehört Párga seit 1913.

Eine der schönen Gassen in Párga

SEHENSWERTES

Burg

Innerhalb der von den Venezianern 1572 erbauten Burg stehen zwischen viel Grün nur noch Gebäuderuinen. Der Weg hinauf lohnt dennoch des schönen Ausblicks wegen. *Tgl. 8–20 Uhr, Eintritt frei*

STRAND

Váltos-Strand

★ Von der der Stadt abgekehrten Seite der Burg blickt man über eine weite Bucht, die von einem kilometerlangen Sandstrand vor intensiv grünen Hängen gesäumt wird. Der Strand ist einer der schönsten Griechenlands, zumal das Hinterland noch nicht mit Hotels verbaut wurde. Von der Burg aus kann man in zehn Minuten zum Váltos-Strand hinunterlaufen; außerdem fahren ständig Passagierboote von Párgas Hafen aus hinüber.

ESSEN & TRINKEN

Flisvos

Taverne auf einer Terrasse über der Váltos-Bucht mit herrlichem Panoramablick. Am Fußweg von der Burg zum Váltos-Strand gelegen. *Odós Mavrojánni 10, €€*

The Three Plane Trees

Taverne unter drei alten Platanen in der Oberstadt unweit der Burg, schöner Blick. Spezialität sind Fleischgerichte vom Holzkohlengrill. *Odós Patatóku 20, €*

EINKAUFEN

Destillerie Párga Jurgás

Degustation und Verkauf von Likören, Oúzo und Brandy, die in eigener Destille hergestellt werden. *Odós Fruríu 6*

Wood Carving G. Doúlis

In dem Geschäft an der Haupteinkaufsgasse werden Olivenholzschnitzereien aus eigener Werkstatt verkauft. *Odós Fruríu 15*

ÜBERNACHTEN

Achilléas

Hotel an einer Sandkiesbucht, 5 Gehminuten vom Hafen entfernt. *23 Zi., Krioneri, Tel. 26 84 03 16 00, Fax 26 84 03 18 79, €€*

Álfa

Modernes, voll klimatisiertes Hotel mit Pool. Am Ortsrand gelegen, etwa 15 Gehminuten vom Hafen und 400 m vom nächsten Strand entfernt. *23 Zi., Odós Agíu Athanassíu 51, Tel. 26 84 03 21 11, Fax 26 84 03 19 01, €€*

ZIELE IN DER UMGEBUNG

Igumenítsa **[168 B5]**
Im bedeutendsten Fährhafen an der Westküste Griechenlands laufen Tag und Nacht Fähren aus Italien und Korfu ein. Man ist ganz und gar auf Durchgangsreisende eingestellt – außer den Fähren und einem schönen Strand hat der Ort auch nichts zu bieten. Wer hier eine Zwischenübernachtung einlegen will, wohnt gut, aber laut, im *Hotel Egnatía* an der zentralen Platía *(30 Zi., Odós Eleftherías 1, Tel. 26 65 02 36 48, €). 53 km*

Insider Tipp **Liá** **[168 B5]**
Wer den Tatsachenroman »Eleni« von Nicholas Gage gelesen hat, die Darstellung eines Frauenschicksals im Griechischen Bürgerkrieg, wird vielleicht auch den Schauplatz der wahren Geschichte besuchen wollen. Im *Hotel Liás (7 Zi., Tel. 26 64 03 12 08, Fax 26 64 03 10 08, €, mit Restaurant)*, das auf Anregung und unter finanzieller Beteiligung des Autors entstand, findet man meist jemanden, der einen zur Ruine des Wohnhauses Elenis und zu anderen Orten des Geschehens führt. *50 km*

Nekromanteíon **[168 B6]**
★ Eine auch für Laien reizvolle kleine Ausgrabungsstätte ist das *antike Totenorakel* oberhalb des heutigen Dorfes Mesopótamo unweit der Hauptstraße von Préveza nach Igumenítsa. Es liegt über einer Ebene, in der Reis angebaut wird. Sie wird vom Fluss Acheron durchflossen, der nach dem Glauben der alten Griechen eines der Grenzgewässer des unterirdischen Totenreichs, des Hades, war. Im Totenorakel, dem Nekromanteíon, konnten die Lebenden die Toten befragen. Homer beschrieb in der »Odyssee« eine solche Totenbefragung. Die Ausgrabungen, die von 1958 bis 1964 erfolgten, zeigen, dass Homers Beschreibung des Ortes auf das Nekromanteíon zutrifft. Die heute sichtbaren Mauern stammen zwar erst aus dem 3. Jh. v. Chr., das Heiligtum selbst aber dürfte seinen Ursprung in sehr viel älteren Zeiten haben.

Man kommt zunächst auf einen Hof, der von Grundmauern einstiger Priesterwohnungen und Vorratsräumen umgeben ist. Aus dem Hof ragt ein mittelalterlicher Wohnturm auf. Er wurde von Archäologen ebenso vor dem Abriss bewahrt wie die *Johanneskirche* (18. Jh.), die sich, auf Beton gestützt, über einem Teil des Heiligtums erhebt.

Durch ein Tor gelangt man vom Vorhof in den Nordkorridor. Dort liegen vier Räume, die als rituelle Schlafsäle und Bad interpretiert werden. Hier bereiteten sich die Pilger auf die Totenbefragung vor; hier wurden sie, vielleicht auch durch Schwefeldünste, in eine Art Rauschzustand versetzt. Als Nächstes betritt man den Ostkorridor, der wie alle Räume des Heiligtums fensterlos und völlig dunkel war. Wahrscheinlich war er auch raucherfüllt, da hier das Fleisch der Opfertiere verbrannt wurde. Dann schwenkt man in das so genannte Labyrinth ein, einen kurzen Gang, der durch verwinkelte Mauern ge-

Homer beschrieb das Totenorakel in der »Odyssee«

gliedert wurde. Schließlich erreicht man das zentrale Heiligtum. Es wird von einem länglichen Saal mit zwei dreigeteilten Seitenschiffen gebildet, in denen wohl Opfergaben abgelegt wurden. Im Boden des Mittelsaals war eine Öffnung zur darunter liegenden, heute über eine Wendeltreppe zugänglichen Krypta. Die Archäologen fanden hier Hinweise auf eine Maschine, mit deren Hilfe die Orakelpriester vielleicht für die Pilger die Schatten der Toten aus der Unterwelt auftauchen ließen. Die Krypta galt nämlich als oberster Teil des Palastes der in der Unterwelt regierenden Götter Hades und Persephone *(tgl. 8–14.30 Uhr, Eintritt 1,50 Euro; Anfahrt: Biegen Sie von der Nationalstraße ins Dorf Mesopótamo ab und folgen dann den Wegweisern mit der Aufschrift »Necromantic Oracle« bzw. »Nekromandio«). 21 km*

Nikópolis **[168 B–C6]**

★ Die meisten archäologischen Stätten Griechenlands zeugen entweder vom Leben in der Antike oder in den ersten Jahrhunderten des zweiten Jahrtausends. In Nikópolis ist das anders: Da sieht man die Überreste einer großen Stadt aus frühbyzantinischer Zeit, also aus der zweiten Hälfte des ersten Jahrtausends. Sie anzuschauen lohnt auch für archäologisch nur wenig Interessierte. Nikópolis, nur 9 km vom heutigen Hafenstädtchen Préveza entfernt, wurde 30 v. Chr. von Octavian, dem späteren römischen Kaiser Augustus, gegründet. Ihr Name bedeutet »Stadt des Sieges« – und die ganze Stadt war als Siegesdenkmal gedacht. Octavian hatte zusammen mit Antonius im Jahr 42 v. Chr. Cassius und Brutus, die Mörder Cäsars, vernichtet. Octavian regierte fortan in Rom, Antonius aber beanspruchte für sich, zusammen mit der ägyptischen Königin Kleopatra, die Osthälfte des Römischen Reichs. Im Jahr 31 v. Chr. kam es vor der Küste des heutigen Préveza zur entscheidenden Seeschlacht zwischen den beiden Kontrahenten. Octavian siegte.

Ins künstlich geschaffene Nikópolis mussten Griechen aus ganz Epirus umsiedeln. Ihre Glanzzeit erlebte die Stadt aber erst in frühbyzantinischer Zeit, insbesondere im 6. Jh. Damals entstanden mehrere Basiliken, von denen noch Grundmauern, Steinmetzarbeiten und Mosaikfußböden erhalten sind. Am eindrucksvollsten ist jedoch die weitgehend noch in voller Höhe erhaltene byzantinische *Stadtmauer* mit ihren Toren und Türmen. Auch das *Amphitheater* zeugt trotz zerstörter Ränge von der Größe der einstigen Stadt.

Im kleinen *Grabungsmuseum* am Rande der Doumétios-Basilika sind römische Skulpturen, Gläser und Münzen zu sehen *(Ausgrabungen frei zugänglich, Museum tgl. 8–14.30 Uhr, Eintritt 1,50 Euro, Museum, Stadtmauer und Ausgrabungen liegen unmittelbar an der Hauptstraße von Préveza nach Árta). 60 km*

Páxos **[168 A–B6]**

Von Párga aus werden täglich Bootsausflüge auf die 60 Minuten entfernte Insel Páxos (2200 Ew.) angeboten. Sie geben Gelegenheit, das Leben auf einem sehr kleinen griechischen Eiland kennen zu lernen. Páxos ist ganz und gar von uralten Olivenwäldern bedeckt; seine Bewohner leben in den Küstenorten *Gaios, Lákka* und *Longós (Ausflugspreis 8 Euro).*

Préveza **[168 C6]**

Préveza (15 000 Ew.) ist eine auf drei Seiten vom Meer umspülte Kleinstadt am Eingang zum Ambrakischen Golf, der sich von hier aus 35 km weit landeinwärts erstreckt. Auf der anderen Seite der Golföffnung kennzeichnet ein kleines venezianisch-türkisches Fort den Standort des antiken Áktion, das der berühmten Seeschlacht zwischen Octavian und dem mit Kleopatra verbündeten Antonius 31 v. Chr. den Namen gab.

Autofähren pendeln ständig zwischen Áktion und Préveza hin und her. In der Stadt lohnt vor allem ein Bummel durch die Haupteinkaufsstraße und durch die von ihr abzweigende, romantische Gasse *Odós Kontoú.* Am kleinen Platz an der Uferstraße steht die *Markthalle.* Eine Gasse führt vom kleinen Platz zum nahen, deutlich sichtbaren *Uhrturm.* An dieser Gasse liegen die guten Fischtavernen *Gafás* und *Ambrósias (€).* Gut wohnen kann man im 2 km außerhalb der Stadt an einer Lagune gelegenen *Hotel Margaróna Royal,* mit Pool *(117 Zi., Tel. 26 82 02 43 61, Fax 26 82 02 43 69, €€€). 69 km*

Sivóta **[168 B5]**

Der moderne Ferienort an der Küste zwischen dem 53 km entfernten Párga und dem 24 km entfernten Igumenítsa hieß früher Múrtos. Griechen loben ihn wegen seiner vielen guten Sandkiessstrände, des sehr sauberen Wassers und der grünen Umgebung.

Sie wohnen gut im kleinen Hotel *Mikrós Parádisos* unmittelbar am Strand *(23 Zi., Megáli Ámmos, Tel. 26 65 09 32 81, Fax 26 65 09 35 01, €€).*

Von den Metéora-Klöstern zum Pílion

Auch die Kornkammer Griechenlands hat Einzigartiges vorzuzeigen

Thessalien (neugriechisch: Thessalía) ist für die meisten Urlauber nur ein Durchreiseland. Die Nationalstraße von Thessaloníki nach Athen durchschneidet Thessalien ebenso wie die wichtigste Eisenbahnlinie des Landes. Längere Aufenthalte planen Reisende bestenfalls für die Halbinsel Magnísia mit Vólos und dem Pílion-Gebirge; denn nur dort besitzt Thessalien gute Strände. Ein Ausflugsziel ersten Ranges sind die Metéora-Klöster – mehr muss man nach gängiger Meinung von Thessalien nicht sehen.

Thessalien ist die ebenste der neun Regionen Griechenlands. Auf allen vier Seiten eingeschlossen von hohen Gebirgen, darunter Olymp, Pílion und Píndos, erstrecken sich zwei weite Ebenen mit den Städten Tríkala und Lárissa als Zentren. Homer bezeichnete Thessalien als »rossenährend« und spielte damit auf die vom einheimischen Adel betriebene Pferdezucht der Antike an. Heute gilt Thessalien als die Kornkammer Griechenlands. Neben Getreide werden aber auch Baumwolle, Mais und Zuckerrüben angebaut. Die thessalische Landwirtschaft besitzt den höchsten Mechanisierungsgrad im ganzen Land, da sich in den flachen Landstrichen der Einsatz von Maschinen lohnt.

Russánu ist das kleinste Kloster auf den imposanten Metéora-Felsen

Tríkeri, Fischerdorf auf dem Pílion

Der einzige unmittelbare Zugang aus den Ebenen zum Meer führt durch das grüne Témbi-Tal, das in der griechischen Mythologie eine Rolle spielt. In den Wassern des Piniós, der das Tal durchfließt, und in den Quellen der Schlucht reinigte sich Gott Apoll von der Schuld, die er durch die Tötung des Python auf sich geladen hatte. Der Python bewachte das Heiligtum der Gaia in Delphi, das Apoll durch diesen Mord in seine Gewalt brachte.

Auch andere griechische Mythen sind in Thessalien beheimatet, obwohl das Land selbst in der griechischen Geschichte immer nur eine Nebenrolle spielte und deshalb nur wenige archäologischen Stätten besitzt. Tríkala zum Beispiel, von 1393 bis 1881 Hauptstadt des türkisch besetzten Thessaliens, galt als Heimat des Heilgottes Asklepios (Äskulap). In der Heilkunst unterrichtet hatte ihn der Kentaur Cheiron, der im Pílion-Gebirge lebte. Dieses Fabelwesen mit Pferdeleib und menschlichem Oberkörper war in der griechischen Mythologie Erzieher vieler Helden, so auch von Theseus, Achilles und Jason.

Jason wiederum, ein Königssohn aus Iolkos, das an der Stelle des heutigen Vólos stand, wurde zum Anführer der Argonauten. Sie zogen aus, um aus Kolchis am Schwarzen Meer das Goldene Vlies zu holen und erlebten dabei zahlreiche Abenteuer, die noch heute spannend zu lesen sind.

Die Heimat des Jason, das heutige Vólos, ist zu einer bedeutenden Industriestadt des Landes geworden. Außerdem besitzt Vólos den einzigen Tiefseehafen Thessaliens, über den viele Transporte mit LKW und Trailern in den Nahen Osten laufen.

KALAMBÁKA/ METÉORA

[169 D4–5] ★ Die Metéora-Felsen sind ein Höhepunkt jeder Griechenlandreise. Eine weltweit einzigartige Landschaft verbindet sich hier mit mittelalterlichen Klöstern voller großartiger Kunstschätze. Das kleine Städtchen Kalambáka (5700 Ew.) am Fuße der Felsen ist Ausgangspunkt für eine Fahrt oder – besser noch – Wanderung durch diese wildromantische, unwirklich-phantastisch anmutende Welt *(Länge der Rundfahrt 20 km, Wanderung ca. 18 km. Linienbusse ab Kalambáka zu allen Klöstern; Fahrplanaushang an der Haltestelle am Platz mit dem Taxistand).*

Die bizarren Formen der aus Konglomeratsandstein gebildeten Metéora-Felsen entstanden vor vielen Millionen Jahren durch Wassermassen, die in die Ebene herabstürzten. Sie wuschen weichere Gesteinsschichten aus und ließen nur widerstandsfähigere Felsklötze, -zähne und -nadeln stehen, die die Ebene des Flusses Pínios jetzt um bis zu 400 m überragen. Im 11. Jh. lockten sie die ersten frommen Einsiedler an, die sich hier in Höhlen und auf nahezu unzugänglichen Felsspitzen niederließen. Im 14. Jh. kam es zur ersten Klostergründung, der noch 23 weitere folgten. Die meisten dieser Klöster waren nur über Leitern und Seilwinden zu erreichen, sodass sie ihren Bewohnern größtmögliche Ruhe, aber auch Schutz vor Überfällen boten. Seit dem 16. Jh. wurden immer mehr Klöster aufgegeben – heute sind nur noch sechs bewohnt. Seit den 60er-Jahren werden sie nicht nur baulich restauriert, sondern erleben auch eine geistige Erneuerung, die ihre Zukunft sichert.

SEHENSWERTES

Kalambáka

Der ältere Teil der Stadt liegt zwischen der Hauptverkehrsstraße und der hoch über die Stadt aufragenden Felswand. Am besten folgt man von der Platía, an der die Taxis stehen, der Odós Vlacháva über den kleinen Marktplatz zur neuen *Kirche des Ágios Vissárius,* die in den 1980er-Jahren innen im traditionellen Stil eindrucksvoll ausgemalt wurde. Von hier weist ein Schild (»Byzantine church 11th century«) den Weg zur *Kirche Kímesis tu Theotóku* aus dem 14. Jh.

Kloster Agía Triáda

Auch heute noch ist das Mönchskloster nur nach anstrengendem, etwa 15-minütigem Fußmarsch zugänglich, erst seit 1925 über Treppen. Bis dahin konnten Mönche, Waren und Besucher nur über Strickleitern und ein an einer Seilwinde heraufzuziehendes Netz ins Kloster gelangen. Die Wandmalereien in der Kirche aus dem 15. Jh. stammen aus den Jahren 1692 und 1741. *Fr–Mi 9–12.30 und 15 bis 17 Uhr, Eintritt 1,50 Euro*

Kloster Ágios Nikólaos Anapafsás

Das dem Dorf Kastráki am nächsten gelegene Kloster musste wegen des besonders kleinen Gipfelplateaus mehrstöckig gebaut werden und wirkt festungsartig. Seine Hauptkirche wurde von dem kretischen Maler Theophánis im 16. Jh. mit gut erhaltenen Fresken ausgestattet. *Tgl. 9–17.45 Uhr, im Winter geschl., Eintritt 1,50 Euro*

Kloster Ágios Stéfanos

Das heute ohne Treppensteigen bequem zu erreichende Nonnenkloster lohnt den Besuch besonders. Die Klosterkirche aus dem 18. Jh. wird zur Zeit stilvoll ausgemalt. Viele der neuen Ikonen wurden von den Nonnen des Klosters selbst gemalt. Im *Klostermuseum* werden byzantinische Notenbücher und alte Handschriften gezeigt. *Di–So 9–13 und 15.20–18 Uhr, Eintritt 1,50 Euro*

Kloster Megálo Metéoro

Das älteste, rangmäßig wichtigste, schönste und größte Kloster auf den Metéora-Felsen wird von Mönchen bewohnt. Der Besucher sieht zunächst den musealen Vorratsraum und kann die Seilwinde studieren, die einst half, alle Waren und Besucher in einem Netz zum Kloster hinaufzuziehen. Die Hauptkirche ist vollständig mit gut erhal-

MARCO POLO Highlights »Thessalien«

★ **Metéora-Klöster**
Jahrhundertealte Klöster auf steilen Felsnadeln, eine Sehenswürdigkeit von Weltrang (Seite 84)

★ **Pílion-Rundfahrt**
Berauschende Blicke aufs Meer, tolle Strände und stille Berge (Seite 90)

★ **Makrinítsa**
Die Perle unter den Bergdörfern des Pílion-Gebirges (Seite 90)

★ **Témbi-Tal**
Pilgerbetrieb und vergnügliche Bootsfahrten an der Pforte Mittelgriechenlands (Seite 91)

tenen Fresken aus dem 15. Jh. ausgemalt. Im Vorraum (Narthex) wird das Schicksal mehrerer Dutzend Märtyrer gezeigt: In einer wahren Orgie von Gewalt werden Menschen enthauptet, verbrannt, gefoltert und gekreuzigt. Sehr schön ist die holzgeschnitzte Ikonostase. Im *Klostermuseum* sind wertvolle Ikonen, liturgisches Gerät, alte Handschriften und kleine Holzkreuze zu sehen, in die in mühseliger Feinarbeit biblische Szenen wie Christi Einzug in Jerusalem eingeschnitzt wurden. Abschließend kann man die alte *Klosterküche* besichtigen. *Mi–Mo 9–13 und 15.20 bis 18 Uhr, Eintritt 1,50 Euro*

Kloster Russánu

Das kleinste der noch bewohnten Metéora-Klöster, dessen Bauten überwiegend aus dem 16. Jh. stammen, erstreckt sich auf einem winzigen Felsplateau über drei Etagen. Wegen des Platzmangels sind hier alle Räume einschließlich der Kirche in einem einzigen Gebäude zusammengefasst. Im Narthex sind die Wandmalereien aus dem 16. Jh. gut erhalten. Sie zeigen vor allem Märtyrer und über der Tür zum Kirchenraum das Jüngste Gericht: Links von der Tür werden die Seligen ins Paradies geführt; rechts von der Tür gleiten die Verdammten in einem Feuerstrom in die Hölle. *Im Sommer tgl. 9–18 Uhr, sonst Do–Di 9–13 und 15–17 Uhr, Eintritt 1,50 Euro*

Kloster Varlaám

Die Haupt- und die Nebenkirchen dieses Klosters sind mit sehr gut erhaltenen Fresken aus dem 16. Jh. ausgestattet. Das *Klostermuseum* präsentiert neben Ikonen vor allem wertvolle Handschriften, die zum großen Teil im 16. und 17. Jh. im Kloster angefertigt wurden. *Sa–Do 9–13 und 15.20–18 Uhr, Eintritt 1,50 Euro*

ESSEN & TRINKEN

Centre

Einfaches Kafeníon in Kastráki, in dem Frühstück, Grillgerichte und Salate serviert werden. Der Genuss wird durch den schönen Blick auf die Felsen gesteigert. *Platía,* €

O Platanós

Familientaverne am Marktplatz von Kalambáka, mit großer Terrasse unter Platanen. *Odós Vláchava,* €

EINKAUFEN

Wegen der Nähe der Klöster haben sich die Händler auf Ikonen spezialisiert.

ÜBERNACHTEN

Außer in Kalambáka kann man auch im ruhigeren Nachbardorf *Kastráki* wohnen, wo die Felskulisse noch schöner und die Atmosphäre dörflicher ist.

Amalía

Architektonisch harmonisch in die Umgebung eingepasstes, sehr gutes klimatisiertes Hotel mit Pool, etwa *5 km vor der Stadt Richtung Tríkala, 175 Zi., Tel. 24 32 07 22 16, Fax 24 32 07 24 57, www.greekhotel.com/amalia,* €€€

Dupianí House

Ruhig und etwas abseits von der Straße zu den Klöstern gelegene, zweigeschossige Pension mit einem traumhaften Blick und netten Wirtsleuten. *Kastráki, 12 Zi., Tel. und Fax 24 32 07 53 26, €*

Edelweiß
Zentral gelegenes Hotel mit Pool und Parkplatz. *48 Zi., Odós Venizélu 3, Tel. 24 32 02 38 84, Fax 24 32 02 47 33, €€*

France
Modernes Hotel vor schöner Felskulisse am Ortsanfang von Kastráki. *25 Zi., an der Straße von Kalambáka zu den Klöstern, Tel. 24 32 02 41 86, Fax 24 32 07 51 86, €€*

Insider Tipp
Privatzimmer Ziógas
10 Zimmer mit Dusche/WC mit grandiosem Klosterblick, etwas versteckt hinter dem kleinen Hotel Kastraki. *In Kastráki an der Hauptstraße von Kalambáka zu den Klöstern, Tel. 24 32 02 40 37, €*

AUSKUNFT

Tourist Information
Odós Kondíli 38, Kalambáka, Tel. 24 32 07 53 06, Fax 24 32 02 53 43

ZIEL IN DER UMGEBUNG

Tríkala **[169 D5]**
Die Stadt am Rande der Thessalischen Tiefebene (40 000 Ew.) galt in der Antike als Heimat des Äskulap. Ihr Zentrum ist die *Platía Polytechníu* am Ufer des Lithäos-Flusses. Die Straße nach Karditsa führt von hier an der dem Stadtgefängnis benachbarten *Kursum-Moschee* vorbei, von der Straße nach Kalambáka zweigt die Zufahrt zur byzantinischen *Burgruine* ab, vor der man schattig im *Café-Restaurant Frourio (€€)* rasten kann. *23 km*

VÓLOS

[169 F5] 1954/55 wurde die Hafenstadt (71 400 Ew.) Opfer schwerer Erdbeben; sie besitzt so gut wie keine älteren Bauten mehr. Reizvoll sind nur die Lage am Pagasitischen Golf, die breite Uferpromenade *Odós Argonaftón* mit Cafés und Restaurants sowie der Blick auf die Dörfer an den Hängen des Pílion, die quasi Vororte der Stadt sind.

SEHENSWERTES

Ágios Konstantínos
Die Basilika am hafenfernen Ende der Uferpromenade ist mit neuen Mosaiken im traditionellen Stil ausgestattet. *Tgl. 7–12 und 17–19 Uhr*

Oíkia Kontoú Insider Tipp
Das historische Herrenhaus im Vorort Anakasiá/Ano Vólos wurde vom bedeutendsten griechischen Maler des 20. Jhs., Theóphilos, ausgemalt. *Di–So 8–15 Uhr, Eintritt frei, Zugang von der Hauptstraße aus, an der Platía von Anakasiá beschildert*

MUSEUM

Archäologisches Museum Insider Tipp
Einzigartig ist die Sammlung von über 200 Grabstelen aus dem 3. Jh. v. Chr. *Di–So 8–14.30 Uhr, Eintritt 1,50 Euro, Odós Athanasáki 1 (am östlichen Stadtrand, an der Hauptstraße nach Argiá ausgeschildert)*

ESSEN & TRINKEN

Balkóni tu Christáki
Stadtnahe Dorftaverne mit prächtiger Terrasse und weitem

In Vólos isst man bevorzugt Fisch und Meeresfrüchte

Blick im Zentrum von Ano Vólos. *Platía Ethnikís Antístasis,* €

Ouzerí O Moriás
Einfache Ouzerie am Hafen, Fisch und Meeresfrüchte. *Odós Argonaftón 8,* €

Theóphilos
Restaurant im Stadtpark, große Auswahl, gutes Preis-Leistungs-Verhältnis. *Platía Ríga Feréou,* €€

EINKAUFEN

Haupteinkaufsstraßen sind die Uferprallelstraßen *Iasónos* und *Dimitriádos.* Markt ist vormittags entlang der *Odós El. Venizélu.*

ÜBERNACHTEN

Eine Übernachtung in Vólos ist nur Lärmunempfindlichen zu empfehlen. Es gibt in der ganzen Stadt nur ein ruhiges Hotel. Zum Besuch der Pílion-Halbinsel quartiert man sich besser in den nahen Dörfern bis hinauf nach Makrinítsa ein (mit Linienbussen gut zu erreichenden).

Archontikó Karamarlí
Sehr gute Pension in einem traditionellen Herrenhaus unterhalb der Hauptgasse von Makrinítsa mit schönem Ausblick auch von der Frühstücksterrasse aus. *9 Zi., Odós 17 Martíu 1878, Tel. 24 28 09 95 70, Fax 24 28 09 97 79,* €€€

O Theóphilos
Stilvolle, kleine Pension in einem traditionellen Herrenhaus in Makrinítsa an der Hauptgasse nahe dem Parkplatz. *5 Zi., Odós 17 Martíu 1878, Tel. 24 28 09 94 35,* €€

Portariá
Modernes, architektonisch gut eingepasstes Hotel mit beheizbarem Hallenbad und Sauna. Am oberen Dorfrand von Portariá ruhig gele-

gen. Privatparkplatz. *58 Zi., Tel. 24 28 09 90 14, Fax 24 28 09 90 66, portaria@otenet.gr,* €€

Skoufogiáni

Sehr ländlich-ruhige, einfache Pension im Grünen mit weitem Ausblick und eigenem Garten, alle Zimmer mit Balkon. Etagenduschen. *6 Zi., Katichóri (Zufahrt an der Hauptstraße ausgeschildert), Tel. 24 28 09 92 89,* €

Xenía

Das einzige ruhig gelegene Hotel in Vólos steht nahe der Kirche Ág. Konstantínos direkt am Meer. *77 Zi., Odós Plastíra 1, Tel. 24 21 03 77 93, Fax 24 21 03 77 90, amhotels@otenet.gr,* €€€

AM ABEND

Griechische Musik in unverfälschter Atmosphäre, in der die Gäste tanzen, wenn sie Lust dazu haben, können Sie in zahlreichen Musiktavernen erleben, z. B. im *Mousikoráma* direkt *an der Hauptstraße von Anakasiá/Áno Vólos.*

AUSKUNFT

Griechische Zentrale für Fremdenverkehr

Mo–Fr 7–14.30 Uhr, Platía Ríga Feréou, Tel. 24 21 02 35 00

ZIELE IN DER UMGEBUNG

Ambelákia **[169 E4]**

Das früher große Dorf (500 Ew.), fünf serpentinenreiche Kilometer oberhalb des Témbi-Tals, war im 18. Jh. Sitz der ersten griechischen Genossenschaft, die damals über 6000 Mitglieder hatte. Man widmete sich vor allem der Baumwollbearbeitung und ihrem Export. Aus jener Zeit stehen noch viele einst prächtige Herrenhäuser. Das des Genossenschaftsvorsitzenden, der sich seiner vielen Wiener Kontakte wegen nicht mehr Mávros, sondern in deutscher Übersetzung Schwartz nannte, war zugleich Kontor und Schatzkammer der Genossenschaft. Es wurde restauriert und kann besichtigt werden *(Di–Sa 8.45–15, So 9.30–14.30 Uhr).* Eine Frauengenossenschaft vermietet von ihrem

Urlaubslektüre

Viele Romane griechischer Autoren liegen jetzt als Übersetzungen vor

Nachdem Griechenland im Herbst 2001 Schwerpunkt der Frankfurter Buchmesse war, muss man nicht mehr unbedingt Griechisch können, um sich mit der Gegenwartsliteratur des Landes zu beschäftigen. Spannend und unterhaltsam sind die Kriminalromane von Pétros Markáris, »Hellas Channel« und »Nachtfalter«. Einem literarisch anspruchsvollen Handbuch über die Liebe gleicht das »Erotikon« von Jorgi Jatromanolákis. Die Geschichte einer Reise durch das Griechenland des 19. Jhs. erzählt Níkos Themélis in »Jenseits von Epirus«.

Büro an der Platía aus Privatzimmer *(Tel. 24 95 09 34 87, €)* und betreibt dort eine sehr gute Taverne; wohnen kann man außerdem im sehr ruhigen Hotel *9 Moúses (Tel. 24 95 09 34 05, €). 95 km*

Dímini **[174 A1]**
Die Befestigungsringe des in der Jungsteinzeit bewohnten Dorfes und ein mykenisches Kuppelgrab sind gut erhalten *(Di–So 8–14.30 Uhr, Eintritt 1,50 Euro). 3 km*

Lárissa **[169 E5]**
Die Stadt am Piniós (103 000 Ew.) ist ein Zentrum der Lebensmittelindustrie. In einer kleinen, ehemaligen Moschee an der großen Platía Laoú ist das *Archäologische Museum* untergebracht. Am Eingang steht die einzigartige Stele einer Mutter, die ihr gieriges Kind stillt *(Di–So 8.30–15 Uhr)*. Auf der Platía selbst ist die kleine *Kapelle des Ágios Vizários* neu im byzantinischen Stil ausgemalt worden.

Von der Platía Laoú aus führt in Richtung Tríkala die Haupteinkaufsstraße *Odós Venizélu* leicht bergan. Von ihr zweigt die Odós Papanastasíu nach rechts ab, an der die spärlichen Überreste eines römischen und eines griechischen *Theaters* freigelegt wurden. Sie führt zu den Mauern der mittelalterlichen *Burg* mit dem sehr guten *Restaurant Frourio (Do–So abends Livemusik, €€)*. Relativ ruhig ist das *Hotel Astoria (84 Zi., Platía Ethnárchu Makaríu 4, Tel. 24 10 25 29 41, Fax 24 10 53 64 86, €€). 61 km*

Priester im Pílion

Makrinítsa **[174 A1]**
★ Makrinítsa (550 Ew.) ist die Perle unter den vielen schönen Bergdörfern des Pílion. Seine von früherem Wohlstand zeugenden und meist stilvoll restaurierten Herrenhäuser aus der Zeit der Türkenherrschaft sind in gebührendem Abstand voneinander am steilen Berghang über 500 Höhenmeter verteilt. Viele wurden stimmungsvolle Pensionen. Eine von Souvenirgeschäften gesäumte, autofreie Gasse führt vom Parkplatz am Ortseingang zur Platía mit ihrem schönen *Brunnenhaus* aus dem Jahr 1930, der kleinen *Kirche Johannes des Täufers* mit naiv-volkstümlichen Fresken und dem *Kafeníon Theóphilos,* in dem noch eine Wandmalerei des großen Malers erhalten blieb. *17 km*

Néa Anchíalos **[174 A1]**
In einem Park an der Hauptstraße nach Vólos sind die weitläufigen Überreste dreier *frühchristlicher Basiliken* und des *Bischofspalastes* zu sehen *(Mo–Sa 7.30–19.30, So 8.30–18 Uhr). 19 km*

Pílion-Rundfahrt **[174 A–B 1–2]**
★ In der Antike galt das 1551 m hohe Pílion-Gebirge auf der Halbin-

sel Magnisía als Heimat der Kentauren. Heute wird die Halbinsel als eine der schönsten Landschaften Griechenlands geschätzt. Sie vereint das Erlebnis großartiger Bergkulissen, schöner Strände und gut erhaltener Dorfensembles mit der typischen Architektur des 18./19. Jhs. Man fährt auf schmalen, serpentinenreichen Straßen durch Laubwälder mit efeuumrankten Stämmen und ausgedehnte Obstplantagen und stößt auf eine Legion von typischen, dem rauhen Gebirgsklima angepassten Kirchen. Ein Tag reicht für die Rundfahrt nur aus, wenn man das schönste dieser Dörfer, Makrinítsa, schon zuvor besucht hat.

Besonders sehenswert sind die Dörfer *Zagorá* mit der *Kirche Ágios Geórgios* (an der oberen Platía, im Dorf dem Wegweiser zum »Health Centre« folgen), *Kíssos* mit der *Kirche Agía Marína* und *Miliés* (auch: Mileé) mit der *Kirche Taxiárchon.* Zu den besten und stimmungsvollsten Tavernen gehört die *Taverne Kyrá María* in *Miliés (€€).* Privatzimmer gibt es in allen Dörfern; für einen Strandurlaub besonders empfehlenswert ist die Insider Tipp autofreie Bucht *Papá Neró* bei *Ágios Jánnis* mit der *Pension Oréa Amoudiá (Tel. 24 26 03 12 19, Fax 24 21 03 33 15, €).* Im Winter sind im Pílion Skilifte und Loipen in Betrieb. *Länge der Rundfahrt ab und bis Vólos mindestens 145 km*

Schöner Strand auf dem Pílion

Témbi-Tal **[169 E4]**

★ Das 8 km lange, schluchtartige Tal bildet den wichtigsten Übergang von Nord- nach Mittelgriechenland. Zwischen den weit über 100 m hohen Felswänden zwängen sich der von Bäumen gesäumte Piniós, die Eisenbahn und die Nationalstraße hindurch. Von den Parkplätzen an der Agía Paraskeví genannten Stelle aus führt eine morsche Hängebrücke über den Fluss zur gleichnamigen Höhlenkirche, die besonders von augenkranken Pilgern aufgesucht wird. Hohe Platanen und ein Selbstbedienungsrestaurant laden zur Rast ein; kurze Rundfahrten durch das Tal können Sie mit einem Loveboat genannten Ausflugsboot auf dem Piniós unternehmen. *88 km*

Vom Ionischen Meer zur Ägäis

Klassische Ziele vieler Studienreisen und unbekannte Berge

Mittelgriechenland (neugriechisch. Stérea Elláda) bildet zusammen mit dem Peloponnes das griechische Kernland, auch in historischer Sicht. Es reicht von Attika mit Athen als Zentrum und der Insel Euböa über Böotien mit dem berühmten Theben bis hin in die Phokis mit Delphi, dem großen panhellenischen Heiligtum.

Nur im äußersten Westen und Nordwesten werden drei Landschaften zu Mittelgriechenland gezählt, die in der Antike keine große Rolle spielen. Ätolien und Akarnanien waren von Griechen bewohnt, die einen sonst nur schwer verständlichen Dialekt sprachen und sich zudem mit den Illyrern vermischt hatten. Erst seit dem 5. Jh. v. Chr. kamen auch sie in den Einflussbereich der griechischen Hochkultur. Evritanien schließlich war die ganze Antike hindurch ein kaum zugängliches Bergland, das vor allem Hirten bewohnten. Auch heute noch ist Evritanía der am schlechtesten erschlossene Regierungsbezirk Griechenlands. Die Straßen sind unzulänglich, Bahn- und Flugverbindungen fehlen.

Tholos in Delphi, Station klassischer Bildungsreisen

In Lefkáda auf Léfkas

Zwischen Delphi und Attika aber ist Mittelgriechenland zusammen mit dem Peloponnes das Gebiet schlechthin für die klassische Bildungsreise. Auch Erinnerungen an den langen Kampf gegen das Osmanische Reich fehlen nicht: Návpaktos gab 1571 einer bedeutenden Seeschlacht zwischen Türken und abendländischen Christen den Namen; Messolóngi gilt den Griechen wegen seiner heldenhaften Verteidigung gegen die Türken 1826 als heilige Stadt.

Die Landschaft Mittelgriechenlands ist geprägt vom ständigen Wechsel. Die meisten Küsten säumen nicht das offene Meer, sondern liegen hohen Bergen gegenüber. Je nach Sicht liegen die zum Greifen nah oder weit entfernt im Dunst, vom Betrachter getrennt durch den Korinthischen, den Saronischen oder den Euböischen Golf. Im Westen, am Ionischen Meer, sind dem Festland Inseln vorgelagert.

Im Südwesten prägen Lagunen die Küstenlandschaft, sonst überwiegt Steilküste. Strände gibt es vor allem rings um Attika und am Euböischen Golf, doch liegen sie entweder zu nah am Moloch Athen oder sind zu unansehnlich, um ausländische Touristen in großer Zahl anlocken zu können.

Der überwiegende Teil Mittelgriechenlands ist gebirgig. Die höchsten Gipfel steigen über 2500 m hoch an. In den Ebenen im Westen sowie bei Lamía und Livadiá wird Baumwolle angebaut, bei Lamía auch Reis. In den Hügelländern Akarnaniens wächst Tabak, Attika ist für seinen Wein bekannt, der – mit Harz versetzt – zu Retsína wird. Die Ebene von Amfíssa bei Delphi gleicht schon seit der Antike einem großen See aus hunderttausenden silbrig schimmernder Olivenbäume.

DELPHI

[173 D2] ★ Delphi liegt in etwa 600 m Höhe am Südwesthang des 2459 m hohen Parnass-Gebirges. Vom heutigen Dorf, das zu einem Großteil aus Hotels besteht, geht der Blick tief hinunter auf die einst heilige Ebene mit unzähligen Olivenbäumen, auf die bis in den Mai hinein schneebedeckten Berge des Peloponnes am Horizont und auf die windgeschützte Bucht von Itéa, dem antiken Hafen Delphis.

Delphi galt in der griechischen Antike als Mittelpunkt der Welt. Heute hätte das Dorf (2400 Ew.) bestenfalls zwischen Januar und März als Wochenendziel für wintersportbegeisterte Athener Bedeutung, wären da nicht die Ausgrabungen des antiken Apollon-Heiligtums. Sie gelten vielen auch wegen ihrer landschaftlichen Lage als die schönsten und eindrucksvollsten Griechenlands. Grundlage für Ruhm und Reichtum Delphis war sein Orakel. Durch den Mund der Pythia – einer in Trance stehenden, älteren Frau als Medium – sprach Gott Apoll zu den Menschen, die von ihm Rat und Weissagung erbaten. Oft waren die Orakelsprüche geheimnisvoll und zweideutig, sodass das Orakel immer Recht behielt und damit seinen Ruhm noch steigerte. Ein berühmtes Beispiel dafür ist der sagenhaft reiche lydische König Krösos. Er kam, um zu hören, ob er seinen geplanten Krieg gegen die Perser gewinnen könne. Wenn er den Grenzfluss Halys überschreite, werde er ein großes Reich zerstören, war die Auskunft des Orakels. Er wagte den Krieg, verlor – und zerstörte damit sein eigenes, großes Reich ...

Nach Delphi kamen nicht nur Privatleute mit ihren Alltagssorgen, sondern vor allem auch offizielle Gesandtschaften aus den vielen griechischen Stadtstaaten und sogar aus Ländern der Barbaren. Anfangs war das Orakel nur an einem Tag im Jahr zu konsultieren, später einmal monatlich und in klassischer Zeit, der großen Nachfrage wegen, sogar täglich bis auf drei Monate im Winter, in denen Apoll als abwesend galt, die Herrschaft über Delphi an Dionysos, den Gott des Theaters, des Weins und der ekstatischen Feste abtrat. Zeitweise arbeiteten drei Frauen gleichzeitig als Pythia. Die Pilger und Gesandtschaften opferten Apoll Tiere und brachten ihm zum Teil sehr wertvolle Weihegeschenke dar; an die Stadt Delphi zahlten sie Gebühren. Priestern und Beamten erwiesen sie so manche Gunst, um in der Reihe der Wartenden schneller vorzurücken. Die Delphier waren reich, und im Heiligtum häuften sich die Schätze des Apoll in den Schatzhäusern, die viele griechische Städte speziell für ihre offiziellen Weihegeschenke und für des Gottes Anteil an ihrer Kriegsbeute errichtet hatten. Überall im Heiligtum waren Apoll dargebrachte Statuen und Skulpturen aus edlem Marmor, wertvoller Bronze und kostbaren Metallen aufgestellt. Alle vier Jahre fanden zudem im August die Pythischen Spiele statt, bei denen Künstler und Athleten aus der ganzen griechischen Welt im Theater, im Stadion und im Hippodrom in einen ehrenvollen Wettstreit traten. Mit dem endgültigen Sieg des Christentums 381 verstummte das delphische Orakel, das über 1700 Jahre lang die Geschicke der antiken Welt mitbeeinflusst hatte.

SEHENSWERTES

Die Ausgrabungen liegen etwa 1 km vor dem heutigen Dorf unter- und oberhalb der von Athen nach Delphi führenden Straße. Man beginnt die Besichtigung am besten nach dem Museumsbesuch und dann mit den oberen Ausgrabungen.

Obere Ausgrabungen

Vom Eingang kommt man auf einen kleinen Platz mit sieben ionischen Säulen, die römische *Agorá*. Hier wird anhand des römischen Mauerwerks und der christlichen Architekturfragmente etwas deutlich, was man beim Rundgang immer bedenken sollte: Der Zustand der Ausgrabungen gibt keine Momentaufnahme aus einem bestimmten Jahr wieder, sondern vermischt Elemente aus der langen Geschichte des Heiligtums.

Von der Agorá aus sind die sechs aufrecht stehenden dorischen Säulen des *Apollon-Tempels* weiter oberhalb zu sehen. Dort hinauf führt die heilige Straße, die zu beiden Seiten von Schatzhäusern und

MARCO POLO Highlights »Mittelgriechenland«

★ **Delphi**
Antikes Heiligtum von Weltrang in einzigartiger Lage am Parnass-Gebirge (Seite 94)

★ **Kloster Ósios Lukás**
Mittelalterliches Kloster mit großartigen Mosaiken (Seite 99)

★ **Návpaktos**
Idyllischer Hafen und reizvolle Kleinstadt in mittelalterlichen Mauern (Seite 102)

★ **Messolóngi**
Erinnerungen an den Freiheitskampf gegen die Türken (Seite 105)

Skulpturen flankiert war. Wie solche Schatzhäuser aussahen, zeigt deutlich das vollständig rekonstruierte *Schatzhaus der Athener.*

Wenige Schritte weiter stehen links der Straße wieder drei ionische Säulen, die zu einer ebenfalls von den Athenern gestifteten Halle gehörten, in der die dem Apoll geweihten Beutestücke aus der Seeschlacht von Salamis ausgestellt waren. Unmittelbar dahinter stützt eine Mauer aus sorgfältig einander angepassten, vieleckigen Steinblöcken – also eine polygonale Mauer – die Terrasse, auf der sich der Apollon-Tempel erhob. In der Mauer sind deutlich zahllose Inschriften zu erkennen: Freilassungsurkunden von Sklaven.

Dann steht man vor dem Tempel selbst, der ursprünglich sechs Säulen an den Schmal- und 15 Säulen an den Längssäulen besaß. In seinem Innern stand eine goldene Statue des Gottes; hier hockte auf einem Dreifuß über einem Erdloch auch die Pythia, durch deren Mund der Gott das Orakel verkündete.

Oberhalb des Tempels bietet sich dann vom sehr gut erhaltenen *Theater* aus ein schöner Blick über das Heiligtum. Es stammt aus der Zeit um 400 v. Chr., hat 35 Sitzreihen und bot etwa 5000 Zuschauern Platz. Am obersten Rand des Heiligtums liegt jenseits eines kleinen Kiefernhains das antike *Stadion* mit steinernen Rängen für 7000 Zuschauer. Deutlich zu erkennen sind die Sitze der Schiedsrichter, die als einzige Lehnen hatten, und die Startrillen in den Steinplattenreihen an beiden Enden des Innenraums.

Delphi: antikes Heiligtum in wunderschöner Lage

Untere Ausgrabungen

Unterhalb der Asphaltstraße liegen das *Heiligtum der Athena Praonaia* und das antike *Gymnasion*. Im Athena-Heiligtum standen weitere Schatzhäuser, ein dorischer Tempel und ein teilweise rekonstruierter Rundbau aus der Zeit um 390 v. Chr. mit unbekannter Funktion. Von hier aus ist der Blick auf die gesamten Ausgrabungen von Delphi besonders reizvoll. Vom Gymnasion, einer Übungsstätte für Läufer, und der dazugehörigen Palästra, in der sich die Ringkämpfer auf ihre Wettkämpfe vorbereiteten, sind nur Grundmauern erhalten.

Zwischen dem Eingang zu den unteren und oberen Ausgrabungen liegt nahe der Straße unterhalb der steilen Felsen der Phädriaden der *Kastalische Quell*, an dem sich die Pilger vor ihrem Gang ins Apollon-Heiligtum einer rituellen Waschung unterzogen. *April–14. Mai und Sept., Okt. tgl. 8–19 Uhr, 15. Mai–Aug. tgl. 8–20 Uhr, Nov. bis März tgl. 8–17 Uhr, Eintritt 4 Euro*

MUSEUM

Archäologisches Museum

Das kleine Museum von Delphi lohnt unbedingt den Besuch. Gut erhaltene Friese zeigen, wie reich die Außenseiten der Schatzhäuser geschmückt waren. Einige der Statuen wie z. B. die Sphinx der Naxier oder die beiden archaischen Jünglingsgestalten Kleobis und Biton muss man sich im Heiligtum unter freiem Himmel aufgestellt vorstellen. Beachtung verdienen zahlreiche Kleinfunde aus Bronze wie z. B. die des Odysseus, der unter einem Widder hängend seinen Feinden entkommt.

Statue des Wagenlenkers

Der marmorne Omphalos, dem man als erstem Objekt begegnet, stammt vom Apollon-Tempel. Er markierte dort den Mittelpunkt der Welt. Besonders eindrucksvoll sind die gut erhaltenen Überreste der lebensgroßen Statue eines Stiers aus getriebenen Silberblechen aus dem 6. Jh. v. Chr. Die bekanntesten Schätze des Museums sind die bronzene Statue des Wagenlenkers (5. Jh. v. Chr.) und die römische Marmorstatue des Antinoos (2. Jh.). *April–14. Mai und Sept., Okt. Mo 12–19 Uhr, Di–So 8–19 Uhr, 15. Mai–Aug. Mo 12–20 Uhr, Di–So 8–20 Uhr, Nov.–März Mo 12–17 Uhr, Di–So 8–17 Uhr, Eintritt 4 Euro, an der Hauptstraße zwischen dem Dorf und den Ausgrabungen*

ESSEN & TRINKEN

Delphi

Kleines Café mit besonders ursprünglich-freundlichem Service, aber nur kleinen Gerichten, an ei-

Antinoos und Omphalos

Eine antike Liebe zwischen Männern

Der schöne Jüngling Antinoos, dessen Statue im Museum von Delphi steht, war eine reale Gestalt. Der alternde römische Kaiser Hadrian liebte den 18-Jährigen abgöttisch. Auf einer gemeinsamen Nilreise verschwand Antinoos, ertrank oder wurde aus politischen Gründen ermordet. Der Kaiser brach in Tränen aus, bot ihn als eine Wiederverkörperung des ägyptischen Gottes Osiris dem Erdkreis zur Verehrung an und ließ überall im Reich, aber auch in jedem Zimmer seiner Privatgemächer, Statuen seines Geliebten aufstellen. Die von Delphi gehört zu den schönsten.

ner Treppenstraße zwischen oberer und unterer Hauptstraße. *Odós Isaía 10, €*

Lekariá
Beste Taverne im Ort. Große Auswahl und sehr gute griechische Weine. An der oberen Hauptstraße. *Odós Apollónos 33, €€€*

Vákchos (Loúcas)
Einfache Taverne mit schnellem Service, aber gutem Essen. *Odós Apollónos 31, €€*

EINKAUFEN

Aus dem Souvenirkitsch heben sich einige handgearbeitete Schachspiele bei *Amphora Ceramics (Odós Apollónos 8)* ab, deren Figuren berühmten Statuen aus dem Museum von Delphi nachgebildet sind.

ÜBERNACHTEN

Acropole
Ruhiges Hotel, viele Zimmer mit Meerblick. *44 Zi., Odós Filélinon 13, Tel. 22 65 08 26 75, Fax 22 65 08 31 71, delphi@otenet.gr, €€*

Amalía
Bestes Hotel am Ort, klimatisierte Zimmer, großer Pool, gute Aussicht, ruhig. *185 Zi., Odós Apollónos, Tel. 22 65 08 21 01, Fax 22 65 08 22 90, hotamal@otenet.gr, €€€*

Delphi Xenía
First-Class-Hotel mit Pool und Klimaanlage; Suiten mit Whirlpool. *44 Zi., Tel. 22 65 08 21 51, Fax 22 65 08 27 64, delpthls@otenet.gr, €€€*

Sun View
Pension zwischen der Hauptstraße und dem Hotel Amalía. *7 Zi., Odós Apollónos 84, Tel. 22 65 08 23 49, Fax 22 65 08 28 15, €*

AUSKUNFT

Delphi Tourist Information
Mo–Sa 8.30–15 Uhr, im Sommer auch 18–20 Uhr, untere Hauptstraße, Tel. 22 65 08 29 00

ZIELE IN DER UMGEBUNG

Aráchova [173 D–E2]
Aráchova (2800 Ew.) ist in der kalten Jahreszeit ein bedeutendes

Wintersportzentrum mit gut einem Dutzend Ausrüstungsverleihern, bei denen auch Skiunterricht gebucht werden kann. Im Sommerhalbjahr ist das große Bergdorf ein Pflichtstopp für alle Ausflugsbusse auf dem Weg nach Delphi. Hier findet man nämlich in vielen Geschäften eine große Auswahl an Webwaren. Noch Anfang der 80er-Jahre war jede Frau im Dorf mit Weberei beschäftigt, heute sind es nur noch wenige. Viele Geschäfte führen deshalb auch Webarbeiten aus anderen Regionen Griechenlands. Nur das *Dragónas* am Ortsrand oberhalb der Straße nach Delphi bietet ausschließlich Webarbeiten aus Aráchova an. Privatzimmer vermittelt eine *Vermieterkooperative an der Straße vom Zentrum in Richtung Delphi (Tel. 22 67 03 15 19). 11 km*

Chairónia **[173 E2]**
Der Geburtsort des antiken Historikers Plutarch (heute 700 Ew.) war Schauplatz der entscheidenden Schlacht zwischen den verbündeten griechischen Stadtstaaten sowie König Philipp II. von Makedonien und seinem Sohn, dem späteren Alexander dem Großen. Die Makedonier siegten und bereiteten so dem klassischen Griechenland das Ende. An die Schlacht erinnert ein über 5 m hoher marmorner Löwe, den die Thebaner über dem Grab ihrer 338 Gefallenen errichteten. *Frei zugänglich, an der Straße von Livadiá nach Lamía. 57 km*

Euböa (Evia) **[174–175 A–D 2–4]**
Euböa ist mit 3850 km² Fläche Griechenlands zweitgrößte Insel nach Kreta. Bei *Chálkis,* der Inselhauptstadt, ist sie über eine Brücke mit dem Festland verbunden. Eine erste Brücke wurde bereits 411 v. Chr. über den hier nur 35 m breiten Meeresarm geschlagen. Die Inselhauptstadt Chálkis ist ein Industrie- und Handelszentrum ohne touristischen Reiz.

Mit 175 km Länge und bis zu 1743 m hohen Bergen ist Euböa eine Insel, die gut kennen zu lernen viel Zeit erfordert. Die einzige archäologische Stätte von Bedeutung ist *Erétria* mit den Überresten eines antiken Theaters. Hier ist noch ein unterirdischer Treppengang, eine so genannte Archontische Stiege, erhalten. Sie führt vom Bühnenunterbau zur Mitte der Orchestra, auf der die Schauspieler agierten. So konnten unterirdische Wesen effektvoll ins Spiel gebracht werden. *(Di–So 8–14.30 Uhr, Eintritt 1,50 Euro).*

Auf Erétria konzentriert sich auch der ausländische Tourismus auf Euböa. Lohnende Ausflüge führen von hier zur besonders hübsch gelegenen Kleinstadt *Kími* an der Ostküste; ein bei Griechen beliebtes Heilbad ist *Lutrá Edipsú* im Norden der Insel. *124 km*

Insider Tipp

Itéa **[173 D2]**
Der antike Hafen von Delphi wird heute von einer modernen Kleinstadt ohne touristische Attraktionen eingenommen. Als Delphi benachbarter Badeort ist *Galaxídi* schöner. Von Itéa aus verkehrt täglich eine Fähre nach *Kíato* auf dem Peloponnes. *17 bzw. 35 km*

Kloster Ósios Lukás **[173 E2]**
★ Das große, einsam am Rande eines Hochtals gelegene Kloster wurde bereits im 10. Jh. von einem Eremiten namens Lukás gegründet. Seine beiden Hauptkirchen, von de-

Das Kloster Ósios Lukás ist rund 1000 Jahre alt

nen die größere dem seligen Lukás und die kleinere Mariä Entschlafung geweiht ist, entstanden kurz nach dem Jahr 1000. Im Durchgang zwischen beiden Kirchen genießen die in einem gläsernen Sarg ruhenden Gebeine des Klostergründers hohe Verehrung. Die prächtigen Mosaike in der Hauptkirche stammen aus dem 11. Jh. und gehören neben denen von Dafní zu den schönsten Griechenlands *(tgl. 8–17.30 Uhr, Eintritt 2,50 Euro). 37 km*

Auf dem Weg zum Kloster passiert man das Dorf *Dístomo* (2500 Ew.), über dem ein weithin sichtbares *Mausoleum* an die Ermordung von 223 Männern, Frauen und Kindern durch deutsche Soldaten im Jahr 1944 erinnert.

Lamía **[169 E6]**

Lamía (41 700 Ew.) erstreckt sich von den Hängen des Orthrisgebirges bis hinab in die Küstenebene. Sie gilt als Heimat des Achilles. Schön ist der Blick von den zahlreichen Dachgartencafés an der *Platía Párku* auf die Umgebung. Für eine Zwischenübernachtung geeignet ist das moderne *Hotel Samarás (64 Zi., Platía Diáku 24, Tel. 22 31 02 89 71, Fax 22 31 04 27 04, €€€)*; gut essen können Sie im *Restaurant Hawai (€€)* an der *Platía Elefthérias* mit ihren vielen Straßencafés. Dort steht auch die *orthodoxe Kathedrale,* die 1987/88 vollständig im byzantinischen Stil ausgemalt wurde. *81 km*

Livadiá **[173 E2]**

Livadiá (18 000 Ew.) lohnt keinen längeren Aufenthalt, insbesondere an heißen Tagen aber einen kurzen Stopp. Hier entspringen nämlich am nördlichen Stadtrand die *Pigés Krías* (Kalte Quellen), deren Wasser als Wildbach durch ein felsiges Tal in eine kleine, grüne Oase mit schönem Café fließt. *42 km*

Lutráki **[173 E3]**
Das Städtchen (8500 Ew.) am Korinthischen Golf ist Griechenlands bedeutendstes Heilbad. *196 km*

Orchomenós **[173 E1]**
Das große Dorf (5400 Ew.) steht an der Stelle einer Siedlung, die von mykenischer bis in byzantinische Zeit hinein bedeutsam war. Folgt man von der Hauptstraße aus dem Wegweiser zu den Pigés Haritón, gelangt man nach wenigen Metern zur großen *Kreuzkuppelkirche der Panagía Skripús,* 874 als erste Kirche dieses Typs in Griechenland erbaut. Ihr gegenüber erkennt man Spuren des *antiken Theaters* und nur wenige Meter südwestlich davon ein jetzt dachloses *Kuppelgrab aus mykenischer Zeit,* das nach dem Namen des damals hier ansässigen Stammes auch als Schatzhaus der Minyer bekannt ist *(Grab tgl. 8.30–15 Uhr, Eintritt frei).* In der *Taverne Péstrofa (€),* an der gleichen Straße in Richtung der Hariton-Quellen gelegen, werden frische Forellen serviert. *58 km*

Insider Tipp **Pórto Germenó** **[173 F2]**
In den auch noch unter seinem antiken Namen Aigosthena bekannte Ort am Golf von Alkyonidon, einem Seitenarm des Korinthischen Golfs, kommen fast nur griechische Urlauber. Dabei liegt er bloß wenige Kilometer abseits der von Theben nach Athen führenden Hauptstaße. Moderne Ferienvillen und kleine Apartmenthäuser stehen auf den üppig grünen Hängen. Gebadet wird von guten Kiesstränden aus in klarem Wasser. Am Rand des modernen Ortes erheben sich in eindrucksvoller Höhe die Reste der antiken *Stadtmauer* mit ihren Türmen und der antiken *Zitadelle* (4. Jh. v. Chr.), deren Mauerwerk aus überwiegend polygonalen Steinblöcken ein wahres Kunstwerk ist. Zwei kleine byzantinische *Kapellen* mit Freskenresten stehen Besuchern innerhalb der antiken Stadtmauern ständig offen. *129 km*

Theben (Thiva) **[173 F2]**
Die Stadt (19000 Ew.) mit dem großen historischen Namen ist zu einem Zentrum der Lebensmittelindustrie für die Versorgung Athens und zu einem Industriestandort geworden. Hier spielen die Mythen von Kadmos und Antigone, Ödipus und Polyneikes. Von außen erkennt man noch die strategisch günstige Lage der Stadt auf einem Hügel über der fruchtbaren Ebene.

Historische Sehenswürdigkeiten bietet Theben heute kaum noch. Erhalten sind ein *Wehrturm* aus der Zeit der Frankenherrschaft im 13. Jh. und im Zentrum an der Hauptstraße (beschildert mit »Part of the Mycenaean Palace«) geringfügige Mauerreste von etwa 16 m Länge aus mykenischer Zeit. *90 km*

Thermopylen **[173 D1]**
In der Antike war die Küstenlinie an der heute *Warme Tore* genannten Stelle ungefähr mit dem heutigen Verlauf der Nationalstraße identisch. Zwischen den noch immer gut sichtbaren *heißen Quellen* und dem Meer ermöglichte also nur ein äußerst schmaler Landstreifen den Durchgang von Nord- nach Südgriechenland. Darum stellte sich hier 480 v. Chr. Leonidas mit 300 Spartanern den heranrückenden Persern zum Kampf, um ihr Eindringen nach Hellas zu verhindern. Verrat führte jedoch zur völli-

gen Vernichtung der hoffnungslos unterlegenen Spartaner, die die Perser so lange wie möglich aufzuhalten versuchten. Simonides dichtete auf sie das berühmte Epigramm »Wanderer, kommst du nach Sparta, verkündige dorten, du habest uns hier liegen gesehen, wie das Gesetz es befahl.« Heute erinnert ein modernes *Denkmal* unmittelbar an der Nationalstraße an die antike Schlacht. *164 km*

NÁVPAKTOS

[172 C2] ★ Návpaktos, von den Venezianern einst Lepanto genannt, ist eine der schönsten Küstenstädte des griechischen Festlands. Die Häuser der Altstadt ziehen sich von einem kleinen, mauerbewehrten Hafenbecken aus einen steilen Hügel bergan. Dieser wird von einer mächtigen Zitadelle bekrönt. Zu beiden Seiten dieses historischen Ortskerns zieht sich ein feinkiesiger Strandstreifen entlang. Hohe Platanen an der größtenteils autofreien Uferpromenade verbergen die Neubauten, sodass das Ortsbild insgesamt noch sehr intakt erscheint. Am Burgberg und nahe dem Ufer sorgen Quellen und Brunnen ganzjährig für reichlich Wasser. Von Návpaktos geht der Blick auf den von vielen Yachten und Handelsschiffen befahrenen Golf von Patras und den Peloponnes.

In die Geschichte eingegangen ist Návpaktos durch die Seeschlacht von Lepanto im Jahr 1571. Die Türken hatten ein Jahr zuvor große Teile der Insel Zypern, die zu Venedig gehörte, besetzt. Venedig bildete daraufhin eine Allianz mit dem Papst und König Philipp II. von Spanien. Man stellte eine Flotte von über 200 Kriegsschiffen zusammen, die aber viel zu spät lossegelte, um Zypern noch retten zu können. Stattdessen traf sie am 7. Oktober 1571 auf die vor Návpaktos liegende türkische Flotte, die in vierstündiger Seeschlacht nahezu völlig vernichtet wurde. Der spanische Dichter Cervantes verlor in diesem Kampf einen Arm. Die Christen zogen mit gestärkter Moral, die sie nach vielen Niederlagen für die Verteidigung des Abendlandes gegen die Osmanen auch dringend brauchten, heimwärts. Návpaktos aber blieb weiterhin türkisch und entwickelte sich zu einem Zentrum der Piraterie und des Sklavenhandels. Nur von 1687 bis 1700 war es wie schon von 1407 bis 1499 für eine kurze Zeit in venezianischer Hand.

SEHENSWERTES

Hafen

Das kleine Hafenbecken, in dem Fischerboote und einige Yachten liegen, wird zur See hin noch immer von venezianischen Mauern geschützt. Von dort aus erkennt man besonders gut, wie stark befestigt die Altstadt war.

Zitadelle

Die Mauern um die Altstadt ziehen sich vom Hafen bis zur Zitadelle hinauf. Drei weitere Mauerzüge verlaufen in Abständen horizontal am Hang entlang und machten so die Zitadelle noch sicherer. Eine Straße führt bis unmittelbar unter die Zitadelle; schöner ist es jedoch, in etwa 40 Minuten vom Hafen aus durch die Gassen der Altstadt bis auf den Burgberg zu wandern.

Immer noch schützen venezianische Mauern den Hafen von Návpaktos

ESSEN & TRINKEN

Mólos
Stimmungsvolle Taverne mit griechischer und internationaler Küche ganz nahe am Hafen. *Odós Formiónos 6, €€*

O Stávros
Bei Einheimischen sehr beliebte Taverne mit frischem Fisch und guten Steaks direkt am Meer, vom Hafen gesehen kurz hinter dem Hotel Xenia gelegen. *Paralía Grimbóvu, €*

ÜBERNACHTEN

Aktí
Großes, einfaches Hotel an der Uferstraße, vom Hafen aus gesehen hinter dem Xenia-Hotel. *61 Zi., Paralía Grimbóvu, Tel. 26 34 02 81 61, Fax 26 34 02 41 71, €€*

Aphrodíti
Hotel über einer Taverne, vom Hafen aus gesehen unmittelbar vor dem Xenia-Hotel. *15 Zi., Paralía Grimbóvu, Tel. 26 34 02 99 22, Fax 26 34 02 99 24, €€*

ZIELE IN DER UMGEBUNG

Aitolikó **[172 B2]**
Die Kleinstadt (5300 Ew.), abseits der Hauptstraße von Messolóngi nach Árta, liegt auf einer über Dämme mit dem Festland verbundenen Insel am Ausgang der Ätolischen Lagune. An ihren Ufern wird Salz abgebaut. Die Lage des Städtchens gefällt dem Auge, die Abwässer in der Lagune beleidigen jedoch die Nase. *60 km*

Antírrion **[172 C2]**
Antírrion liegt, Ríon auf dem Peloponnes gegenüber, an der Engstelle zwischen dem Golf von Patras und dem Golf von Korinth. Um diese Meeresenge zu kontrollieren, erbauten die Venezianer in beiden Orten Festungen, die die Türken dann weiterhin benutzten. Die Festung von Antírrion liegt unmittelbar am geschäftigen Fährhafen für die

Boote, die zwischen Antírrion und Ríon pendeln. Allerdings stehen nur noch die Außenmauern, das Innere ist gesperrt. *12 km*

Kalydón **[172 C2]**
Zwischen Návpaktos und Messolóngi zweigt eine Straße zu den griechisch-dänischen Ausgrabungen der antiken Stadt Kalydón ab, von der noch geringe Reste der beiden Tempel für Artemis und Apoll erhalten sind. *41 km*

Insider Tipp **Karpeníssi** **[169 D6]**
Die Kleinstadt (5000 Ew.) ist der Hauptort des sehr gebirgigen und weltabgeschiedenen Regierungsbezirks von Evritanien, der kaum von Touristen besucht wird. Sie gilt als eines der schönsten Bergstädtchen Griechenlands. Hauptattraktion ist die landschaftliche Umgebung. Bestes Hotel der Region ist der exzellente *Montana Club (135 Zi., Souíla, Tel. 22 37 08 04 00, Fax 22 37 08 04 09, www. montana.gr, €€€)* mit vielen Sportangeboten. Viel preiswerter ist das *Hotel Ánessis (38 Zi., Odós Zinópoulu 50, Tel. 22 37 08 07 00, Fax 22 37 02 30 21, €€€)*. Zimmer mit und ohne Dusche bietet das einfache *Hotel Mont Blanc (37 Zi., Odós Ethnikís Antistáseos 2, Tel. 22 37 08 03 30, Fax 22 37 08 03 32, hmb@otenet.gr, €)*. *198 km*

Léfkas **[172 A1–2]**
Léfkas ist neben Euböa die einzige griechische Insel, die über eine Brücke vom Festland aus erreichbar ist. Der Abstecher lohnt für jeden, der einmal Inselatmosphäre schnuppern möchte. Eine etwa 125 km lange Inselrundfahrt beginnt in der Inselhauptstadt *Lefkáda*. An ihren engen Gassen stehen noch viele Häuser mit hölzernen Obergeschossen aus türkischer Zeit. Die Inselrundstraße führt an der Ostküste entlang zum landschaftlich reizvoll

Der Strand von Ágios Nikítas auf Léfkas

gelegenen Badeort *Nidrí*. Von hier aus kann man Bootsausflüge rund um die Insel *Skórpios* unternehmen, die sich noch immer im Besitz der Familie Onassis befindet.

Vassilikí im Süden der Insel ist ein schöner Ort mit langem Sand- und Kiesstrand. Einzigartig ist die Landschaft auf der *Halbinsel Lefkátos*. Vor hohen, weißen Kreidefelsen liegt hier traumhaft schön der *Strand von Pórto Katsíki*. An der Spitze der Halbinsel, auf dem *Kap Dukáto*, steht heute ein *Leuchtturm* an der Stelle eines antiken Apollo-Tempels. Von hier soll sich Sappho aus Lesbos, die erste Lyrikerin der Weltgeschichte, aus Liebeskummer ins Meer gestürzt haben. Auf der Rückfahrt in die Inselhauptstadt Lefkáda kann man noch den *Strand von Ágios Nikítas* und das *Nonnenkloster Faneroméni* besuchen.

Gute Hotels in der Inselhauptstadt Lefkáda sind das *Níricos (39 Zi., Tel. 26 45 02 41 32, Fax 26 45 02 37 56, €€)* und das *Byzántio (9 Zi. mit Etagendusche, Tel. und Fax 26 45 02 26 29, €)* an der Uferstraße in Brückennähe. Direkt an einem schmalen Sandstrand liegt das kleine Apartmenthaus *Váya* in *Perigiáli* nördlich von Nidrí *(20 Apts., Tel. 26 45 09 23 16, Fax 26 45 09 20 80, €). 181 km*

Messolóngi **[172 C2]**

★ Die 1937 zur »heiligen Stadt« erklärte Kleinstadt (10 000 Ew.) liegt auf einer Halbinsel, die in die extrem flache Lagune von Messolóngi hineinragt. Seinen Ehrentitel erhielt der Ort, weil sich seine Bewohner im griechischen Freiheitskampf gegen die Türken 1825/26 monatelang besonders heldenhaft einer türkischen Belagerung widersetzten. Als der Hunger innerhalb der Stadtmauern zu groß wurde, beschloss die Bevölkerung einen Ausbruchsversuch, der jedoch an die Türken verraten wurde. Nur 1800 Bewohner überlebten, die übrigen wurden entweder von den Türken niedergemetzelt oder sprengten sich selbst in die Luft.

Zum Gedenken an dieses Geschehen wurde in Messolóngi ein eindrucksvoller *Heldenpark* angelegt *(frei zugänglich)*. Sie erreichen ihn, wenn Sie nach Passieren des Stadttores in die erste Straße nach rechts einbiegen. Denkmäler erinnern an einzelne griechische Kämpfer, aber auch an die Teilnahme philhellenischer Europäer aus Schweden, Deutschland, Finnland und der Schweiz. Im *Denkmal* für den englischen Dichter Lord Byron ist dessen Herz beigesetzt: Lord Byron, der den Kampf der Griechen mit Geld und Waffenlieferungen unterstützte, war 1824 in Messolóngi an Sumpffieber gestorben.

Im Rathaus an der zentralen Platía ist ein kleines *Museum (Mo–Fr 9 bis 13.30 und 18–20 Uhr, Sa, So 9–13 Uhr, Eintritt frei)* eingerichtet, das insbesondere an Lord Byron erinnert; ein Gedenkstein am Stadttor verkündet auf Griechisch: »Jeder freie Mensch ist ein Bürger von Messolóngi«. *50 km*

Strátos **[172 B1]**

Archäologisch Interessierte finden 1 km oberhalb der Hauptstraße von Messolóngi nach Árta nördlich von Agrínion die eingezäunten Ruinen der antiken Stadt Strátos. Gut erhalten sind Teile der *Stadtmauer* und das *Theater* auf einem Hügel oberhalb des Dorfes. *95 km*

Auf Schritt und Tritt Antikes

Nach den Besichtigungen können Sie sich an einem der schönen Strände entspannen

Wehrturm in der Máni

Der etwa 21 500 km² große Peloponnes hängt nur mit einem 5600 m breiten, völlig flachen Isthmus am griechischen Festland. Der Mensch hat ihn Ende des 19. Jhs. gar zur Insel gemacht: durch den Bau des Kanals von Korinth. Aber schon in der Antike empfand man den Peloponnes als Insel – sein Name bedeutet Insel des Pelops.

Der Peloponnes ist das Reiseziel schlechthin für eine Studienfahrt auf den Spuren der Antike. Archäologische Stätten von Rang liegen dicht beieinander. In mykenischer Zeit standen hier die Burgen und Paläste sagenhafter Könige aus homerischen Epen wie Agamemnon und Nestor; in der klassischen Antike waren Korinth und Sparta so bedeutend wie Athen.

Die Zahl der mittelalterlichen Burgen ist größer als irgendwo anders im Land, byzantinische Kirchen mit kostbaren Wandmalereien findet man nicht nur in der einstigen byzantinischen Residenzhauptstadt Mistrás, sondern auch in kleinen Dörfern und nahezu menschenleeren Tälern. Landschaftlich ist der Peloponnes so vielfältig wie das übrige Hellas. Der höchste Berg ist über 2400 m hoch. In den Ebenen werden Wein, Getreide und Zitrusfrüchte angebaut; Industrie hingegen gibt es nur in den wenigen größeren Städten wie Patras, Korinth und Kalamáta. Ausführlich informiert Sie der MARCO POLO Führer »Peloponnes«.

KORINTH

[173 E3] In der Antike war Korinth eine bedeutende Handelsstadt. Sie besaß mit Lechaíon am Korinthischen und Kenchréai am Saronischen Golf gleich zwei Häfen. Hier konnten Frachten umgeladen werden, wenn die Schiffe nicht auf dem Landweg über den Isthmus gezogen werden sollten. Vom mächtigen Festungsberg Akrokorinth aus

Theater von Epidaurus: Im Sommer werden antike Tragödien aufgeführt

Tintenfische werden getrocknet

war zudem die Kontrolle aller Straßen vom griechischen Festland auf den Peloponnes möglich. Das antike Korinth entwickelte sich so seit dem 8. Jh. v. Chr. zu einer Metropole des archaischen Hellas.

Tonvorkommen in der Nähe wurden intensiv für die Keramikproduktion genutzt, in der Vasenmalerei entwickelte Korinth einen eigenen Stil. Durch den Fernhandel gelangten orientalische Ideen und Produkte nach Hellas. Durch die Gründung bedeutender Kolonien wie Syrakus auf Sizilien trugen die Korinther zur Ausbreitung des Griechentums entscheidend bei. Um 500 v. Chr. verlor Korinth seine führende Rolle an Athen und Sparta. 146 v. Chr. wurde das alte Korinth von den Römern völlig zerstört und erst 100 Jahre später wieder aufgebaut.

Das moderne Korinth (23 000 Ew.), 1858 gegründet und nach einem schweren Erdbeben 1928 neu entstanden, ist eine Stadt mit schachbrettartigem Straßennetz ohne besondere Reize. Die sehenswerten antiken Stätten liegen außerhalb, vor allem im Zentrum des Dorfes *Archéa Kórinthos.*

SEHENSWERTES

Akrokorinth

Der 575 m hohe Felsklotz im Hintergrund Korinths ist schon seit über 2700 Jahren befestigt. Eindrucksvoll sind die gut erhaltenen Mauerringe und -türme aus byzantinischer, fränkischer, türkischer und venezianischer Zeit. Auf dem Berggipfel wurden die *Reste eines Aphrodite-Tempels* ausgegraben. Auf einem benachbarten Gipfel außerhalb der Mauern erkennt man eine kleinere *Burg.* Die Franken errichteten sie 1205 als Stützpunkt für ihre erst nach fünf Jahren erfolgreiche Belagerung Akrokorinths. *Di–So 8–14.30 Uhr, Eintritt 1,50 Euro, 3 km von Alt-Korinth*

Alt-Korinth (Archéa Kórinthos)

Alt-Korinth gehört zu den sehenswertesten archäologischen Stätten des Peloponnes. Man gewinnt ein gutes Bild von der Gestaltung des Stadtzentrums in römischer Zeit. Auf dem kurzen Weg vom Eingang zum *Archäologischen Museum* sieht man links den durch ein Erdbeben geborstenen Felsklotz der *Glauke-Quelle* und dahinter die sieben noch stehenden *Säulen des Apollon-Tempels.* Ursprünglich war der 550 v. Chr. errichtete Tempel von 38 Säulen umgeben. Sie sind aus einem Stück gearbeitet und beeindrucken durch ihre gelungenen Proportionen. Im krassen Gegensatz dazu stehen die gedrungenen Säulen des römischen *Octavia-Tempels* gleich neben dem Museum. Sie tragen so genannte Korinthische Kapitelle, wie sie der Legende nach im 5. Jh. in dieser Stadt erstmals entwickelt wurden.

Nach dem Museumsbesuch gelangt man über eine Treppe hinunter auf den Marktplatz, die *Agorá*. Links fällt ein hohes, gut erhaltenes Gewölbe auf. Es war Teil einer Reihe von 15 Läden, vor denen eine Säulenhalle verlief. Rechts voraus ist eine hohe, auf die Agorá vorspringende Terrasse als *Bema* markiert. Das war eine Rednertribüne, von der aus der Apostel Paulus im Jahr 51 gesprochen haben soll.

Etwa 30 m südlich der Bema begrenzte eine 165 m lange Säulenhalle den Marktplatz. Deutlich erkennbar sind 33 zweigeteilte Räume. In den vorderen sind Brunnenschächte zu sehen, die sie als Marktschänken ausweisen: In den Brunnen wurden Getränke gekühlt.

Von der Agorá aus führen Stufen hinunter zur antiken *Léchaion-Straße*, die am Ausgang des Grabungsgeländes endet. Gleich rechts der Treppen befindet sich die gut erhaltene Anlage des im 2. Jh. n. Chr. neu gestalteten *Peirene-Brunnens.*

MARCO POLO Highlights »Peloponnes«

★ **Olympia**
Hier begann die Geschichte der Olympischen Spiele (Seite 121)

★ **Kanal von Korinth**
Ein Bauwerk, von dem schon die alten Griechen träumten (Seite 110)

★ **Mykene**
Eine Burg und viele alte Gräber (Seite 118)

★ **Mistrás**
Eine byzantinische Geisterstadt in großartiger Landschaft (Seite 128)

★ **Máni**
Rauhe Landschaft und einstmals rauhe Sitten (Seite 133)

★ **Pírgos Dirú**
Bootsfahrt durch eine Tropfsteinhöhle (Seite 134)

★ **Nauplia**
Die erste Hauptstadt des neuen Griechenland (Seite 112)

★ **Epidaurus**
Kurort der Antike und besterhaltenes Theater Griechenlands (Seite 116)

★ **Monemvassía**
Ein autofreies Städtchen wie aus dem Mittelalter (Seite 135)

★ **Bungalows Ingrid**
Ganzjährig ruhig wohnen in einem Orangenhain (Seite 114)

Von der Lechaíon-Straße kann man zu den Säulen des Apollon-Tempels weitergehen und am Fels der Glauke-Quelle vorbei zum Eingang zurückkehren. Auf der anderen Straßenseite sind die Überreste des *römischen Odeons* zu sehen, an das sich weiter unterhalb das Theater anschloss. *April–14. Mai und Sept., Okt. tgl. 8–19 Uhr, 15. Mai–31. Aug. tgl. 8–20 Uhr, Nov. bis März tgl. 8–15 Uhr, Eintritt 4 Euro inklusive Museum*

Lechaíon

Von der Größe Korinths in frühchristlicher Zeit zeugen die Grundmauern der größten Basilika Griechenlands im Gebiet des antiken Hafens der Stadt. Der über 180 m lange Bau wurde um 450 erbaut und 100 Jahre später durch ein Erdbeben zerstört. Man erreicht ihn über die alte Küstenstraße Korinth–Patras. *Frei zugänglich, 100 m vor der Brücke, über die die Straße von Korinth nach Alt-Korinth abzweigt, rechts zum Meer abbiegen*

MUSEUM

Archäologisches Museum

Von besonderem Interesse sind die zahlreichen Vasen. Die Übernahme orientalischer Formen und Motive im 7. Jh. ist gut zu erkennen. Typisch sind die Darstellung von Tieren und Fabelwesen und die Füllung der Zwischenräume durch Ornamente wie Blatt- und Klecksrosetten in der Zeit um 600 v. Chr. Schön sind auch die römischen Fußbodenmosaike (1./2. Jh.). *Im Ausgrabungsgelände von Alt-Korinth, April–14. Mai und Sept., Okt. tgl. 8–19 Uhr, 15. Mai–31. Aug. tgl. 8–20 Uhr, Nov.–März tgl. 8–15 Uhr, Mo immer erst ab 12 Uhr, Eintritt 4 Euro inkl. Ausgrabungen*

ESSEN & TRINKEN

Tásos

Einfache Taverne an der Hauptstraße von Alt-Korinth kurz vor der Platía. €

EINKAUFEN

In mehreren Ladenateliers im Ort werden Vasen nach antiken Vorbildern bemalt.

ÜBERNACHTEN

Die Hotels in der modernen Stadt liegen an Hauptstraßen und sind nicht empfehlenswert. Besser wohnt man in kleinen Pensionen in Alt-Korinth.

Shadow – Skiá

Moderne, sehr saubere Pension mit 14 Zimmern und besonders freundlichem, Englisch sprechendem Wirt. Am Ortseingang neben einer Tankstelle, 1 km vor den Ausgrabungen. *Tel. 27 41 03 14 81,* €

AM ABEND

Der schönste Platz für den Oúzo zum Sonnenuntergang über dem Korinthischen Golf sind die Terrassen der Cafés am Dorfplatz von Alt-Korinth.

ZIELE IN DER UMGEBUNG

Kanal von Korinth [173 E3]

★ Der Kanal von Korinth verbindet seit 1893 den Korinthischen mit dem Saronischen Golf. Gewaltig ist der Anblick von der 45 m

Neméa: Drei Säulen des Zeus-Tempels stehen noch

über dem Wasser gelegenen alten Straßenbrücke aus. Schlepper ziehen Schiffe mit Lotsen an Bord über die 6 km lange Wasserstraße, die den Besatzungen die Umrundung des Peloponnes erspart. An der Wasseroberfläche ist der 8 m tiefe Kanal 24,5 m breit. Die Felswände an seinem Rand steigen bis zu 76 m hoch auf. Die Bauzeit betrug lediglich drei Jahre. *7 km*

Insider Tipp

Neméa [173 E3]

In der Antike fanden in Neméa jeweils ein Jahr vor den Olympischen Spielen panhellenische Wettkämpfe statt. Außer dem sehr gut erhaltenen Stadion haben amerikanische Archäologen auch die Grundmauern von Gästehäusern und einer Badeanlage freigelegt. Wahrzeichen Neméas sind drei aufrecht stehende Säulen des antiken Zeus-Tempels. Ein kleines Museum erläutert die Grabungen anschaulich. Diese Ausgrabungen liegen 5 km vor Neméa an der Straße von Korinth im Weiler *Archéa Neméa (tgl. 8–14.30 Uhr, Eintritt 1,50 Euro).*

Das neue Neméa ist einer der bekanntesten Weinorte Griechenlands. Nemeische Weine kann man nicht nur beim Weinfest am letzten Augustwochenende kosten, sondern auch ganzjährig an Straßenständen und in Geschäften erstehen. *30 km*

Stimfalía (Stymphalos) [173 D3]

Der flache Stymphalische See ist ein Naturparadies mit breitem Schilfgürtel in einem schönen Gebirgstal. Man überblickt ihn am besten, wenn man vom Dorf Stimfalía aus etwa 2 km weiterfährt in Richtung Kastanéa. Links des Weges zu diesem Aussichtspunkt ragen auf einem Feld Mauerreste eines Zisterzienserklosters aus dem 13. Jh. auf. Römisch-katholische Mönche ließen es in der Zeit errichten, als der Peloponnes unter der Herrschaft fränkischer Adliger stand. Übernachten können Sie im sehr familiär geführten *Hotel Stymphalía (9 Zi., Tel. 27 47 02 20 72, €). 59 km*

NAUPLIA (NÁFPLION)

[173 E4] ★ Die Hauptstadt (11 900 Ew.) der Argolis besitzt eines der schönsten und geschlossensten Altstadtviertel des griechischen Festlands. Es breitet sich unter dem Schutz dreier Festungen zwischen dem Ufer einer weiten Bucht und steilen Felsen aus. Die moderne Neustadt ist deutlich davon getrennt, sodass auch der Autoverkehr weitgehend aus der Altstadt verbannt bleiben kann. Das schafft Platz für viele Straßencafés und -tavernen unterhalb der treppenreichen Gassen zu den höher gelegenen Wohnvierteln.

Die Stadt, im Mittelalter immer wieder zwischen Türken und Venezianern umkämpft, war die erste Hauptstadt des modernen Griechenland. Bereits 1822 konnten die Türken aus Nauplia vertrieben werden. Im Januar 1823 wurde es Sitz der griechischen Revolutionsregierung. Von Januar 1833 bis zum Dezember 1834 war Nauplia Residenz des ersten griechischen Königs, des Wittelsbachers Otto I. Dann musste es die Hauptstadtrolle jedoch an Athen abtreten, aber manche Bauten erinnern an jene Glanzzeit.

SEHENSWERTES

Ágios Spirídonos
Die kleine Kirche oberhalb des östlichen Endes der Odós Staikópulu, 1702 erbaut, war 1831 Schauplatz eines politischen Attentas. Ein Maniote erschoss hier beim Kirchgang Jánnis Kapodístrias, den ersten Ministerpräsidenten des modernen

Hafenpromenade von Nauplia im Abendlicht

Griechenland. Die Spur der Pistolenkugel ist rechts neben dem oberen Eingang noch zu sehen. *Frei zugänglich*

Akronáfplia-Festung
Reizvoller als ein Gang auf die durch das Hotel Xenia Palace entstellte Festung ist eine Umrundung der Burg auf der Uferstraße. Befestigt war diese Halbinsel schon seit der Antike.

Bayerischer Löwe
Aus einem Fels im Vorort *Prónia* hat der bayerische Bildhauer Siegel im Auftrag des bayerischen Königs Ludwig I. 1834 einen Löwen herausgearbeitet. Das Denkmal soll an die in Griechenland 1833/34 gefallenen oder an Malaria gestorbenen Bayern im Gefolge König Ottos I. erinnern. Sie finden den Löwen, wenn Sie auf der Straße zur Festung Palamídi am Stadtende nach links abbiegen. *Odós M. Iatrú, frei zugänglich*

Boúrtsi-Festung
Die kleine Burg auf einem Inselchen dicht vor der Küste, oft mit einem versteinerten Schiff verglichen, erbauten die Venezianer im 17. Jh. Nachts sperrten sie die Hafeneinfahrt von Nauplia durch eine Kette, die sie von Boúrtsi zum Festland spannten. Vom Hafen aus kann man mit Booten dorthin übersetzen. *Hin und zurück ca. 2 Euro*

Palamídi-Festung
Weithin sichtbar überragt die venezianische Festung Palamídi aus dem frühen 18. Jh. auf einem 220 m hohen Berg die Stadt Nauplia und die ältere Festung Akronáfplia. Von der Stadtseite aus führt vom Busbahnhof aus eine Treppe mit über 850 Stufen hinauf; man erreicht sie aber auch über eine 3 km lange Asphaltstraße. *April bis 14. Mai und Sept., Okt. tgl. 8–19 Uhr, 15. Mai–Aug. tgl. 8–20 Uhr, Nov.–März tgl. 8–15 Uhr, Eintritt 2,50 Euro*

Platía Sintagmátos
Am großen, gepflasterten Hauptplatz der Altstadt stehen neben dem archäologischen Museum in einer ehemaligen venezianischen Kaserne auch zwei Moscheen. Die größere von beiden diente von 1825 bis 1828 als Versammlungsort des ersten griechischen Parlaments; die kleinere wurde nach dem griechischen Sieg als eine der ersten Schulen Griechenlands genutzt.

MUSEEN

Archäologisches Museum
Die Sammlungen in den beiden Obergeschossen einer 1713 erbauten venezianischen Kaserne am Hauptplatz umfassen vor allem Funde aus mykenischer Zeit. Höhepunkte sind der schützende Bronzepanzer eines mykenischen Kriegers aus dem 14. Jh. und mehrere beeindruckende Masken aus Tiryns. *Di–So 8–14.30 Uhr, Eintritt 1,50 Euro, Platía Sintagmátos*

Komboloí-Museum
Kleines Privatmuseum, in dem wertvolle Komboloía aus den Jahren 1750 bis 1950 zu sehen sind. *Tgl. 9–14 und 17–20 Uhr, Eintritt 1,50 Euro, Odós Staikópulu 25*

Militärmuseum
Das Museum dokumentiert ausführlich Griechenlands kriegerische

Geschichte der letzten 180 Jahre. Besonders beeindruckend ist die umfangreiche Sammlung von Fotos aus deutscher Besatzungszeit. *Di bis Sa 9–14, So 9.30–14 Uhr, Eintritt frei, Odós Terzáki/Ecke Leofóros Amalías*

Volkskundliches Museum
Ansprechend präsentierte Gerätschaften, kunsthandwerkliche Erzeugnisse und Trachten aus den letzten 200 Jahren. *Mi–Mo 9 bis 14.30 Uhr, Eintritt frei, Odós Vass. Alexándru 1, gut ausgeschildert*

ESSEN & TRINKEN

Christóforos
Fischtaverne in der Tavernengasse der Altstadt. *Odós Staikópulu 26,* €€€

Ta Kalamarákia
Preiswertes Restaurant mit schönem Garten. *Odós Táki Papanikólaou 42,* €

EINKAUFEN

Viele kleine Läden an den romantischen Gassen der Stadt verführen zum Einkaufsbummel. Antiquitäten und Bric-à-brac ersteht man gut im *Itháki,* Antiquitäten und selbst entworfenen Schmuck im *Camára* und handbemalte Damenbekleidung im *Avlí.* Die drei Geschäfte liegen alle am westlichen Ende der *Odós Staikópulu.*

ÜBERNACHTEN

Bungalows Ingrid
★ Wenn Sie gern für ein paar Tage in der Region von Nauplia bleiben möchten, sind diese zehn sauberen Bungalows in einem Orangenhain nahe dem Strand von Asiní 11 km außerhalb der Stadt ideal. Wirtin Ingrid stammt aus Köln. Sonnenliegen und Mountainbikes gibt's kostenlos; zum Strand gehen Sie etwa vier Minuten. Günstige Langzeitpreise im Winter! *An der Straße nach Drépanon, Tel. 27 52 05 97 47, Fax 27 52 05 98 71,* €€

Byron
Insider Tipp
Das kleine, freundliche Hotel in einem renovierten historischen Haus bietet in stilvoll eingerichteten Zimmern modernen Komfort und liegt sehr ruhig. *18 Zi., Odós Plátanos 2 (an den Stufen an der Südseite der Spirídonas-Kirche), Tel. 27 52 02 23 51, Fax 27 52 02 63 38,* €€

Pension Bon Nuit
Angenehme Privatpension am Parkplatz vor dem Fahrstuhl zum Xenía-Hotel. *8 Zi., Platía Politikí Nosokomíu, Tel. 27 52 02 56 72,* €

STRÄNDE

Unmittelbar unterhalb der Palamídi-Festung, nur 500 m vom Stadtzentrum entfernt, hat die Griechische Fremdenverkehrszentrale das Strandbad *Aktí Arvanitías* mit etwas Kies und viel Beton eingerichtet. Wer motorisiert ist, fährt besser zum 5 km entfernten, kilometerlangen Sandstrand *Karathóna.*

AM ABEND

Treffpunkte junger Leute sind das *Macao Pub* in der Gasse *Odós Ethnikís Antistásis* nahe dem Hauptplatz und die *Diskothek Idol* zwischen Hafen und Busbahnhof. Alle Generationen genießen die Abende in den Cafés am Hafen, wo das *Aktaíon (Aktí Miaúlis 3, €€)* durch seine historische Inneneinrichtung und leckere Kuchen besticht. In die wohl kurioseste Bar Griechenlands, in der die halbe Dekoration ständig in Bewegung ist, sollte jeder einen Blick werfen: Insider Tipp ins *Láthos (Di geschl., Odós Vas. Konstantínou 1).*

AUSKUNFT

Städtische Tourist Information
Platía Jatrú, Tel. 27 52 02 44 44

ZIELE IN DER UMGEBUNG

Árgos **[173 E3–4]**
Árgos (21 000 Ew.) liegt Nauplia gegenüber etwa 5 km vom anderen Ufer des Argolischen Golfes entfernt. Weithin sichtbar ist der 289 m hohe *Burgberg Lárissa* mit den Ruinen einer byzantinisch-venezianisch-türkischen Festung. Die Zufahrtsstraße führt am Nordhang des Berges entlang. Eine Stichstraße führt 800 m vor dem Gipfel zum Frauenkloster *Genesis tu Christu,* also dem Weihnachtskloster. Männer haben keinen Zutritt, sehenswert sind aber die neuen Wandmalereien an der Außenmauer. Sie stellen die Weihnachtsgeschichte von der Verkündigung bis zur Flucht nach Ägypten dar. Ein zweites Frauenkloster, der *Agía Marína* geweiht, liegt unmittelbar unterhalb der Burg *(Klöster tgl. 8–12 und 15–17 Uhr, Burg frei zugänglich).*

Im Zentrum fallen die vielen Fußgängerzonen und das schön restaurierte Marktgebäude am Platz mit dem Busbahnhof auf. Hauptkirche der Stadt ist *Ágios Pétros* am nahen Zentralplatz. An der Fußgängerstraße zwischen beiden Plätzen steht das *Archäologische Museum* mit guten Beispielen von Keramik der geometrischen Zeit. Sehenswert sind auch ein vollständig erhaltener Helm und ein Brustpanzer aus spätgeometrischer Zeit sowie zwei Halterungen für Fleischspieße in Form von Kriegsschiffen aus dem 8. Jh. v. Chr. *(Di–So 8–14.30 Uhr, Eintritt 1,50 Euro, Odós Ólgas).*

Die sehenswerten Ausgrabungen der antiken Stadt liegen unmittelbar an der Straße vom Stadtzentrum nach Tripoli. Zum Teil noch in eindrucksvoller Höhe erhalten sind die Überreste der *römischen Thermen.* Das ebenfalls noch gut erhaltene, aber nie restaurierte *antike Theater* war mit 81 Sitzreihen das größte Griechenlands. 100 m südlich davon liegt das *Odeon* aus dem 1. Jh. *(tgl. 8–14.30 Uhr, Eintritt 1,50 Euro). 12 km*

Dídima **[173 F4]**
Eine Natursehenswürdigkeit ersten Ranges erwartet Reisende 500 m abseits der Asphaltstraße im Hochtal von Dídima. Ein Wegweiser führt auf gutem Feldweg zu den *Spílea Didimón.* Am verkarsteten Berghang voraus ist im graugrünen Fels schon deutlich ein brauner Krater auszumachen. Sie gelangen an einen Drahtzaun: Hier müssen Sie parken. Jenseits des nicht überall unüberwindlichen Zauns blicken Sie plötzlich in einen 40 m tiefen Krater mit mehr als 100 m Durchmesser. In Wirklichkeit ist es kein Krater, sondern eine Doline: eine ehemalige Karsthöhle, deren Decke eingestürzt ist. Ihr Boden ist mit Büschen, Gräsern und Bäumen bewachsen; in die senkrecht abfallen-

Schäfer mit seinen Tieren auf dem Peloponnes

den Wände sind zwei große Kapellen gebaut. Von dieser ersten Doline aus können Sie zu Fuß etwa 400 m weitergehen zur zweiten Doline, die Sie schon vorher bei der Anfahrt von weitem gesehen haben. Sie ist zwar etwas größer, aber weniger eindrucksvoll. *60 km*

Epidaurus (Epídafros) **[173 F3]**

★ Der Name Epidaurus steht heute vor allem für großartige Aufführungen antiker Tragödien im besterhaltenen *Amphitheater* Griechenlands. Den Besuch wert sind auch das *Museum* und die Ausgrabungen des *Asklepios-Heiligtums*, zu dem das Theater gehörte. Epidaurus war ein Kurort, in dem Kranke Heilung suchten. Nach dem Vollzug kultischer Riten und des obligatorischen Opfers legten sie sich in einer besonderen Halle, dem *Abaton,* zum Schlaf nieder. Fast immer erschien ihnen im Traum der Heilgott Äskulap. Priester deuteten diesen Traum und leiteten daraus, in Verbindung mit Ärzten, die Therapie ab. Sogar Operationen wurden in Epidaurus vorgenommen.

Vom Eingang aus geht man zunächst zum Theater. Es wurde im 3. Jh. v. Chr. mit 34 Sitzreihen errichtet und etwa 500 Jahre später auf 55 Sitzreihen für 12 000 Zuschauer vergrößert. Besonders bemerkenswert ist die Akustik. Fremdenführer zeigen es ihren Reisegruppen: Auch noch auf der obersten Sitzreihe kann man fallengelassene Münzen nach dem Klang des Aufpralls unterscheiden oder das Entzünden eines Streichholzes vernehmen.

Am Museum vorbei erreicht man dann das ausgedehnte Grabungsgelände. An mehreren Stellen angebrachte Übersichtspläne machen die Orientierung leicht. Man sieht das *Katagogion,* einen ursprünglich zweistöckigen Bau mit 160 Räumen, in dem die Pilger seit dem 4.

Jh. v. Chr. wohnten. Nahezu ebenso groß war das *Gymnasion*, in dem Ringkämpfe ausgetragen werden konnten. In römischer Zeit entstand in seinem Innenhof ein noch deutlich sichtbares *Odeon*.

Ein rätselhafter Bau bleibt der auch Thymele genannte *Tholos*. Unter dem Zentrum dieses Rundtempels lagen drei durch Mauern unterteilte, kreisförmige Gänge. Man vermutet, dass hier die heiligen Tiere des Heilgottes Asklepios, Schlangen also, gehalten wurden. Nahe dem Tholos lag das Abaton, die schon erwähnte Heilschlafhalle. Sie wird gerade restauriert und teilweise rekonstruiert.

Über den *Festplatz* des Heiligtums, zu erkennen an den vielen halbkreisförmigen Exedren, gelangt man zu den etwas tiefer in einem Wäldchen gelegenen *Großen Propyläen*, dem antiken Eingang zur Kultstätte. In der Nähe zeugen die Überreste einer frühchristlichen Basilika davon, dass Epidaurus wohl auch noch in jener Zeit als Kurort genutzt wurde.

Auf dem Rückweg zum Museum überquert man noch einmal den Festplatz. In seiner Nordwestecke stehen die Ziegelsteinmauern römischer Thermen etwa 4 m hoch, während vom Asklepios-Tempel in der Südwestecke des Festplatzes nur Grundmauern erhalten sind. Im Museum sind die teilweise ergänzten Originalbauteile der Großen Propyläen und eines Artemis-Tempels besonders eindrucksvoll *(Ausgrabungen und Museum April bis 14. Mai und Sept., Okt. tgl. 8 bis 19 Uhr, 15. Mai–Aug. tgl. 8–20 Uhr, Nov.–März tgl. 8–17 Uhr, Museum Mo erst ab 12 Uhr, Eintritt 5 Euro). 29 km*

Ermióni **[173 F4]**

Der kleine Hafenort (4000 Ew.) bietet sich als Ausgangspunkt für einen Tagesausflug zur nahen Insel *Hydra* an, deren Inselstädtchen als eines der schönsten Griechenlands gilt. Geringfügige Reste einer byzantinischen Stadtmauer und eines antiken Tempels finden sich auf der kleinen Landzunge, an dessen Ansatz Ermióni liegt. *83 km*

Galatás **[173 F4]**

Galatás liegt wie an einem kleinen Binnensee der Insel *Póros* gegenüber. Den an der schmalsten Stelle nur 250 m breiten Sund überqueren kleine Motorboote und Autofähren in ständigem Hin und Her. Obwohl sie so nahe am Festland liegt, vermittelt Póros (5000 Ew.) dem Besucher doch sogleich das typische Inselgefühl. *86 km*

Iréo (Heraion) **[173 E3]** Insider Tipp

Die zu Unrecht nur selten besuchten *Ausgrabungen des argivischen Heraions* liegen am Ostrand der argolischen Ebene unweit von Mykene. Reizvoll sind die isolierte Lage und der herrliche, weite Blick nach Árgos und Nauplia.

Im Heraion fand alljährlich ein großes Fest zu Ehren der Göttin Hera statt, zu dem die Bewohner von Árgos in prunkvoller Prozession zogen. Im Mittelpunkt des Festes stand die mystische Wiederholung der Vermählung des Zeus mit Hera. Das Heiligtum erstreckt sich über drei Ebenen. Auf der untersten Ebene stehen die Überreste einer *Säulenhalle*, von der aus der Festzug beobachtet werden konnte, und eines quadratischen Gebäudes zur Ausrichtung des Festmahls. Eine breite Treppe, von der nur noch zwei Teile erhalten sind, führte hinauf auf die mittlere Ebene mit dem 420 v. Chr. erbauten *Hera-Tempel*, von dem der Unterbau und eine in den Tempel führende Rampe gut erhalten sind. Die oberste Ebene wird durch eine weithin sichtbare Mauer aus besonders großen Steinen, eine so genannte *Kyklopenmauer*, gestützt. Auf ihr stand bis 423 v. Chr. ein dann niedergebrannter hölzerner Hera-Tempel. Das Heraion liegt 2 km oberhalb der Straße, die von Agía Trías nach Mykene führt. Am Ortsende des Dorfes Néo Iréo ist die Zufahrtsstraße aus Richtung Agía Trías ausgeschildert *(tgl. 8–14.30 Uhr, Eintritt 1,50 Euro). 16 km*

Lérna **[173 E4]**

Lérna war nach Neméa in der Nähe Korinths Schauplatz der zweiten der zwölf sagenhaften Heldentaten des Herakles. Hier hatte er es mit einer neunköpfigen Wasserschlange – der Hydra von Lérna – zu tun, die Mensch und Tier verschlang. Für jeden abgeschlagenen Kopf wuchsen ihr zwei neue nach. Herakles überwand sie und vergiftete fortan mit der Galle des Ungeheuers seine Pfeile.

Die Besichtigung der Ausgrabungen von Lérna lohnt nur für besonders Interessierte. Unter einem Schutzdach liegen die Überreste eines großen Hauses aus der 2. Hälfte des 3. Jahrtausends v. Chr. Seine Mauern aus dünnen, ungebrannten Lehmziegelplatten sind also etwa 1000 Jahre älter als die Mykenes. Das Dach des Hauses bildeten gebrannte Tonziegel, die aufgeschichtet zwischen den anderen Mauern zu sehen sind. Das älteste Haus von Lérna liegt weit unter dem heutigen Bodenniveau gleich am Eingang: Der Steinbau stammt aus der Zeit um 4000 v. Chr. Die Ausgrabungen von Lérna liegen 100 m südlich der Straße von Árgos nach Trípoli am Ortsrand des Dorfes *Míli*. Die Zufahrt ist nur aus Richtung Árgos beschildert *(tgl. 8–14.30 Uhr, Eintritt 1,50 Euro). 22 km*

Méthana **[173 F3–4]**

Die weit in den Saronischen Golf hineinragende, über 740 m hohe Halbinsel ist durch einen nur 300 m breiten Landstreifen mit dem Peloponnes verbunden. Ihr Haupt- und Hafenort *Méthana* (Autofähren nach Piräus) ist ein bedeutendes Heilbad. Die Kuranlagen stehen an einem flachen See am Ortsrand, der starke Schwefeldünste ausströmt: Im See kommen die Wasser aus verschiedenen Thermalquellen zusammen.

Die ganze Halbinsel ist vulkanischen Ursprungs. Vorbei am kleinen Fischerort *Vathí* mit guten Fischtavernen kommen Sie auf schmaler Straße in den ursprünglich gebliebenen Weiler *Kaiméni*, in dem die Straße endet. Dunkelbraune Vulkanschlacke prägt schon die Umgebung; fährt man den Feldweg 1,5 km weiter bergan und wandert an seinem Ende auf einem schmalen Pfad (Wegweiser zum »Volcano«) noch etwa 10 Minuten, steht man in einer Mondlandschaft wie auf Island, in der Farne und Flechten, wilde Feigen- und Erdbeerbäume Akzente setzen. *79 km*

Mykene (Mikínes, Mykénai) **[173 E3]**

★ Die Mauern der 3500 Jahre alten Burg von Mykene auf einem niedrigen Hügel am Rand der

Der Gräberkreis von Mykene wurde von Heinrich Schliemann freigelegt

fruchtbaren argolischen Ebene wirken noch immer trutzig und abweisend. Hier residierten zwischen 1600 und 1200 v. Chr. mächtige Könige wie Atreus, Agamemnon und Orest, von denen Mythos und Dichtung nicht nur Vorteilhaftes zu berichten wissen.

Der Name Mykene ist aber auch untrennbar mit Heinrich Schliemann verbunden, der 1876 aus den Königsgräbern von Mykene bedeutende Goldschätze mit einem Gewicht von 14 kg barg. Ein Teil seines Fundes, darunter die berühmte Totenmaske des Agamemnon, ist heute im Archäologischen Nationalmuseum in Athen zu sehen.

Auf dem Weg zu den Ausgrabungen passiert man auf der Straße vom heutigen Dorf Mikínes zum Burghügel zunächst das schon in der Antike so genannte *Schatzhaus des Atreus.* In Wahrheit ist es ein Kuppelgrab aus dem frühen 13. Jh. v. Chr. Eine 36 m lange und 6 m breite Passage, in der Fachsprache *Drómos* genannt, bildet den Zugang. Sie ist auf beiden Seiten mit großen, regelmäßig behauen Steinquadern ausgekleidet. Ein 5,4 m hohes Tor mit dem für die mykenische Architektur typischen Entlastungsdreieck führt in einen 13,5 m hohen Raum mit 14,5 m Durchmesser, der innen einem Bienenkorb gleicht. Die Wölbung der Kuppel ist nicht echt; sie entsteht dadurch, dass die Mauerringe nach oben zu immer enger werden und dabei jeweils den unteren um einige Zentimeter überragen. Die eigentliche *Grabkammer* bildete der kleine Seitenraum, der sich an den Bienenkorb anschließt. Das gesamte Grab wurde schon im Altertum ausgeplündert.

Zwei weitere Kuppelgräber liegen gleich nach dem Eingang unterhalb des Weges zur Burg. Das mit erhaltener, teilweise restaurierter Kuppel wird *Grab der Klytaimnestra* genannt und stammt aus der Zeit um 1200; das mit eingestürzter Kuppel ist etwa 300 Jahre älter und wird als *Grab des Aigisthos* bezeichnet. Der Hauptweg führt vom Eingang zum berühmten *Löwentor.* Es besteht aus vier tonnenschweren Konglomeratblöcken. Über dem oberen Torblock ist aus der Burgmauer wiederum das für mykenische Tore typische Entlastungsdreieck ausgespart. So wird verhindert, dass das Gewicht der Mauer auf dem oberen Torblock lastet. Hier ist es nun aber durch eine etwa 70 cm dicke Steinplatte mit einem einzigartigen Relief verkleidet, das als eines der bedeutenden Kunstdenkmäler der mykenischen Zeit gilt. Im Zentrum des Reliefs trägt eine Säule, die auf einem Altar ruht, das Dachgebälk eines Gebäudes, womöglich des Königspalastes. Zwei Löwen stehen mit ihren Vorderpranken auf dem Altar und strecken sich bis zum Dachgebälk hinauf. Ihre Köpfe, die vermutlich aus Bronze gearbeitet waren, fehlen. Das Relief sollte Besuchern der Burg vielleicht die Macht der Könige verkünden und zugleich andeuten, dass sie sich einem heiligen Bezirk näherten.

Nach Durchschreiten des Tores erreicht man sofort rechter Hand den Gräberkreis, den Heinrich Schliemann 1876 freilegte. In den fünf von ihm entdeckten Grabschächten aus dem 16. Jh. v. Chr. fand er 19 Skelette, goldene Totenmasken und mit Blattgold bedeckte Gewänder, Schmuck, Waffen und Gefäße. Als die Toten bestattet wurden, lagen die Gräber außerhalb der Burgmauer. Als im 14. Jh. der Palastbereich erweitert wurde und nun auch die Gräber umfasste, gestaltete man sie zu einem Heiligtum um. Der Platz über den Gräbern wurde aufgeschüttet und mit Steinplatten belegt. Ringsherum wurde eine Doppelreihe senkrecht stehender Steinplatten aufgestellt. Sie waren oben eingekerbt, trugen Holzbalken, auf die wiederum Steinplatten gelegt wurden. Ein Kultplatz war entstanden, der anders als ein gewöhnlicher Friedhof innerhalb der Mauern verbleiben konnte.

Vom Gräberkreis führt der Weg nun zur Kuppe des Burghügels, auf dem Spuren des königlichen Palastes erhalten sind. Besonders markant ist der *Thronsaal.* Eine leichte Erdaufschüttung in der Mitte markiert die Stelle des Herdfeuers. An ihren vier Ecken sind Säulenbasen zu erkennen. Der Thron stand an der Südseite des 11,5 mal 13 m großen Saals *(15. Mai–Aug. tgl. 8 bis 20 Uhr, Ostern–14. Mai und Sept., Okt. tgl. 8–19 Uhr, im Winter tgl. 8–17 Uhr, Eintritt 5 Euro).*

Wenn Sie die Ausgrabungen in den kühleren und besucherarmen Morgen- oder Abendstunden besichtigen wollen, können Sie im modernen Dorf Mikínes gut übernachten. Schon Heinrich Schliemann schlief im sehr einfachen *Hotel Belle Helene* in Zimmer Nr. 3 *(5 Zi., Tel. 27 51 07 62 25, Fax 27 51 07 61 79, €).* Moderner und komfortabler ist das *Hotel La Petite Planete (29 Zi., Tel. 27 51 07 62 40, Fax 27 51 07 66 10, €€).* Moderne, preiswerte *Privatzimmer* mit Dusche/WC bietet das *Restaurant Klitemnistra (Tel. 27 51 07 64 51, Fax 02 75 07 67 31, €).* Alle genannten Quartiere liegen an der Hauptstraße, die durch das Dorf zu den Ausgrabungen führt. *25 km*

Tiryns [173 E4]
Die mykenische Burg von Tiryns erhob sich auf einem nur 20 m hohen und etwa 300 m langen Hügel in der argolischen Ebene. Das Eindrucksvollste sind heute die mächtigen Mauern aus der Zeit zwischen 1400 und 1200 v. Chr. Sie sind bis zu 17 m dick und aus bis zu 7 m langen Steinblöcken ohne Mörtel geschichtet. Einzigartig sind die so genannten *Galerien:* lange Gänge, die von Kraggewölben überdeckt sind. Im Burginnern sind auch die Überreste eines *Königspalastes* ähnlich dem von Mykene zu erkennen. Tiryns wurde im 12. Jh. v. Chr. durch einen Brand zerstört; die immer noch laufenden Ausgrabungen stehen unter der Regie des Deutschen Archäologischen Instituts in Athen *(April–14. Mai und Sept., Okt. tgl. 8–19 Uhr, 15. Mai–Aug. tgl. 8–20 Uhr, Nov.–März tgl. 8–15 Uhr, Eintritt 1,50 Euro). 4 km*

Tolón [173 E4]
Tolón ist ein vom Massentourismus geprägter Badeort, der an die Costa Brava oder die italienische Adriaküste erinnert. Reges Nachtleben, ein guter Sandstrand, vor allem auf britische und deutsche Urlauber eingestellte Bars und Tavernen werden von Tolons Stammgästen geschätzt. *12 km*

OLYMPIA

[172 C4] ★ Olympia ist die archäologische Stätte Griechenlands mit dem stärksten Bezug zur Gegenwart. Wer will nicht einmal da gewesen sein, wo die Geschichte der Olympischen Spiele begann? Zudem liegen die Ausgrabungen in einer besonders lieblichen Umgebung und sind anschaulich genug, um den Ablauf der Spiele in der Phantasie nachvollziehen zu können.

Seit dem Jahr 776 v. Chr. ist die Geschichte der Olympischen Spiele nachweisbar. Damals wurde nur ein einziger Wettbewerb ausgetragen, der Stadionlauf über 192 m Länge. Noch im Laufe des 8. Jhs. v. Chr. kamen der doppelte Stadionlauf, ein Langstreckenlauf über 4600 m und der Fünfkampf hinzu. Seine Disziplinen waren der einfache Stadionlauf, Speer- und Diskuswerfen, Ringen und ein Fünfsprung aus dem Stand. Später ergänzten Wettbewerbe wie Faustkampf und Wagenrennen die Spiele.

Bis 472 v. Chr. wurden alle Wettkämpfe an einem einzigen Tag ausgetragen, danach wurde die Dauer der Spiele auf fünf Tage ausgeweitet. Nur freie männliche Griechen (und in römischer Zeit dann auch Römer) durften teilnehmen. Die Sieger wurden in ihren Heimatstädten mit Ehren überhäuft, auf die anderen warteten oft Hohn und Spott. Siegen bedeutete in der Antike alles! Ausgetragen wurden die Spiele zu Ehren von Zeus. Ihm war das Heiligtum vor allem geweiht. Als die heidnischen Kulte 395 n. Chr. verboten wurden, war das auch das Aus für die olympischen Wettkämpfe. Erst 1896 wurden sie mit den ersten Olympischen Spielen der Neuzeit in Athen wieder zum Leben erweckt.

SEHENSWERTES

Ausgrabungen
Religiöser Mittelpunkt des Heiligtums war der *Zeus-Tempel* im Zentrum der Ausgrabungen. Sein

Unterbau demonstriert ebenso wie die vielen herumliegenden, mächtigen Säulentrommeln seine einstige Größe. 36 dorische Säulen, jede 10,5 m hoch, bildeten die Ringhalle des 457 v. Chr. fertig gestellten Tempels aus Muschelkalk. Er war fast 28 m breit und über 64 m lang. Im Innern stand eines der sieben antiken Weltwunder: eine 14 m hohe Statue des Zeus aus Gold, Silber, Elfenbein und Edelsteinen.

Der Künstler Phidias schuf sie in einer Werkstatt, deren Überreste der Westseite des Zeus-Tempels unmittelbar gegenüberlagen. Nördlich an die Werkstatt des Phidias schloss sich das *Leonidaíon* an, eine Herberge für Ehrengäste aus dem 4. Jh. v. Chr., die in römischer Zeit durch ein Wasserbecken verschönert wurde. Nördlich der Werkstatt des Phidias ist die große *Palästra* aus dem 3. Jh. v. Chr. deutlich zu erkennen, in der die Ringkämpfe ausgetragen wurden. Im Nordteil des Innenhofes ist das Rillenpflaster zu sehen, das den Kämpfern mehr Standsicherheit verleihen sollte.

Im Norden des Zeus-Tempels fällt der Unterbau des *Hera-Tempels* ins Auge, dessen Säulen teilweise wieder aufgerichtet wurden. Daran schließt sich jenseits einer halbrunden *Brunnenanlage* aus römischer Zeit eine Terrasse an, auf der einst ähnlich wie in Delphi die Schatzhäuser von elf griechischen Stadtstaaten standen. Sie verwahrten hier ihre wertvollsten Weihegeschenke an Zeus.

Die Schatzhausterrasse endet am Eingang zum *Stadion,* der einst vollständig von einem Tonnengewölbe überdacht war. Ein Teil davon wurde rekonstruiert. Hat man ihn passiert, steht man im Olympiastadion der Antike. Es bot auf Erdwällen 40000 männlichen Zuschauern Platz; nur die Schiedsrichter saßen auf steinernen Bänken. Die Start- und Ziellinien aus Steinplatten sind deutlich zu erkennen.

Das *Hippodrom* für die Wagenrennen lag südöstlich des Stadions, ist heute aber kaum noch auszumachen. Auffallend sind die vielen Grundmauern griechischer *Bäder* und vor allem römischer *Thermen* am Süd- und Westrand des Grabungsgeländes. *April–14. Mai und Sept., Okt. tgl. 8–19 Uhr, 15. Mai–Aug. tgl. 8–20 Uhr, Nov. bis März tgl. 8–17 Uhr, Eintritt 4 Euro*

MUSEEN

Archäologisches Museum

Im Kassenraum zeigen zwei Modelle eine anschauliche Rekonstruktion des Heiligtums und seiner Sportstätten. Eines ist neu, das andere stiftete 1931 der deutsche Kaiser Wilhelm II. Die Beschriftungen im Museum sind griechisch und englisch, zum Teil auch deutsch.

Zunächst geht man am besten in den großen Zentralsaal. An den Längsseiten sind die Marmorskulpturen aus den Giebelfeldern des Zeus-Tempels aufgestellt, an den Schmalseiten hängen die zwölf Metopen von den Stirnseiten des Tempels. Sie zeigen die zwölf Taten des Herakles. In den Giebelfeldern sieht man (rechts) den Kampf zwischen Lapithen und Kentauren und (links) die Vorbereitungen zum Wagenrennen zwischen den mythischen Helden Pelops und Oinomaos.

Den Rundgang durchs Museum setzt man dann vom Vestibül aus im Uhrzeigersinn fort. Im Saal A sind ein mykenischer Helm aus

Das sehenswerte Bronzepferd

Eberzähnen und ein großes Bronze pferd aus spätgeometrischer Zeit besonders interessant. In den Sälen B und Γ sieht man einmal deutlich, dass viele Architekturteile antiker Tempel farbig bemalt waren.

Berühmte Ausstellungsobjekte im Saal Δ sind ein Becher aus der Werkstatt des Phidias, der auf dem Boden die Inschrift »Ich gehöre dem Phidias« trägt, und die Skulptur der Siegesgöttin Nike aus hochklassischer Zeit. In Saal Z fallen der beschädigte hellenistische Bronzekopf eines Knaben und seine Rekonstruktion auf. Der Saal H ist einer der gelungensten Marmorstatuen der Antike gewidmet, dem Hermes des Praxiteles. Schönstes Objekt in Saal Θ ist eine römische Stierstatue. Saal I zeigt einige antike Sportgeräte. *April–14. Mai und Sept., Okt. tgl. 8–19 Uhr, 15. Mai bis Aug. tgl. 8–20 Uhr, Nov. bis März tgl. 8–17 Uhr, Mo jeweils erst ab 12 Uhr, Eintritt 4 Euro*

Insider Tipp

Museum der Olympischen Spiele

Das sehenswerte Museum illustriert die Geschichte der Olympischen Spiele der Neuzeit. *Mo bis Sa 8–15.30 Uhr, So 9–16 Uhr, Eintritt 1,50 Euro, an der oberen Dorfstraße*

ESSEN & TRINKEN

I Drosiá

Einfache Taverne mit schönem Panoramablick über die grüne Umgebung im Dorf *Mirákas,* 4 km von Olympia entfernt. €

Koutoúki o Kladéos

Insider Tipp

Einfache Taverne am Fußweg vom Bahnhof zum Museum am Ufer des Flüsschens Kladéos. Außerhalb der Hauptsaison ist sie tagsüber nur sporadisch geöffnet; vom täglichen Massenansturm ganzer Busladungen bleibt sie verschont. Vielleicht macht das die Wirtsfamilie so freundlich. €

EINKAUFEN

Unter den vielen Souvenirgeschäften Olympias gibt es einige mit hohem Niveau. Gute Museumskopien bieten die Läden *Diágoras* und *Museum Art* an der Hauptstraße gleich neben der Platía. Größere Einkäufe können auch an Ihre Heimatadresse geschickt werden.

ÜBERNACHTEN

Die Auswahl ist groß und reicht vom First-Class-Hotel bis zur Jugendherberge. Die Tourist Information hilft bei der Vermittlung von Privatzimmern. Ruhig gelegen sind:

Europa

Motorisierten Reisenden zu empfehlendes Hotel. Der Best-Western-Hotelgruppe angeschlossen, auf einem Hügel über Olympia. 700 m zur Platía, 1 km zu den Ausgrabungen. Familiäre Atmosphäre, Pool, Tennisplatz; Ausritte werden organisiert. *42 Zi., Tel. 26 24 02 26 50, Fax 26 24 02 31 66, €€€*

Insider Tipp **Olýmpion Astý**
Ganz ruhig am äußersten Ortsrand mit freiem Blick bis zum Meer gelegen. Erst 2000 eröffnete eine einheimischen Familie das Hotels. Pool und Tennisplatz, auch Zimmer für Familien und mit offenem Kamin. Im Ort ausgeschildert. *Tel. 26 24 02 36 65, Fax 26 24 02 31 23, olasty@ote-net.gr, €€€*

Poseidón
Einfache, preiswerte Pension mit umlaufendem Balkon, ganzjährig geöffnet. *10 Zi., Tel. 26 24 02 25 67, an der Straße, die von der Nationalbank hangaufwärts führt, €*

AM ABEND

Folkloristisch geht es im *Turist Club* neben dem Hotel Antonios zu; auf einem Hügel nahe dem alten Archäologischen Museum liegt die *Disco Zorbás.*

AUSKUNFT

Städtische Tourist Information
Im Sommer tgl. 9–21 Uhr, an der Hauptstraße am Weg zu den Ausgrabungen, Tel. 26 24 02 31 25

ZIELE IN DER UMGEBUNG

Andrítsena **[172–173 C–D4]**
Das große Bergdorf (850 Ew.) an der Straße von Olympia nach Megalópolis und zum Tempel von Bassae ist sehr ursprünglich. Viele kleine, meist noch sehr altertümlich wirkende Läden und Tavernen säumen die Gassen; an der Platía fließt köstliches Wasser aus einem Rohr im Stamm einer alten Platane. Unterkunft bieten das *Hotel Theoxénia* am Ortsausgang Richtung Megalópolis *(28 Zi., Tel. 26 26 02 22 19, €€)* und die neue, im traditionellen Stil erbaute *Pension Epikurian Apollo* an der Platía an der Hauptstraße *(5 Zi., Tel. 26 26 02 28 40, €). 56 km*

Bassae (Vassai) **[172 C4]**
Der Anblick des weitab aller Dörfer einsam in den Bergen gelegenen *Apollon-Tempels* von Bassae ließ zwei Jahrhunderte lang die Herzen aller Griechenlandreisenden höher schlagen. Kein anderer Tempel außerhalb Athens war besser erhalten und architektonisch interessanter. Jetzt ist er zum Schutz in ein futuristisch anmutendes Zelt gehüllt; Säulen und Gebälk werden durch Rohre und Stützen verunziert. Der Tempel darf nicht mehr betreten werden, eine eingehende Betrachtung ist wegen der Enge des Zeltes kaum möglich. Die Fahrt hinauf lohnt daher nur, wenn man um die kunsthistorische Bedeutung des Tempels weiß, die in der völlig neuartigen Innenraumgestaltung liegt *(Di–So 8–14.30 Uhr, Eintritt 1,50 Euro). 70 km von Olympia, 14 km von Andrítsena*

Kalávrita **[173 D3]**
Die Kleinstadt Kalávrita (2100 Ew.) liegt friedlicher auf 700 m Höhe am Rand eines Gebirgstals. Was es zu sehen gibt, sind jedoch Denkmäler, die an Krieg und Mord erinnern. Am 25. März 1821 rief Bischof Germanos von Patras im 7 km außerhalb der Stadt gelegenen *Klos-*

Atemberaubende Fahrt

Mit der Zahnradbahn nach Kalávrita

Siebzig Minuten benötigen die beiden Waggons der altertümlichen Zahnradbahn für ihre Fahrt von Diakoptó an der Küste des Korinthischen Golfs hinauf nach Kalávrita. Anfangs geht die Reise durch Gärten und Orangenhaine, dann führen die Schienen in die Vouraíkos-Schlucht, die durch keine Straße und keinen Fußweg erschlossen ist. Über geländerlose Brücken und an rauschenden Wasserfällen vorbei kämpft sich die Bahn Zahn um Zahn aufwärts, bis sie nach 22 km ihr Ziel in 720,5 m Höhe erreicht hat *(fünfmal tgl., Hin- und Rückfahrt ca. 14 Euro).*

ter Agía Lávra zum letztlich erfolgreichen Befreiungskampf gegen die Türken auf; die alte Klosterkirche vor dem neuen Klosterkomplex ist dadurch zu einem Nationaldenkmal geworden *(tgl. 9.30–13.30, 16 bis 17 und 18–19.30 Uhr).*

Am 13. Dezember 1943 trieben deutsche Soldaten über 1200 männliche Bewohner ab 14 Jahre an einem Hügel am Stadtrand zusammen und erschossen sie. Daran erinnert heute am Ort des Geschehens eine eindrucksvolle *Mahnstätte.* In einer Kapelle brennen Öllampen für jedes der Opfer, auf dem ehemals blutgetränkten Rasen sind die Worte »Frieden« und »Nein zu Kriegen« zu lesen.

Modern und ruhig wohnt man im *Hotel Filoxenía* im Ortszentrum *(26 Zi., Tel. 26 92 02 24 22, €€).* Der originellste Platz, um bei einem Drink moderne Musik zu hören, ist der *Airport Club* an der Straße nach Méga Spíleon *(Do–Sa ab 23 Uhr).* Da sitzen Sie in einer vierstrahligen Boeing 720-015, die bis 1980 für Olympic Airways flog. Ein lohnender Ausflug führt zur 17 km entfernten *Tropfsteinhöhle Spíleo ton Limnón,* die auf 350 m Länge begehbar ist. Die Stalaktiten unter der bis zu 30 m hohen Decke spiegeln sich in 13 kleinen Seen, die durch kurze Bachläufe und Wasserfälle miteinander verbunden sind. Einige von ihnen trocknen im Sommer aus *(tgl. 9.30–16.30 Uhr, Eintritt 6 Euro). 75 km von Patras, 177 km von Olympia*

Insider Tipp

Insider Tipp

Kalógria **[172 B2]**

Einer der schönsten Küstenstriche des Peloponnes erstreckt sich zwischen Kunupélli und Kalógria. Der kilometerlange Sandstrand wird von Dünen gesäumt, Salz- und Süßwassersümpfe sowie der im Sommer manchmal austrocknende *Prókopos-See* prägen das Hinterland. Ein lichter Küstenwald aus Aleppokiefern, Schirmpinien und Walloneneichen wird von vielen kleinen Wegen durchzogen, die zu Wanderungen einladen; an den Sümpfen und Gewässern leben Grau- und Seidenreiher. Gut ist das klimatisierte *Hotel Amalia (12 Zi., Tel. 26 93 03 17 61, Fax 26 93 03 11 00, €€),* in einem großen Garten etwas abseits des Strandes gelegen (auf dem

Insider Tipp

Gelände liegt die sehr guten *Taverne Bougainvillea)*, oder weiter landeinwärts die *Pension Strofília (8 Zi., Tel. 26 93 03 17 80, €). 84 km*

Insider Tipp **Kástro** [172 B3]
Eine der schönsten und besterhaltenen Burgen des Peloponnes steht auf einem Hügel über der flachen Halbinsel Killíni. Die *Festung Chlemútsi* im Dorf Kástro wurde für den fränkischen Kreuzritter Geoffroy II. de Villehardouin erbaut. Den Kern der Anlage bildet die sechseckige Zitadelle, deren überwölbte Säle entlang den Außenmauern noch ein Bild vom ritterlichen Leben vermitteln. Das soll auch ein *Museum des Mittelalters* vermitteln, das spätestens 2003 in der Burg eröffnet werden wird. Der Blick von der Festung aus reicht übers Ionische Meer bis zur Insel Zákinthos. Das Dorf Kástro ist ein guter Standort für motorisierte Urlauber, die von hier aus in kurzer Zeit viele gute Sandstrände erreichen. Der schönste ist der kilometerlange, feinsandige *Golden Beach* (an dem auch ein Robinsonclub liegt) mit hohen, begrünten Sanddünen im Hintergrund. *60 km*

Méga Spíleon [173 D3]
Das 940 m hoch gelegene Kloster an der Straße und nahe der Zahnradbahn von der Küste nach Kalávrita scheint mit dem dahinter 100 m hoch aufragenden Fels verwachsen. Bis zum siebten Stockwerk schmiegt es sich an und bezieht eine Grotte mit in den Klosterkomplex ein. Im Klostermuseum sind ein Notenbuch aus dem 18. Jh., ein aus Goldfäden in elf Jahren Arbeit geschaffenes, etwa 400 Jahre altes Kreuz und eine illuminierte Bibelhandschrift auf Pergament aus dem 12. Jh. beachtenswert *(tgl. Sonnenauf- bis -untergang, Eintritt Museum 1 Euro). 65 km von Patras, 167 km von Olympia*

Wie mit dem Fels verbunden wirkt das Kloster Méga Spíleon

Patras (Patrai) [172 C2]

Griechenlands drittgrößte Stadt (160 000 Ew.) nach Groß-Athen und Thessaloníki ist für viele motorisierte Urlauber dank ihres bedeutenden Fährhafens das Eingangstor zu Griechenland. Landschaftlich schön gelegen, ist Patras jedoch nur für einen Tagesaufenthalt zu empfehlen. Es gibt in der ganzen Stadt kein einziges auch nur halbwegs ruhig gelegenes Hotel!

Die Innenstadt von Patras mit ihren vielen Plätzen und modernen, an Italien orientierten Boutiquen, Cafés und Bars bietet viele Einkaufsmöglichkeiten. Gut essen kann man hier im modernen Restaurant *Neféli (tgl. 9–3 Uhr, Odós Zaími 15)* nahe dem internationalen Fährhafen und der Platía Ólgas; exquisite Athener Designermode für Damen bietet *Parthenís* in der *Odós Kolokotróni 12* feil (ebenfalls zwischen Platía Ólgas und Hafen). An der *Platía Ólgas* steht auch das *Archäologische Museum* der Stadt mit überwiegend römischen Exponaten. Es lohnt den Besuch nur für besonders Interessierte *(Di–So 8 bis 14.30 Uhr, Eintritt frei)*.

Einzige Sehenswürdigkeit der Unterstadt ist die erst 1793 erbaute *Kirche* des Schutzheiligen der Stadt, des Apostels Andreas. Er soll in der Stadt gelehrt und hier auch den Märtyrertod erlitten haben.

In der Oberstadt wird das antike römische *Odeon* für kulturelle Veranstaltungen genutzt. Einen schönen Blick auf Stadt und Hafen hat man von der Burg aus, die an der Stelle einer antiken Akrópolis errichtet wurde *(15. Mai–Aug. Di bis So 8–20 Uhr, Sept., Okt. Di–So 8–19 Uhr, Nov.–14. Mai Di–So 8 bis 14.30 Uhr, Eintritt frei)*. Einen Abstecher lohnt die große *Weinkellerei Achaía Clauss* am *Lófos Clauss* nahe dem Dorf *Saraváli (tgl. 9.30–13 Uhr, Juni–Sept. auch 16–19 Uhr, Eintritt frei). 102 km*

Ríon [172 C2]

Ríon liegt an der Nahtstelle zwischen dem Golf von Patras und dem Golf von Korinth. Tag und Nacht setzen hier Fähren Fahrzeuge und Passagiere nach Antírrion auf dem gegenüberliegenden Festland über. Eine Brücke über den Korinthischen Golf ist in Bau und wird voraussichtlich 2004 fertig gestellt. Am Fährhafen steht eine weitläufige *venezianisch-türkische Festung (15. Mai–Aug. Di–So 8–20 Uhr, Sept., Okt. Di–So 8–19 Uhr, Nov.–14. Mai Di–So 8–14.30 Uhr). 10 km von Patras*

SPARTA/MISTRÁS

[173 D5] Sparta, die Hauptstadt Lakoniens, war in der Antike der große Gegenspieler Athens. Während sich in Athen eine lebensfrohe Demokratie entwickelte, blieb Sparta bis zum Ende seiner Selbstständigkeit ein von Adelsgeschlechtern regierter Militärstaat. Spartanische Lebens- und lakonische Ausdrucksweise wurden sprichwörtlich.

Vom berühmten Sparta blieben nur unbedeutende Trümmer aus römischer Zeit erhalten. Die Stadt wurde erst 1834 neu gegründet, nachdem ihre Bewohner im 13. Jh. ins 6 km entfernte Mistrás umgezogen waren. Dort hatten fränkische Kreuzritter 1249 auf einem steilen Hügel vor dem Taigéttos-Gebirge eine Burg angelegt, die die Byzantiner 1262 eroberten. Sie erbauten an dem Hügel die bedeutendste mittelalterliche Stadt des Peloponnes mit zahlreichen Kirchen und Klöstern. Bis sie 1460 den Türken übergeben wurde, war Mistrás Sitz von Despoten genannten byzantinischen Fürsten, die von hier aus über den Peloponnes herrschten.

Zwischen 1687 und 1715 war Mistrás in venezianischen, dann wieder in türkischen Händen. Um 1700 hatte Mistrás 42 000 Einwohner, noch um 1800 lebten 16 000 Menschen in ihren Mauern. Heute ist Mistrás eine malerische Ruinenstadt, deren Besichtigung zu einem der Höhepunkte einer Griechenlandreise wird. Zwischen den Gemäuern mittelalterlicher Wohnhäuser und Paläste sind prächtige Sakralbauten mit schönen Fresken erhalten; grandios ist der Blick aufs Gebirge und auf die grüne Ebene, in deren Mitte das neu erstandene Sparta liegt.

SEHENSWERTES

Mistrás

★ Zwischen dem oberen und unteren Eingang zu Mistrás liegen 300 steile Höhenmeter. Wer den Aufstieg vermeiden will, lässt sich am besten von einem Taxi zum oberen Eingang bringen und kann dann mit Bus, Taxi oder eigenem Wagen vom unteren Eingang wieder nach Sparta fahren. Eine Besichtigung, die neben dem Kunstgenuss auch ein großes Landschaftserlebnis bietet, dauert mindestens vier Stunden (nehmen Sie Wasser mit!). Pfade und Sehenswürdigkeiten sind gut ausgeschildert.

Die *Kapelle St. George* ist eine der vielen Privatkapellen der Stadt. Schön ist der zierliche Narthex.

St. Sophía aus dem 14. Jh.

Das *Peribléptos-Kloster* steht am Hang und ist deswegen auf mehreren Ebenen erbaut. Die Kirche ist ein verwinkelter Bau mit gut erhaltenen Fresken aus der Zeit um 1350.

Als *Phrangópoulos Mansion* wird die Ruine eines stattlichen Hauses bezeichnet, die eine Vorstellung vom Wohnen der Wohlhabenden im 15. Jh. vermittelt.

Das *Pantanássa-Kloster* wird immer noch von Nonnen bewohnt. Im blumenreichen Innenhof findet sich ein Trinkwasserbrunnen. Durch die Geländeform bedingt, liegt die Apsis der Klosterkirche wie die vieler anderer Kirchen der Stadt nicht wie sonst üblich im Osten, sondern im Süden. Die gut erhaltenen Fresken stammen im unteren Teil aus dem 17./18. Jh., im oberen Teil aus dem 15. Jh.

Als *Palaces* wird das Ensemble der mächtigen *Palastruine* bezeichnet, in denen die Fürsten von Mistrás residierten. *St. Sophía* aus dem 14. Jh. war Kloster- und Palastkirche zugleich. In türkischer Zeit diente sie als Moschee.

St. Theodóroi Hodeghétria beeindruckt durch ihr schönes Mauerwerk und die große Kuppel. Innen deutlich zu erkennen sind die Fürstenloge und die Emporen an den Längsseiten, die den Frauen vorbehalten waren. Die *Metrópolis* war die Bischofskirche der Stadt und schließt an den ehemaligen Bischofspalast an. Man betritt den 1291 geweihten Bau von einem arkadengesäumten Innenhof aus, an dem auch ein kleines *Museum* liegt. Die Fresken in der Kirche sind sehr gut erhalten. *April–14. Mai und Sept., Okt. tgl. 8–19 Uhr, 15. Mai–Aug. tgl. 8–20 Uhr, Nov.–März tgl. 8–17 Uhr, Eintritt 4 Euro*

Sparta
Die kümmerlichen Überreste des alten Sparta kann man auf einem etwa einstündigen Spaziergang sehen. Geht man die Hauptstraße Stadíu vom Hotel Maniatis aus in Richtung Norden und biegt in die vierte Straße (Odós Thermopilón) nach links ein, liegen rechts unter Eukalyptusbäumen und Pinien nach etwa 250 m die Grundmauern eines *hellenistischen Tempels*. Früher hielt man sie für die Reste des *Leonidaíons*, des Ehrentempels für jenen spartanischen Feldherrn, der die Truppen an den Thermopylen gegen die Perser befehligte.

Geht man auf der Odós Stadíu weiter nach Norden, kommt man zu einer modernen *Leónidas-Statue* und dahinter, am modernen *Stadion* vorbei, ins Gebiet der antiken Akrópolis. Von hier aus gesehen ist Sparta am schönsten. Antike Steine und Säulen liegen verstreut unter hochgewachsenen Eukalyptus- und knorrigen Olivenbäumen. Sie sehen die Überreste der spätrömisch-byzantinischen Stadtmauer, einer frühchristlichen Basilika und eines römischen Theaters. Der kurze Weg auf die Akrópolis beginnt an der Nordwestecke des modernen Stadions. *Frei zugänglich*

MUSEEN

Aléxandros-Soútzos-Museum
Werke neugriechischer Malerei des 19. und 20. Jhs. *Di–Sa 9–15, So 10–14 Uhr, Eintritt frei, an der Hauptstraße*

Archäologisches Museum
Der 1876 entstandene klassizistische Museumsbau liegt in einem hübschen Garten im Stadtzentrum. Besonders schöne Exponate innerhalb der kleinen Sammlung sind zwölf römische Mosaike, mehrere archaische Stelen und das antike Tonmodell einer Kriegsgaleere mit Rammsporn. *Di–So 8–14.30 Uhr, Eintritt 1,50 Euro, Sparta, Odós Evrótas (am Hotel Maniátis)*

ESSEN & TRINKEN

Días
Klimatisiertes Restaurant in Sparta an der Hauptstraße im Hotel Maniátis. Auch internationale Küche. *Tgl. 12–16 und 19–24 Uhr,* €€€

Párthenon
Sehr preiswertes, modernes griechisches Grillrestaurant mit freundlicher Bedienung und kleinem Gar-

Straße bei Sparta

ten, am Busbahnhof von Sparta. *Odós Vrasídu 106, €*

EINKAUFEN

Sparta ist kein Einkaufsparadies; selbst im viel besuchten Mistrás gibt es keinerlei nennenswerte Souvenir- oder Kunsthandwerksgeschäfte. Dort lohnt allerdings ein Besuch der *Konditorei Angelikí Sgagkoú* am Dorfplatz. Sie stellt ein Gebäck her, das schon in byzantinischer Zeit in Mistrás beliebt war: *kalúdi*, gebacken aus Teig, Honig, Mandeln und Walnüssen.

ÜBERNACHTEN

Ruhiger als im lauten Sparta wohnt man in Mistrás, wo es ein Hotel und Privatzimmer gibt.

Byzantion
Gutes Hotel in der Nähe der kleinen Platía von Mistrás. *22 Zi., Mistrás, Tel. 27 31 08 33 09, Fax 27 31 02 00 19, €€*

Lída
Bestes Hotel Spartas, relativ ruhig nahe der Straße vom Stadtzentrum nach Mistrás gelegen. *40 Zi., Sparta, Tel. 27 31 02 36 01, Fax 27 31 02 44 93, €€€*

Sparta Inn
Relativ ruhig gelegenes Hotel. Dachterrasse mit Pool. *150 Zi., Odós Thermopilón 10, Tel. 27 31 02 10 21, Fax 27 31 02 48 55, €€*

ZIELE IN DER UMGEBUNG

Amíkle (Amyklai) **[173 D–E5]**
Der kurze Abstecher nach Amíkle lohnt sich vor allem wegen des schönen Blicks über die grüne Ebene von Sparta und auf das Taigéttos-Gebirge. Vom *Apollon-Thron*, der um 520 v. Chr. von den Spartanern auf diesem Hügelchen errichtet wurde, ist fast nichts mehr zu sehen. Um hinzugelangen, biegen Sie 5 km hinter Sparta von der Straße nach Gíthion ab und folgen der Ausschilderung *(frei zugänglich). 8 km*

Chóra **[172 C5]**
Das große Dorf an der Westküste zwischen Kiparissía und Pílos liegt in einem in mykenischer Zeit bedeutenden Gebiet. Im *Archäologischen Museum* sind zahlreiche sehenswerte Funde ausgestellt. Im ersten Saal sind die Goldfunde aus nahen mykenischen Gräbern und zwei übermannsgroße Pithoi bemerkenswert, die als Sarkophage

dienten. Im zweiten Saal sind Freskenreste aus dem Palast des Nestor ausgestellt sowie in einer Vitrine in der Saalmitte zahlreiche Schrifttafeln mit der mykenischen Linear-B-Schrift, die 1952 als frühes Griechisch identifiziert werden konnte. Im dritten Saal sind Gegenstände aus dem täglichen Leben zu sehen, darunter ein sehr praktisch wirkender Grill für Fleischspieße *(Di–So 8–14.30 Uhr, Eintritt 1,50 Euro).*

4 km südlich des Dorfes liegen an der Straße nach Pílos die bedeutenden Ausgrabungen des *Palastes des Nestor.* Erheblich anschaulicher als in Mykene kann man hier erkennen, wie Fürstenpaläste in mykenischer Zeit gestaltet waren. Hier hat wahrscheinlich auch Nestor residiert, jener sagenhafte, weise mykenische Herrscher, der nach Homer noch in hohem Alter mit der ungewöhnlich großen Zahl von 90 Schiffen am Krieg um Troja teilgenommen hat *(tgl. 8–14.30 Uhr, Eintritt 1,50 Euro). 131 km*

Geráki **[173 E5]**

Das heutige Dorf Geráki mit seiner schönen kleinen Platía liegt an einem Hügel, von dem aus Sie auf einem anderen Hügel gegenüber die Ruinen der byzantinischen Stadt *Gerákion* erkennen. An der Verbindungsstraße zwischen beiden steht linker Hand die Kirche *Ágios Athanássios* aus dem 13. Jh. Nach dem Schlüsselverwahrer müssen Sie im Dorf fragen; er zeigt Ihnen gegen ein Trinkgeld auch gern die übrigen byzantinischen Kirchen auf dem Gebiet des heutigen Geráki. Auch ohne diesen Führer können Sie dann hinauffahren zur *Ruinenstadt* und dort an dachlosen Kapellen, Kirchen und Hausresten vorbei hinaufgehen zur fränkischen Burg *(frei zugänglich). 37 km*

Gíthion **[173 E6]**

Die angenehm ursprünglich gebliebene lakonische Hafenstadt (4000 Ew.) ist für Reisende aus Richtung Sparta zugleich das Tor zur Máni. Auf dem der Stadt vorgelagerten, kleinen Inselchen *Marathonísi,* das über einen Straßendamm erreichbar ist, wurde ein maniotischer Wohnturm restauriert, der heute als *Historisch-ethnologisches Museum* der Máni dient. Zu sehen sind überwiegend Fotos. *(tgl. 9.30–13 und 17–21 Uhr, Eintritt 1,50 Euro).* Die gut erhaltenen Überreste eines *römischen Theaters* sind hinter der Kaserne zu finden *(frei zugänglich).*

Schöne, weitgehend unverbaute Sandstrände beginnen einige Kilometer außerhalb der Stadt. Eine Auswahl griechischer Gerichte bietet die *Taverne To Nisí (€)* auf dem Inselchen Marathonísi. Als Hotels bieten sich das geschmackvoll renovierte, dreigeschossige Hotel *Aktaíon* an der Uferstraße *(24 Zi., Tel. 27 33 02 35 00, Fax 27 33 02 22 94, €€)* an und das moderne *Hotel Pántheon* an der Uferstraße *(57 Zi., Tel. 27 33 02 22 89, Fax 27 33 02 22 84, €).* Preiswert und gut isst man in den einfachen Tavernen und Ouzerien an der Platía am Hafen. *46 km*

Kalamáta **[173 D5]**

Die Hauptstadt (55 000 Ew.) Messeniens wurde am 13. September 1986 von einem schweren Erdbeben verwüstet, das 20 Menschenleben kostete und ein Viertel aller

Häuser zerstörte. Inzwischen ist die Stadt fast vollständig wieder aufgebaut und präsentiert sich als moderne Metropole am Meer mit breiten Straßen und schönen Parks. Bei einem Bummel durch die ehemalige Altstadt können Sie die *Kirche Ágii Apóstoli* aus dem 11./12. Jh. besichtigen *(frei zugänglich)* und das *Kloster Kalógreon* besuchen, dessen Nonnen Seidenraupen züchten und an einem Dutzend großer Webstühle Seidenstoffe herstellen, die im kleinen Klosterladen verkauft werden *(tgl. ab10 Uhr, Odós Mystrá)*. Einen schönen Blick über die Stadt aufs Meer bietet die ständig frei zugängliche *Burgruine* am höchsten Punkt der Altstadt. Für Eisenbahnfans lohnt zudem der kostenlose Besuch der großen Freilichtausstellung historischer Loks und Waggons im Stadtpark nahe dem Hafen. Gute Fischrestaurants finden Sie an der Uferstraße von Kalamáta, wo sich auch die einheimischen Prolls und Yuppies abends in Musikclubs und Cafés wie dem *Chiápas (Odós Navarínu 12)* treffen. An der gleichen Straße steht auch das empfehlenswerte *Hotel Óstria (65 Zi., zumeist mit Meerblick, Odós Navarínu 95, Tel. 27 21 02 38 49, Fax 27 21 09 08 10, €€). 61 km*

Koróni **[173 D6]**

Koróni ist eines der schönsten Küstenstädtchen des Peloponnes (1400 Ew.). Fischernetze liegen nicht nur im Hafen, sondern auch an den Gassen, die zur venezianischen *Burg* hinaufführen. Innerhalb der Burg stehen noch einige Wohnhäuser, ein *Nonnenkloster*, der Ortsfriedhof und die Ruine einer *frühchristlichen Basilika*. Jenseits der Burg setzt sich die Küste im schönen, gelblich rot schimmernden Sandstrand *Zága Beach* fort, den man vom Hafen aus in zehn Minuten zu Fuß erreichen kann. Das mit

Fischer vor einem Haus in Koróni

Eine der malerischen Buchten in der eigenartigen Máni

nur 32 Zimmern größte Hotel von Koróni, das *Hotel de la Plage (43 Zi., Tel. 27 25 02 24 01, Fax 27 25 02 25 08, €€)* liegt 2 km außerhalb 70 m oberhalb des Zága-Strandes. *108 km*

Máni **[173 D–E6]**

★ Steile Küsten fast ohne Strände und Häfen sowie das unzugängliche, bis zu 2407 m hohe Taigéttos-Gebirge prägen die Máni, den mittleren der drei großen Finger des Peloponnes. Der Zugang war und ist nur auf zwei Wegen möglich, von Kalamáta und Gíthion her. Im Süden ist die Máni extrem trocken, im Norden grün, aber stark zerklüftet. Überall fallen in den Dörfern wehrhafte, bis zu 20 m hohe Türme auf; manche Dörfer scheinen nur aus ihnen zu bestehen. Diese trutzigen Familienburgen mit Schießscharten in den bis zu 1½ m dicken Mauern sind das sichtbarste Zeichen einer Geschichte, die geprägt ist vom unerbittlichen Widerstand gegen fremde Eroberer sowie von selbstzerstörerischen Blutfehden untereinander. Sie wurden manchmal sogar innerhalb eines Dorfes von Wohnturm zu Wohnturm ausgetragen – und das noch bis Mitte des 19. Jhs.

Heute sind viele Dörfer der Máni nahezu menschenleer; manche Wohntürme verfallen, andere wurden zu stimmungsvollen Hotels oder Ferienhäusern umgestaltet. Es lohnt sich, darin einige Tage zu wohnen und von dort aus Streifzüge durch diese eigenwillige griechische Kultur und Naturlandschaft zu unternehmen. Ein guter Ausgangspunkt dafür ist *Areópolis* (600 Ew.) – winzig und doch einzige Stadt in der Máni. Hier hat man die Wahl zwischen drei verschiedenen Wohntürmen als Hotel: *Lóndas* Insider Tipp *(4 Zi., Tel. 27 33 05 13 60, Fax 27 33 05 10 12, londas@otenet.gr, €€€), Kapetanákou (5 Zi., Tel. 27 33 05 12 33, Fax 27 33 05 14 01, €€) und Tsimóva (4 Zi., Tel. 27 33 05 13 01, €€)*. Alle drei liegen nahe der Hauptkirche *Taxiárchis* aus dem Jahr 1798.

Areópolis liegt an der Grenze zwischen der sich bis zum Kap Ténaro erstreckenden Inneren Máni und der bis nahe Kalamáta reichenden Äußeren Máni. Der wildere Teil ist die extrem dünn bevölkerte Innere Máni. Besonders interessante Dörfer sind hier *Mína, Kíta und Álika* sowie das besonders turmreiche, auf einem Hügel nahe der Südspitze der Máni gelegene *Váthia.*

Ein Ausflugsziel ganz anderer Art in der Inneren Máni ist schließlich die ★ *Tropfsteinhöhle von Pírgos Dirú,* 11 km von Aerópolis entfernt. Durch die Gänge und Säle fließt ein bis zu 300 m tiefer Fluß, den die Besucher fast eine Stunde lang auf kleinen Kähnen entlangfahren *(April–Sept. tgl. 8.30–17.30 Uhr, Okt.–März tgl. 8.30–15 Uhr, Eintritt inkl. Bootsfahrt 11 Euro).*

Auch entlang der Straße durch die Äußere Máni, die von Aerópolis nach Kalamáta führt, liegen etliche sehenswerte Dörfer mit zahlreichen Wehrtürmen. Dazu gehören insbesondere *Lagáda* und *Kardamíli.* Beispiele für die vielen byzantinischen Kirchen der Máni aus dem 12. bis 14. Jh. stehen unmittelbar an der Hauptstraße von *Nomítsis* und am südlichen Ortsrand von *Plátsa.* Der schönste Strand der Máni ist die feinsandige *Kalógria Beach* am nördlichen Ortsrand von *Stúpa.* Tamarisken auf dem Sand bieten Schatten, das Ufer fällt kinderfreundlich flach ab. Kurz vor dem nördlichen Nachbarort Kardamíli stehen zwischen Straße und Meer die sehr harmonisch in die umliegenden Olivenhaine eingebetteten Gebäude eines der besten Hotels des Peloponnes, die des *Hotels Kalamítsi (26 Zi., Tel. 27 21 07 31 31, Fax 27 21 07 31 35, €€). Aerópolis ist von Kalamáta 82 km, von Spárta 74 km entfernt; von Areopólis bis Váthia sind es 37 km*

Insider Tipp

Messíni, Ithómi, Mavromáti **[173 D5]**

Das antike Messene, nicht mit dem heutigen Ort Messíni bei Kalamáta zu verwechseln, besaß 8 km lange, besonders sorgfältig gearbeitete Stadtmauern, die noch in eindrucksvoller Höhe erhalten sind. Die Stadt lag am Fuß des weithin sichtbaren Berges Ithómi, der bis ins 4. Jh. hinein die wichtigste Fluchtburg der Messenier in ihren zahlreichen Kämpfen und Aufständen gegen die Spartaner war. In einem dieser Aufstände schlossen sich die Messener dem thebanischen Feldherrn Epaminondas an, der Sparta aus Messenien vertrieb. Zum Dank für ihre Unterstützung ließ er 369 v. Chr. den Messenern die Stadt erbauen.

Ausgangspunkt für Besichtigungen ist das kleine Dorf Mavromáti. 2 km westlich liegt das bestens erhaltene *Arkadische Tor,* Stadttor des antiken Messéne. Hier ist die Stadtmauer teilweise bis zur Höhe des Wehrgangs intakt geblieben. 300 m unterhalb des Dorfes wurden die Grundmauern eines *Äskulap-Heiligtums* freigelegt. Auf dem Gipfel des 798 m hohen Berges Ithómi sind noch Teile der Stadtmauer zu sehen. *109 km*

Methóni **[172 C6]**

Mit Festungen ist der Peloponnes reich gesegnet. Die von Methóni aber ist wegen ihrer Größe und ihrer Lage am Meer besonders eindrucksvoll. Sie nimmt eine ganze Halbinsel ein. Der heutige Ort außerhalb der Festung entstand erst im 19. Jh.; vorher lag das Dorf innerhalb der Mauern. Die *Festung* diente den Venezianern von 1209 bis 1500 und von 1685 bis 1715 als wichtiger Stützpunkt für ihre Kriegs- und Handelsflotte; während des griechischen Freiheitskampfes (1821–1829) unterhielten die Türken hier einen großen Sklavenmarkt für griechische Gefangene *(tgl. 15. Mai–Sept. Di–Sa 8.30–17 Uhr, So 9–17 Uhr, Okt.–14. Mai Di bis So 8–14.30 Uhr, Eintritt frei). 126 km*

Monemvassía **[173 F6]**

★ Ein Mistrás am Meer, freilich venezianisch und nicht byzantinisch geprägt, ist Monemvassía. Anders als dort stehen aber in Monemvassía noch bewohnte Häuser innerhalb der mittelalterlichen Mauern – und auch romantische Hotels in historischen Gebäuden. Monemvassía liegt an und auf einem 1700 m langen und 300 m breiten Fels unmittelbar vor der Küste des Peloponnes, mit dem die Insel schon seit dem Mittelalter durch eine Brücke verbunden war. Für die byzantinischen Fürsten von Mistrás war die stark befestigte Stadt bis 1464 ebenso bedeutend wie anschließend für die Venezianer, die sie bis 1540 und noch einmal von 1690 bis 1715 besaßen. Sie nannten die Stadt Malvasia und exportieren von hier die griechischen Weine nach Italien, die in Europa als Malvasier-Weine bekannt wurden.

Monemvassía gliedert sich in eine bequem auch mit dem Fahrzeug erreichbare, gut erhaltene Unterstadt am Meer und eine auf dem Felsen gelegene Oberstadt, von der fast nur noch die Außenmauern erhalten sind. Man betritt die Unterstadt durch das alte, verwinkelte Stadttor und geht die gepflasterte Hauptgasse entlang zur Platía. Hier ist die mittelalterliche Kirche *Christós Elkómenos* als einzige der alten Kirchen Monemvassías für Besichtigungen geöffnet *(tgl. 9–13 und 17 bis 20 Uhr).*

Sonst zählen hier die historischen Bauwerke weniger als die Atmosphäre, die auch viele Vertreter der Athener Schickeria anlockt. Man trifft sich in der guten, aber auch teuren *Angelo's Bar* an der Hauptgasse. Zum ausgedehnten Abendessen genießt man den Blick von den Terrassen der Restaurants *To Kanóni (€€€)* und *Matoúla (€€)* auf Stadtmauer und Meer. Wer kein eigenes Haus in Monemvassía besitzt, wohnt in stilvoll eingerichteten Zimmern und Apartments der *Hotels Malvásia (26 Zi., Tel. 27 32 06 13 23, Fax 27 32 06 17 22, €€)* und *Byzantíno (13 Zi., Tel. 27 32 06 12 54, Fax 27 32 06 13 31, €€ und €€€)*, die über verschiedene historische Häuser der Altstadt verstreut sind. Die jeweilige Zentralrezeption liegt unmittelbar an der Hauptgasse. Eine weitere Unterkunftsmöglichkeit in ehemaligen Klosterzellen bietet die Griechische Zentrale für Fremdenverkehr mit ihrem *Hotel Ta Kelliá (12 Zi., Tel. 27 32 06 15 20, Fax 27 32 06 17 67, €€€)*. Einfachere Unterkünfte gibt es nur im modernen Badeort Monemvassía auf dem Festland. Dort kann man auch besser baden als von den kleinen Zementterrassen unterhalb der Stadtmauer aus. *88 km*

Pílos **[172 C5]**

Außerhalb Griechenlands ist die Kleinstadt (2000 Ew.) unter ihrem mittelalterlichen Namen Navarino bekannter: Hier versenkte eine Flotte von englischen, französischen und russischen Schiffen in vier

Stunden heftigsten Kampfes 55 von 82 Schiffen einer türkischen Flotte und trug damit wesentlich zum Erfolg des griechischen Freiheitskampfes bei. Auf der Insel *Sfaktiría,* die die Bucht von Navaríno fast völlig gegen die offene See abriegelt, erinnern zahlreiche Denkmäler an die Sieger und an die Toten der Schlacht. Ausflugsboote umrunden die Insel. *114 km*

TRÍPOLI

[173 D4] Trípoli (21 500 Ew.), die geschäftige Hauptstadt Arkadiens, liegt im Herzen des Peloponnes 660 m hoch am Rande der Arkadischen Hochebene, in der vor allem Getreide angebaut wird. Die Stadt wurde erst im 14. Jh. gegründet und im griechischen Befreiungskrieg 1827 von den Türken völlig zerstört, sodass sie keinerlei historische Denkmäler besitzt. Wegen ihrer zentralen Lage ist sie aber ein guter Ausgangsort für verschiedene Ausflüge.

SEHENSWERTES

Am schönsten ist die Stadt an ihrem großen Hauptplatz, der *Platía Aréos.* Das abendliche Treiben vor der Kulisse hoher Berge ist hier die besondere Sehenswürdigkeit.

MUSEUM

Archäologisches Museum
Das Museum in der Innenstadt besitzt eine einzigartige Sammlung arkadischer Götterstelen. *Di–So 8–14.30 Uhr, Eintritt 1,50 Euro, Odós Evangelistrías*

ESSEN & TRINKEN

Park Chalet
Gepflegtes Restaurant am Hauptplatz. Gute Weinauswahl, Riesenpizza, gute Steaks und verfeinerte griechische Gerichten (nur auf der griechischen Spezialkarte). *Platía Aréos,* €€

Petit Trianon
Sehr gepflegtes, stilvolles Café und Restaurant. Große Auswahl, große Portionen. *Platía Aréos 4,* €€€

ÜBERNACHTEN

Arcádia
Bestes Hotel von Trípoli. Zimmer auf der Rückseite sind besser. *45 Zi., Platía Kolokotrónis 1, Tel. 27 10 22 55 51, Fax 27 10 22 24 64,* €€

Ménalon
Älteres Hotel am Hauptplatz der Stadt. *36 Zi., Platía Aréos, Tel. 27 10 22 24 50,* €

AM ABEND

Romantiker sitzen zur Zeit des Sonnenuntergangs im *Café Touristikon* am unteren Ende des Hauptplatzes. Der Blick über den Platz auf das Gerichtsgebäude und die Berge unterm Abendhimmel ist einmalig. Die Jugend trifft sich im Garten der *Bar Kallísto* neben dem Gerichtsgebäude oder geht ins *Freilichtkino* auf dessen anderer Seite.

ZIELE IN DER UMGEBUNG

Dimitsána **[173 D4]**
Das große, überraschend lebhafte Dorf (600 Ew.) auf und an einem Felsvorsprung über einem Flusstal

ist eines der typischsten Dörfer des Peloponnes. 2 km außerhalb liegt über einem Tal das gut ausgeschilderte und museumspädagogisch beispielhafte Water Power Museum. Hier sieht man z. B., wie bis ins 20. Jh. hinein mit Hilfe von Wasserkraft Häute gegerbt und Schwarzpulver hergestellt wurde *(Ostern–Anfang Okt. Mi–Mo 10–14 und 17–19 Uhr, Nov.–Ostersamstag Mi–Mo 10–16 Uhr, Eintritt 2,50 Euro)*.

1,5 km weiter ist das unter einem überhängenden Fels an einer Schlucht erbaute *Kloster Aimalú* sehenswert *(Sonnenaufgang bis 13 Uhr und 16 Uhr bis Sonnenuntergang)*. Atemberaubend schön liegt das an einem steilen Fels in einer wasser- und waldreichen Schlucht gelegene *Kloster Pródromu* *(Sonnenauf- bis -untergang, an der Straße von Dimitsána nach Karítena gut ausgeschildert, vom Ende des Fahrwegs 15 Min. Fußweg)*. *59 km*

Langádia **[173 D3–4]**

Die 800 Bewohner dieses Dorfes zwischen Trípoli und Olympia sind zum täglichen Konditionstraining gezwungen. Ihre Häuser liegen verstreut an einem unglaublich steilen Berghang in einem von Bergen umschlossenen Tal. Die meist aus Naturstein erbauten Häuser liegen an schmalen, stufenreichen Gassen; das öffentliche Leben spielt sich auf den Aussichtsterrassen an der Hauptstraße ab. Hier kann man nicht nur in mehreren Tavernen gut essen, sondern im preiswerten, modernen *Motel Lagádia (18 Zi., Tel. 27 95 04 32 02, Fax 27 95 04 32 15, €)* und im *Hotel Kentrikó Maniátis (20 Zi., Tel. 27 95 04 35 40, Fax 27 95 04 32 21, €)* auch mit Panoramablick wohnen. *63 km*

Mantínea **[173 D4]**

Mantínea war in der Antike eine von drei Städten in der Arkadischen Hochebene. Aus jener Zeit blieben nur spärliche Reste eines Theaters und der Stadtmauern erhalten. Dem Eingang zu den Ausgrabungen gegenüber steht die kurioseste Kirche Griechenlands, 1972 erbaut. Sie wirkt innen und außen wie der Versuch, eine Kurzgeschichte der Architektur zu schreiben: Antike und ganz verschiedene byzantinische Bauformen sind bunt zusammengefügt – über den Wert des Ergebnisses muss jeder selbst urteilen *(frei zugänglich)*. *14 km*

Megalópolis **[173 D4]**

Das Tal von Megalópolis (5000 Ew.) wird durch den Anblick von zwei großen Kohlekraftwerken geprägt. Einzige Sehenswürdigkeit ist das am Stadtrand nahe der Straße nach Andrítsena gelegene sehr schlecht erhaltene *Theater* der im Jahre 37 gegründeten Stadt *(frei zugänglich)*. *34 km*

Tegéa **[173 D4]**

Mitten im heutigen Dorf liegen die eindrucksvollen Reste eines großen *Athena-Tempels* aus dem 4. Jh. v. Chr. Ein kleines *Museum* daneben zeigt Grabungsfunde *(Di–So 8 bis 14.30 Uhr)*. Fährt man von hier 2 km weiter in Richtung Paléo Episkopí, gelangt man zu einem *Park*, einem beliebten Picknickziel der Tripolitaner, mit zum Teil eindrucksvollen Ruinen eines *hellenistischen Theaters* aus dem 2. Jh. v. Chr., einer Säulenhalle, einer frühchristlichen Basilika und einer mittelalterlichen Siedlung aus dem 7. bis 13. Jh. *(frei zugänglich)*. *8 km*

Griechenland per Auto entdecken

Die Touren sind in der Karte auf dem hinteren Umschlag und im Reiseatlas ab Seite 168 grün markiert

1 DIE KLASSISCHE RUNDREISE

Diese einwöchige Tour führt Sie zu den berühmtesten Stätten der griechischen Antike, zeigt Ihnen aber auch mittelalterliche Burgen und Ortschaften, führt durch grandiose Landschaften und lässt Zeit für ein Bad im Meer. Die Beschreibung der Tour beginnt in Athen, da sie meist mit dem Mietwagen unternommen wird. Wer im eigenen Auto oder mit dem Motorrad anreist, kann sie aber auch im Fährhafen Patras (sechster Tag) beginnen. Länge der Rundfahrt: ca. 1100 km

Erster Tag: Ankunft in Athen, den Wegweisern nach Kórinthos folgen und auf der Schnellstraße an *Dafní (S. 41)* und *Eleusis (S. 41)* vorbei entlang des Saronischen Golfes fahren. Stopp am *Kanal von Korinth (S. 110)*, danach Korinth auf der Autobahn in Richtung Trípoli umfahren und die Abfahrt nach *Ancient (Archéa) Kórinthos (S. 108)* nehmen. Übernachtung in einer einfachen Pension. Wer ein Hotel bevorzugt, wohnt besser in *Lutráki (S. 101)* vor dem Kanal, wo man auch noch ein abendliches Bad nehmen kann. 90 km

Nur für Schwindelfreie ist der Blick auf den Kanal von Korinth ein Vergnügen

Zweiter Tag: Vormittags Besichtigung von *Alt-Korinth (S. 108)*, Besuch im Atelier eines Vasenmalers und Fahrt hinauf nach *Akrokorinth;* dann Fahrt nach *Mykene (S. 118)*. Anschließend weiter, an *Tiryns (S. 121)* vorbei, in eine der schönsten Städte Griechenlands: *Nauplia (S. 112–115)*. Abendlicher Bummel durch die Stadt. 70 km

Dritter Tag: Zunächst Abstecher nach *Epidaurus (S. 116)*, anschließend Weiterfahrt über Nauplia und *Lérna (S. 118)* nach *Trípoli (S. 136)*. Auf dem Weg nach *Sparta (S. 127 bis 130)* Abstecher nach *Tegéa (S. 137)*. 200 km

Vierter Tag: Der Vormittag gehört der mittelalterlichen Stadt *Mistrás (S. 127–130)*. Mittags geht es dann nach *Gíthion (S. 131)*, einem idealen Ort zum Genuss von frischem Fisch und Meeresfrüchten, und dem Tor zur wilden *Máni (S. 107)*. Dort sollte man zunächst unbedingt deren Hauptstadt *Areópolis (S. 133)* ansteuern, um sich ein Quartier für

Insider Tipp

die Nacht zu suchen. Je nach Interessenlage können Sie jetzt entweder noch eine etwa 85 km lange Rundfahrt durch die südliche Máni anschließen oder sich auf den zeitaufwändigen Besuch der Tropfsteinhöhlen von *Pírgos Dirú (S. 134)* beschränken. 105 km

Fünfter Tag: Den Vormittag verbringen Sie noch in der Máni mit ihren Wehrdörfern und alten Kirchen. Über *Stúpa (S. 134)* mit schönem Strand und *Kardamíli (S. 134)* gelangen Sie nach *Kalamáta (S. 131)*. Nächstes Ziel ist *Pílos (S. 135)*. Von dort geht es dann vorbei am wahrscheinlich schon geschlossenen *Palast des Nestor* bei *Chóra (S. 130)* nach *Olympia (S. 121 bis 124)*. 200 km

Sechster Tag: Für Olympia benötigen Sie den ganzen Vormittag. Danach geht es auf der sehr gut ausgebauten Schnellstraße über das wenig sehenswerte *Patras (S. 127)* nach *Ríon (S. 127)*, wo Sie mit der Fähre aufs nahe Festland übersetzen können. Vorbei am schönen Städtchen *Návpaktos (S. 102)* fahren Sie auf einer herrlichen Panoramastraße, fast immer am Korinthischen Golf entlang, bis *Delphi (S. 94–98)*. 240 km

Siebter Tag: Für die Besichtigung von Delphi kann man gut einen ganzen Tag gebrauchen. Wer auf eine Nacht in Athen verzichten will, bleibt also und fährt erst am nächsten Tag zum Flughafen zurück. Wer in Delphi nur eine Nacht bleibt, kann auf dem Weg in die griechische Hauptstadt noch einen Abstecher zum *Kloster Ósios Lukás (S. 99)* unternehmen. 195 km

Achter Tag: Bummel durch die Metropole *Athen (S. 31–41)* und Heim- oder Weiterreise.

2 DIE GROSSE GRIECHENLANDREISE

Diese zweiwöchige Tour ist ideal für alle, die zum ersten Mal aufs griechische Festland kommen und in kurzer Zeit möglichst viel sehen wollen. Sie ist aber nicht mit der Besichtigung von Kirchen und Ausgrabungen vollgepackt, sondern bietet einige ungewöhnliche und weitgehend unbekannte Erlebnisse. Man kann sie mit dem Mietwagen in Athen beginnen oder auch in Thessaloníki (sechster Tag). Wer mit einem eigenen Fahrzeug anreist, kann sich ihr in Patras (elfter Tag) oder im nur 100 km vom Fährhafen Igumenítsa entfernten Ioánnina (achter Tag) anschließen. Länge der Rundfahrt: ca. 2150 km

Erster Tag: Ankunft in Athen und sogleich Weiterfahrt über *Theben (S. 101)* und *Aráchova (S. 98)* nach *Delphi (S. 94–98)*. 165 km

Zweiter Tag: Vormittags Besichtigungen in Delphi, am frühen Nachmittag Weiterreise über *Amfíssa (S. 94)*, die *Thermopylen (S. 101)*, *Lamía (S. 100)* und *Tríkala (S. 87)* zu den *Metéora-Klöstern (S. 84–87)*. 240 km

Dritter Tag: Gönnen Sie sich einen ganzen Tag für die Klöster und die einzigartige Felslandschaft. 25 km

Vierter Tag: Kehren Sie nach Tríkala zurück und fahren Sie von dort über *Lárissa (S. 90)* zum *Témbi-Tal (S. 91)*. Für die Übernachtung stehen *Litóchoro (S. 57)* am Hang des Olymp oder die nahen Badeorte an der Küste zur Auswahl. 165 km

Fünfter Tag: Nachdem Sie den Anblick des antiken Götterbergs ausgiebig genossen haben, geht es über die Ausgrabungen von *Díon (S. 55)* und *Vérgina (S. 60)* weiter in die nordgriechische Metropole *Thessaloníki (S. 49–53)*. 190 km

Sechster Tag: Thessaloníki besichtigen Sie am besten zu Fuß; der Wagen hat heute also Ruhe.

Siebter Tag: Nach dem Trubel der Großstadt werden Sie die Bergwelt und ihre Dörfer besonders schätzen. Über *Vérria (S. 61)*, *Kózani* und *Grévena* geht es ins griechische Garmisch namens *Métsovo (S. 75)*. 340 km

Achter Tag: Heute ist die Fahrtstrecke nur kurz, aber dafür umso kurvenreicher. Tagesziel ist *Ioánnina (S. 72)*, das Sie schon ab mittags erkunden können. 60 km

Neunter Tag: Genießen Sie einen Ruhetag in Ioánnina, oder unternehmen Sie von hier aus einen Tagesausflug in die sehr ursprünglich gebliebenen Bergdörfer der Zagóri, beispielsweise nach *Monodéndri (S. 75)*, *Pápingo (S. 76)* oder *Tsepélovo (S. 77)*.

Zehnter Tag: Heute geht es gen Süden. Nach lohnenden Zwischenstopps in *Árta (S. 68–71)* und *Mesolóngi (S. 105)* kommen Sie zur Übernachtung und zum abendlichen Bad im Meer nach *Návpaktos (S. 102)*. 250 km

Elfter Tag: Die Fähre von *Antírrion (S. 103)* nach *Ríon (S. 127)* bringt Sie auf den Peloponnes. Meiden Sie das laute Patras, fahren Sie zunächst in Richtung Korinth, und zweigen Sie dann in *Diakoptó* in die Berge ab. Vorbei am großen *Kloster Méga Spíleon (S. 126)* kommen Sie so nach *Kalávrita (S. 124)*. 115 km

Zwölfter Tag: Auf landschaftlich einzigartig schöner Strecke fahren Sie zur Tropfsteinhöhle *Spíleo ton Limnón (S. 125)* und von dort über *Klitoría* zur Hauptstraße Trípoli–Patras. Wenn Sie frische Forellen schätzen, planen Sie eine Mittagspause in einer der Tavernen in *Planitéro* ein. Wieder auf der Hauptstraße Richtung Patras, zweigen Sie kurz vor *Agía Triáda* links ab nach *Amaliáda* und *Pírgos,* von wo aus Sie dann schnell nach *Olympia (S. 121–124)* gelangen. 190 km

Dreizehnter Tag: Den ganzen Vormittag verbringen Sie in Olympia, um dann am frühen Nachmittag über die schönen Bergdörfer *Langádia (S. 137)* und *Vítina* nach *Trípoli (S. 136)* zu fahren. Von dort geht es noch einmal über die Berge weiter nach *Nauplia (S. 112–115)*. 190 km

Vierzehnter Tag: Zwei Höhepunkte der griechischen Geschichte stehen noch auf dem Programm: *Epidaurus (S. 116)* mit seinem hervorragend erhaltenen Amphitheater und das berühmte *Mykene (S. 118)*. Dann überqueren sie den *Kanal von Korinth (S. 110)* und sind bald in Athen. 220 km

Rentner in Vítina

3 DAS ANDERE GRIECHENLAND

Dieser Vorschlag für eine zweiwöchige Tour wendet sich vor allem an Urlauber, die schon Griechenlanderfahrung haben und die in vom Tourismus noch wenig berührte Gebiete vorstoßen wollen. Sie ist natürlich auch für all diejenigen bestens geeignet, die keinen großen Wert auf berühmte Namen legen und die vor allem Griechenlands Landschaften und Natursehenswürdigkeiten entdecken möchten. Die Tour beginnt für Reisende mit eigenem Fahrzeug im Fährhafen Igumenítsa; mit einem Mietwagen beginnen Sie sie am besten in Thessaloníki (neunter Tag). Länge der Rundfahrt: ca. 1650 km

Erster Tag: Die nur etwa zweistündige Fahrt nach *Ioánnina (S. 72)* gibt Ihnen schon einen Vorgeschmack auf die endlosen Kurven, die Sie auf dieser Tour erwarten. Dafür brauchen Sie aber dann für den Rest des Tages kein Fahrzeug mehr. 75 km

Zweiter Tag: Vielleicht unternehmen Sie morgens zunächst noch einen kurzen Abstecher zum antiken Theater von *Dodóni (S. 74)*, bevor Sie in die Zagóri-Dörfer nördlich von Ioánnina fahren. *Monódendri (S. 75)* ist ein guter Tipp für die erste Nacht dort. Sie können einen Blick in die *Víkos-Schlucht (S. 77)* werfen und entscheiden, ob Sie sie am nächsten Tag durchwandern wollen. Mit Dodóni 90 km

Dritter Tag: Wenn Sie die Schlucht nicht durchwandern, machen Sie am besten eine Tour in die Dörfer *Kípi (S. 74)* und *Tsepélovo (S. 77)*, bevor Sie nach *Pápingo (S. 76)* hinauffahren, wo Sie sich in die Dolomiten versetzt fühlen werden. 105 km

Vierter Tag: Unternehmen Sie eine Bergwanderung, oder genießen Sie die Ruhe der Gegend und baden Sie in einem nahen Fluss. Übernachtet wird wieder in Pápingo.

Fünfter Tag: Fruchtbare Hochebenen und fast wüstenhaft steinige Flusstäler erleben Sie heute. Einen Zwischenstopp lohnt auf jeden Fall *Kónitsa (S. 75)*. Nachmittags treffen Sie dann in *Kastoriá (S. 44)* ein. 200 km

Sechster Tag: Heute geht es in einen der entlegensten Winkel Griechenlands, nach *Psarádes* an den *Prespa-Seen (S. 46)*. Freuen sie sich auf Pelikane und urige Dörfer! 70 km

Siebter Tag: Gönnen Sie sich einen Ruhetag, erleben Sie die Seen vom Boot und vom Land aus, und genießen Sie vielleicht einen Riesenkarpfen. Auf jeden Fall sollten sie auch das Dorf *Ágios Germanós (S. 46)* besuchen, falls Sie nicht ohnehin dort statt in Psarádes Quartier bezogen haben. 40 km

Achter Tag: Durch dichte Wälder und Wintersportgebiete fahren Sie über *Flórina* nach *Édessa (S. 55)* mit seinem schönen Wasserfall und dann vorbei an *Pélla (S. 58)* nach *Thessaloníki (S. 49–53)*. 200 km

Neunter Tag: Nutzen Sie den Tag, um Thessaloníki kennen zu lernen, oder unternehmen Sie einen Ausflug auf die Halbinsel *Kassándra (S. 56)* mit ihren vielen schönen Stränden. Eine Kassándra-Rundfahrt wäre ab und bis Thessaloníki etwa 200 km lang.

Zehnter Tag: Heute erleben Sie den *Olymp (S. 56)* von einer ungewöhnlichen Seite. Statt auf der Schnellstraße an ihm entlangzurasen, wählen Sie ab *Kateríni* die schmale, kurvenreiche Straße, die westlich am Olymp vorbeiführt in Richtung Lárissa. Sie passieren *Elassóna* und biegen dann hinter *Damássi* rechts ab in Richtung *Tríkala (S. 87)*. Kurz darauf sind Sie an den *Metéora-Klöstern (S. 84–87)*. 265 km

Elfter Tag: Dieser Tag gehört den Metéora-Klöstern und der Erholung. 25 km

Zwölfter Tag: Noch einmal starten Sie ins unbekannte Griechenland. Über *Tríkala* und *Kárditsa* steuern Sie *Lamía (S. 100)* an und biegen dort westwärts in die noch weitgehend unerschlossene Bergregion von Evritanien ab. Ihr Tagesziel ist *Karpeníssi (S. 104)*. 240 km

Dreizehnter Tag: Erkunden Sie die Umgebung, per Auto oder zu Fuß!

Vierzehnter Tag: Heute kommen Sie wieder ans Meer. Über *Agrínion* geht es weiter nach *Amfilóchia* und von dort über *Vónitsa* nach *Préveza (S. 81)*. 210 km

Fünfzehnter Tag: Schauen Sie sich noch das beeindruckende *Nekromanteíon (S. 79)* und *Párga (S. 77)* an, bevor Sie nach *Igumenítsa* zurückkehren. 130 km

So gelangte man früher zu den Metéora-Klöstern

Berge und Meer locken

Die besten Plätze für Ihren Lieblingssport und die wichtigsten Adressen und Websites für die Vorabinformation

Griechenland mit seiner enormen Küstenlänge und den vielen guten Stranden hat besonders Wassersportlern viel zu bieten. Vor allem junge Griechen zieht es zum Sport aber auch in die Berge, wo man reiten und Kajak fahren, bergsteigen und wandern kann.

Die meisten griechischen Sportanbietern setzen mehr auf Improvisation als auf perfekte Organisation, und sind abseits der großen Strandhotels mehr auf griechische als auf ausländische Gäste eingestellt. Das bringt zwar manchmal Sprachschwierigkeiten mit sich, garantiert aber Urlaub unter Einheimischen.

BERGTOUREN

Von den meisten Zweitausendern Griechenlands aus kann man das Meer sehen. Das macht Bergtouren und Gipfelbesteigungen so attraktiv. Der griechische Bergsteigerverein E.O.S. unterhält Büros in vielen Städten und Bergregionen und betreibt auch zahlreiche Schutzhütten *(Hellenic Federation of Mountaineering and Climbing, Odós Milióni 3, GR 10673 Athen, Tel. 21 03 64 59 04, Fax 21 03 64 46 87).* Im Internet *(www.oreivatein.com)* finden Sie zahlreiche Informationen. Insider Tipp

Wer fachkundige Beratung oder Kletterunterricht sucht, wendet sich an Griechenlands Bergsteiger und Kletterguru *Áris Theodorópoulos (c/o E.O.S. Acharnón, Tel. 21 02 46 15 28).*

Jetski – auch ein Angebot mancher Wassersportstationen

GOLF

Es gibt auf dem griechischen Festland nur zwei Golfplätze: einen gut gepflegten in Glifáda bei Athen und einen wenig gepflegten in Pórto Carrás auf der Halbinsel Sithonía/Chalkidikí. *Hellenic Golf Federation, P. O. Box 70003, GR 16610 Glifáda, Tel. 21 08 94 19 33, Fax 21 08 94 51 62*

KANU & KAJAK

Kanus und Kajaks werden für die Flüsse Néstos in Xanthí und Aoós in Kónitsa vermietet. *Forestland, Odós Karaóli 16, GR 67100 Xanthí, Tel. und Fax 25 41 06 24 88; Límni, am Ufer des Aoós, Kónitsa, Tel. 26 55 02 37 66, www.epirus.com/limni*

MOTORBOOTE

Für Motorboote bis zu 25 PS braucht man in Griechenland keinen Bootsführerschein. Für ca. 35 bis 50 Euro pro Tag plus Benzin werden sie in einigen Badeorten vermietet, insbesondere in Uranópolis auf der Chalkdikí.

MOUNTAINBIKES

Auf der Chalkidikí betreibt *Hellasbike* zwei erstklassig geführte Mountainbikestationen. Hier können Sie das ganze Jahr über unterschiedliche Bikes mieten und an geführten Tagestouren teilnehmen. Zu einigen Terminen werden auch Insider Tipp mehrtägige Touren angeboten, die z. B. von der Halbinsel Sithonía bis zum Olymp führen und eine Gipfelbesteigung zu Fuß einschließen *(im Hotel Saní Beach, S. 56, und an der Hauptstraße in Polichróno, Tel. 23 74 05 39 98, www.hellasbike.gr)*.

Einwöchige Mountainbikeexpeditionen durch das Píndos-Gebirge und in der Umgebung von Párga im Epirus organisiert *Epirus Bike Expeditions (Odós Ath. Deská 4, GR 48060 Párga, Tel. und Fax 26 84 03 14 48, www.epirus-bike.com)*.

Mountainbiker an einer Bucht

OUTDOOR ADVENTURES

Mehrere griechische Veranstalter bieten organisierte Outdooraktivitäten wie River Rafting, Trekking, Klettern an. Ihre Programme erscheinen jedoch nur auf Griechisch. Ausländer sind dennoch als Gäste willkommen. *Scoutway, Odós Ptolemón 1, GR 11635 Athen, Tel. 21 07 29 91 11, Fax 01 07 29 91 15, www.scoutway.gr; Trekking Hellas, Odós Filéllinon 7, GR 10557 Athen, Tel. 21 03 31 03 23, Fax 21 03 23 45 48, www.trekking.gr*

REITEN

Reitsport ist in Griechenland nicht populär. So gibt es nur wenige gute Reitzentren, die meist von Ausländern geführt werden. Die besten finden Sie bei Argalastí und bei Katigiórgis auf der Pílion-Halbinsel. Letzteres bietet auch einwöchige Trekkingtouren. *Fárma Kéntavros, Níkos Stoukogiánnis, GR 37006 Argalastí, Tel. 24 23 05 41 31; Horse Riding Club, Eric & Olga, GR 37006 Katigiórgis, Tel. 24 23 07 10 76.*

Tagesausritte im Víkos-Aoós-Nationalpark offeriert *Límni (am Ufer des Aoós, Kónitsa, Tel. 26 55 02 37 66, www.epirus.com/limni)*.

TAUCHEN

In vielen griechischen Gewässern ist das Tauchen verboten, weil Archäologen befürchten, Taucher könnten heimlich antike Schätze bergen. Gute Tauchgründe und -stationen gibt es vor allem an der westgriechischen Küste und um die drei Finger der Chalkidikí. Tauchschulen: *North Aegean Diving Centre (GR 63072 Kalamítsi/Sithonía, Tel. und Fax 23 75 04 11 48, Okt. bis März 23 10 52 16 92, www.multimania.com/nikofa); Parga Yacht Club (Odós Agía Marína 3, GR 48060 Párga, Tel. 26 84 03 22 41, Fax 26 84 03 23 64, www.epirus.com/scubadiving).*

TENNIS

Viele größere Hotels verfügen über Tennisplätze, die auch Nichthotelgästen offen stehen.

WANDERN

Griechenland ist dank seiner weithin unberührten Natur und seiner vielen alten Hirtenpfade ein einzigartiges Wanderreiseziel. Markierte Wanderwege gibt es jedoch nur selten. Positive Ausnahmen bilden die Chalkidikí, Párga im Epirus und die Region um Dimitsána auf dem Peloponnes. Weitgehend gut markiert sind auch die Europäischen Fernwanderwege E4 und E6. Ausführliche Informationen im Internet: *www.oreivatein.com.*

Gute Wanderkarten gibt es kaum, am besten sind die GPS-kompatiblen Spezialkarten im Maßstab 1:50 000 aus dem griechischen Verlag Road Editions, die Sie auch über den deutschen Buchhandel bekommen. Verlagsprogramm im Internet: *www.road.de.*

Geführte ein- und zweiwöchige Wanderreisen bieten mehrere Veranstalter an; Auskunft erhalten Sie in Reisebüros.

WASSERSKI

In vielen Badeorten können Sie Wasserski fahren. Ein besonders professionell geführtes Wasserskizentren ist *Párga Yacht Club (Odós Agía Marína 3, GR 48060 Párga, Tel. 26 84 03 22 41, www.epirus.com/scubadiving).*

WINDSURFEN

Gut ausgestattete Wassersportstationen, die neben dem Windsurfen auch Fallschirmsegeln und Fun Rides anbieten, finden Sie meist vor den großen Hotels. *Greek Windsurfing Association, c/o Ghiolman Yachts, Odós Filéllinon 7, GR 10557 Athen, Tel 21 03 23 36 96, Fax 21 03 22 32 51, www.ghiolman.com.*

WINTERSPORT

Es gibt in Griechenland 17 Wintersportregionen. Die schönsten und sonnenreichsten sind die Regionen des Chelmós bei Kalávrita (Insider Tipp) und des Menalón bei Trípoli auf dem Peloponnes, des Parnass bei Aráchova, des Pílion bei Vólos und des Olymps. *Hellenic Ski Federation, Odós Kar. Servías 7, GR 10563 Athen, Tel. 21 03 23 44 12, Fax 21 03 23 01 42*

YACHTCHARTER

Segel- und Motoryachten werden vor allem in Piräus und Athen verchartert. Es gibt aber auch Vercharterer in Préveza und auf den festlandsnahen Inseln Korfu, Spétse und Zákinthos. Ein vollständiges Verzeichnis gibt es bei der Griechischen Zentrale für Fremdenverkehr.

Abenteuer für die Jüngsten

Die besten Ideen für Aktivitäten der ganzen Familie, bei denen der Spaß der Kleinen ganz groß sein wird

Griechenland ist für Familien ein problemloses Reiseziel. Die Kleinen sind immer und überall willkommen. Man macht allerdings nicht viel Aufhebens um sie, sondern lässt sie einfach an fast allem teilhaben, was die Erwachsenen tun – bis weit nach Mitternacht.

Babynahrung, Windeln und frische Milch bekommen Sie in größeren Supermärkten in großer Auswahl. Kinderstühle bieten die meisten Restaurants und Hotels auf der Chalkidikí. Autositze für Kinder haben leider nicht alle Autovermieter – und wenn, sind es oft nicht die sichersten Modelle.

Problematisch können in Griechenland auch ärztliche Rezepte sein: Häufig werden schon bei kleinen Infektionen Antibiotika verordnet. Wer bei Erkältungen lieber auf Hausmittel setzt, sollte sie von zu Hause mitbringen. Ebenfalls ins Reisegepäck gehören auf jeden Fall Badeschuhe oder Sandalen für die Kinder, denn Sandstrände werden im Sommer oft unerträglich heiß.

Kinderermäßigungen werden in Linienbussen, auf Schiffen und Ausflugsbooten sowie bei vielen Veranstaltungen bis zum Alter von 12 oder 14 Jahren gewährt. Jugendliche, die bei uns nicht allein tanzen gehen durften, gehören in den Tanzarenen zum üblichen Anblick.

Kinder sind in Griechenland überall gern gesehene Gäste

ATHEN UND ATTIKA

Théatro Skíon Athanasíou [174 C4]

Das griechische Schattenspiel, nach seinem Hauptheldem Karagióssis genannt, ist auch dann gute Unterhaltung, wenn man den griechischen Text nicht versteht. Es ist echtes Volkstheater; die Spieler sind Mitglieder von Wandertruppen. Wer nicht das Glück hatte, sie einmal auf einem Dorfplatz spielen zu sehen, kann sie in Piräus im *Théatro Skíon Athanasíou (Odós Tsakálof 39, Tel. 21 04 12 12 26)* besuchen. Wo sie sonst noch in Athen auftreten, steht in der Zeitschrift »Athinórama« (kaufen und im Hotel nachschauen lassen!).

MAKEDONIEN UND THRAKIEN

Schildkröten von Toróni [170 B5]

In Toróni auf der Halbinsel Sithonía mündet gleich neben der Terrasse der Taverne Ángelos ein kleiner

Fluss ins Meer. Darin tummeln sich immer Dutzende großer Wasserschildkröten. Man sollte sie allerdings nicht stören, sondern nur betrachten. Vorsicht ist übrigens auch beim Anheben von Landschildkröten angebracht: Sie beginnen häufig vor Schreck kräftig zu urinieren!

Insider Tipp

Bootscharter in Ormós Panagías (Sithonía) **[170 B5]**

Der Mann der schwäbischen Reisebüroinhaberin Petra Friedrich ist Fischer. Er hat sein Boot »Leftería« zu einem Passagier-Kaíki umgebaut. Zwei befreundete Familien können es für einen oder mehrere Tage chartern, auf dem Boot in zehn Kojen übernachten und sich zu unbewohnten Inseln und an abgeschiedene Strände bringen lassen. Kosten: etwa 300 Euro am Tag. *Friedrich Travel, am Hafen, Tel. 23 75 03 14 80, www.friedrich.claranet.de*

Tsaf Tsuf **[169 F2]**

Miniaturzüge auf Gummirädern fahren durch viele Urlaubsorte. Der witzigste ist sicherlich der *Tsaf Tsuf* von Thessaloníki. Vom Weißen Turm aus fährt er 20 Minuten am Meer entlang, alle drei offenen Waggons werden kräftig mit griechischen Kinderliedern beschallt. Der Zug ist auch auf einer witzigen Homepage im Internet zu finden *(www.tsaftsuf.gr). Weißer Turm, Mo–Fr 18–22 Uhr, Sa und So 11 bis 21 Uhr, Kinder unter 14 Jahren 1,50 Euro, Erwachsene 3 Euro*

Waterland **[170 A4]**

Eins der größten Spaßbäder Griechenlands liegt nahe der Schnellstraße von Thessaloníki auf die Chalkidikí. Auf 150 000 m^2 bietet das *Waterland* Riesenrutschen und Wellenbecken, einen künstlichen Flusslauf für Schlauchbootfahrten, einen Minizoo und eine Fahrschule mit Elektroautos. Lässt man sich vorher auf der sehr guten Internetseite *(www.otenet.gr/waterland)* einen Gutschein ausdrucken, erhält man auf alle Preise 1,50 Euro Ermäßigung. *Juni–Sept. tgl. ab 10 Uhr, je nach Wetter bis 18 oder 20 Uhr, Kinder bis zu 5 Jahren Eintritt frei, Kinder zwischen 5 und 14 Jahren 7,50 Euro, nach 15 Uhr 6 Euro, Erwachsene 10,50 Euro, bzw. 7,50 Euro. Von der Schnellstraße bis Ausfahrt Néa Rysíon, dort Richtung Vassiliká (gut ausgeschildert)*

EPIRUS

Bad im Bach **[168 B4]**

Auch im nordgriechischen Hochgebirge brauchen Sie auf ein kühles Bad nicht zu verzichten. Bei Papíngo machen glatt geschliffene Felsen in einer kleinen Schlucht einen rauschenden Bach zum idealen Badegewässer. So kommen Sie hin: *von Megálo Papíngo nach Mikró Papíngo fahren und von der Brücke aus, die den Bach überquert, dem Bachlauf etwa zwei Minuten bachaufwärts folgen.*

THESSALIEN

Mit der Dampfbahn durch den Pílion **[174 A–B1]**

Zwischen Áno Lechoniá und Miliés verkehrt im Sommer jeden Samstag und Sonntag eine Schmalspurbahn mit Dampflokomotive mit rasanten 25 km/h. Nach einer halben Stunde Fahrt wird eine Kaffeepause eingelegt, dann bringt die alte Lok die drei Waggons wieder in Schwung und läuft nach weiteren 40 Minu-

Im Sommer ein schönes Wochenendvergnügen: mit dem Zug nach Miliés

ten in den Bahnhof von Miliés ein. Die Lok wird abgekuppelt, rangiert und dann vorsichtig auf einer altertümlichen Drehscheibe gewendet. Nach dreieinhalb Stunden im schönen Dorf geht es dann wieder in Richtung Vólos zurück.

MITTELGRIECHENLAND

Hängebrücke und Zauberbaum [174 B3]

Auf der zweitgrößten Insel Griechenlands, Euböa, gibt es zwischen Prokópi und Mantúdi direkt an der Hauptstraße einen zauberhaften Platanenwald. Gegenüber der *Taverne Alexíu* führt eine schwankende, hölzerne Hängebrücke über einen Bach. Man überquert sie und folgt dem anschließenden Feldweg etwa 300 m weit nach rechts. Dann hält man sich an der Gabelung links und steht nach wenigen Schritten vor einer der mächtigsten Platanen Griechenlands. Sie ist 28 m hoch und misst auch im Kronenumfang 28 m. In ihrem hohlen Stamm, der einen Durchmesser von über 6 m hat, kann man herrlich spielen.

PELOPONNES

Ozeandampfer sehen [173 E3]

Die meisten Urlauber schauen nur von der Straßenbrücke aus auf die Schiffe im Kanal von Korinth hinunter. Für Kinder ist es sehr viel spannender, die großen Pötte zum Greifen nah an sich vorüberfahren zu sehen. Am östlichen Kanalausgang ist das möglich (Straße nach Istmía nehmen). Da scheint sogar die Brücke, über die man vielleicht eben noch gegangen ist, im Kanal zu versinken. Sind die Schiffe vorbei, kommt sie tropfnass wieder zum Vorschein. Und das Ganze kann man hervorragend bei einem leckeren Eis genießen, das das *Café Isthmía* am Kanalufer serviert.

Angesagt!

Was Sie wissen sollten über Trends, die Szene und Kuriositäten in Griechenland

Erdnussorgien

Gute Cafés und Bars servieren wieder wie in alten Zeiten zunächst ein Glas eisgekühltes Wasser. Ist im dann bestellten Getränk auch nur ein Schlückchen Alkohol, werden meist ungefragt Erdnüsse oder auch Chips dazu serviert. Zu trinken ohne zu knabbern gilt auch jungen Griechen als Unart ausländischer Touristen.

Gast-DJs und Griechenrock

Wo viele ausländische Gäste sind, fliegt man bekannte Gast-DJs vor allem aus Großbritannien und

Skandinavien ein, die natürlich ihre eigene Musik mitbringen. Aber es machen immer mehr *ellinádika* auf. Da werden nur griechische Gruppen und Interpreten präsentiert, die musikalisch alle aktuellen Strömungen vertreten, deren Texte allerdings griechisch sind. Ihre Musik ist übrigens auch als Souvenir auf zahlreichen CDs zu bekommen.

Blond statt Schwarz

Blondinen gelten in Hellas nicht als dumm, sondern als sexy. Darum lassen sich viele junge Griechinnen die Haare färben. Und ehrlich: Das sieht oft klasse aus.

Zusammen wohnen

Studentenwohnheime gibt es kaum, deshalb müssen sich Studiosi privat ein Apartment mieten. Da sind die Eltern froh, wenn die Kosten im Rahmen bleiben, und die Vermieter fragen längst nicht mehr nach dem Trauschein. Also haben auch junge unverheiratete Pärchen kein Problem mehr, wenn sie zusammenwohnen wollen.

Trendwende

Noch vor 10 Jahren waren Ausländer bei jungen Griechinnen fast chancenlos. Heute aber werden mehr Ehen zwischen ausländischen Männern und Griechinnen geschlossen als zwischen griechischen Männern und Ausländerinnen.

Schlimmer als ein Mückenschwarm

Ihre Fähigkeiten als Meisterfahrer meinen junge Griechen auch mit Mopeds und Motorrädern beweisen zu können. Es gilt beim Start das Vorderrad hochzureißen, eine Weile auf dem Hinterrad zu balancieren und dann Vollgas zu geben.

Von Anreise bis Zoll

Hier finden Sie kurz gefasst die wichtigsten Adressen und Informationen für Ihre Griechenlandreise

ANREISE

Linienflüge gehen von Österreich und der Schweiz nach Athen und Thessaloníki, von Deutschland auch nach Kavála. Charterflugzeuge aus Deutschland und der Schweiz landen auf den Festlandsflughäfen Athen, Thessaloníki, Araxos und Préveza, aus Deutschland auch in Kalamáta, aus Österreich auch in Vólos.

Flughafenbusse verkehren nur in Athen und Thessaloníki, sonst stehen überall Taxis bereit. Die Flugzeit von Frankfurt a. M. nach Athen beträgt etwa 2 Std. 45 Min.

Große Autofähren verbinden ganzjährig die italienischen Häfen Venedig, Ancona, Bari, Brindisi und Triest mit Igumenítsa und Patras. Zwischen Brindisi und Igumenítsa verkehrt im Sommer auch ein schneller Katamaran (Überfahrt 3 Std.), der allerdings keine Autos transportiert. Mit normalen Autofähren dauert die Überfahrt von Ancona bis Patras je nach Schiff 19 bis 21 Stunden, ab Bari 15 bis 16 Stunden. Auskunft in Reisebüros und bei Automobilclubs, im Internet *www.superfast.com, www.fragline.gr, www.minoan.gr, www.anek.gr, www.marlines.com, www.ventouris.gr*

Direkte Bahnverbindungen zwischen Griechenland und Mitteleuropa gibt es nicht. Europabusse verbinden viele Städte in den deutschsprachigen Ländern ganzjährig mit Thessaloníki und Athen sowie mit Bari und Brindisi in Italien. Auskunft: *Deutsche Touring, Am Römerhof 17, 60486 Frankfurt, Tel. 069/790 30, Fax 707 85 11, www.deutsche-touring.com*

AUSKUNFT VOR DER REISE

Griechische Zentrale für Fremdenverkehr

– *Neue Mainzer Str. 22, 60311 Frankfurt a. M., Tel. 069/ 23 65 61–63, Fax 23 65 76, info@gzf-eot.de*

– *Wittenbergplatz 3A, 10789 Berlin, Tel. 030/217 62 62, Fax 217 79 65*

– *Neuer Wall 19, 20354 Hamburg, Tel. 040/45 44 98, Fax 45 44 04*

– *Pacellistr. 2, 80333 München, Tel. 089/222035–36, Fax 297058*

– *Opernring 8, 1015 Wien, Tel. 01/512 53 17, Fax 513 91 89, grect@vienna.at*

– *Löwenstr. 25, 8001 Zürich, Tel. 01/221 01 05, Fax 212 05 16, eot@bluewin.ch*

AUTO

Zur Einreise genügen der nationale Führer- und Kraftfahrzeugschein. Die Mitnahme einer internationalen grünen Versicherungskarte ist empfehlenswert. Das Tankstellennetz ist dicht, bleifreies Benzin und Diesel bekommen Sie überall.

Die zulässige Höchstgeschwindigkeit ist in geschlossenen Ortschaften 50 km/h, auf Landstraßen 110 km/h, auf Autobahnen 120 km/h. Motorräder dürfen höchstens 90 km/h schnell fahren. Es gibt viele Radarkontrollen und hohe Geldstrafen bei Geschwindigkeitsüberschreitungen! Auch Falschparken ist teuer, kostet mindestens 50 Euro. Promillegrenze 0,5. Anschnallpflicht auf den Vordersitzen, Helmpflicht für Motorradfahrer.

ADAC-Notruf ganzjährig in Athen *21 09 60 12 66*. Die Pannenhilfe des griechischen Automobilclubs *ELPA* ist landesweit unter *Tel. 104* erreichbar. Das Abschleppen müssen auch ADAC-Mitglieder zunächst bar bezahlen!

BAHN

Die griechischen Staatseisenbahnen (OSE) unterhalten ein umfangreiches, aber weitgehend veraltetes Netz. Moderne Intercityzüge verbinden nur Athen mit Thessaloníki (Fahrzeit 6 Std. 15 Min.), mit Vólos (Fahrzeit 4 Std. 30 Min.) und mit Patras (Fahrzeit 4 Std.) sowie Thessaloníki mit Alexandrúpolis (Fahrzeit 5 Std. 30 Min.). Ein Schlafwagenzug ist nachts zwischen Athen und Thessaloníki bzw. in umgekehrter Richtung unterwegs. Per Bahn zu erreichen sind außerdem Chalkís auf der Insel Euböa, Kalambáka (und damit die Metéora-Klöster), Kozáni sowie auf dem Peloponnes Kalamáta, Nauplia, Olympia und Trípoli. Die Züge führen Abteile der 1. und 2. Klasse. Die Fahrpreise sind niedriger als die für Linienbusse. Gedruckte Fahrpläne sind nur gelegentlich und dann auch nur auf Griechisch erhältlich.

BUSSE

Linienbusse sind das wichtigste öffentliche Verkehrsmittel in Griechenland. Fernbusse verbinden alle griechischen Städte mit Athen und viele mit Thessaloníki. Regionalbusse fahren von den Bezirkshauptstädten in alle Dörfer im Umkreis. Für die Fernbusse können Plätze im Voraus an den Busbahnhöfen reserviert werden. Gedruckte Fahrpläne gibt es nicht; man informiert sich durch die Fahrplantafeln in den Busbahnhöfen. Für viele Regionen finden Sie die aktuellen Linienbusverbindungen auch im Internet: *www.ktel.org.*

In vielen griechischen Städten verkehren auch Lokalbusse. In Thessaloníki können die Fahrkarten dafür an einem Automaten im Bus gelöst werden; überall sonst müssen Sie die Fahrkarten vor dem Besteigen des Busses am Busbahnhof oder an einem Kiosk kaufen. Nicht bei jeder Bushaltestelle gibt es einen Kiosk. Am besten berechnen Sie im Voraus, wie viele Tickets Sie während Ihres Aufenthalts benötigen, und kaufen gleich alle bei sich bietender Gelegenheit.

CAMPING

Wildes Zelten ist verboten. Eine Liste der vielen offiziellen Campingplätze ist kostenlos bei der Griechischen Zentrale für Fremdenverkehr erhältlich. Die meisten griechischen Campingplätze sind nur zwischen Mai und September geöffnet.

DIPLOMATISCHE VERTRETUNGEN

Deutsche Botschaft
Odós Karaóli ke Dimitríu 3, Athen, Tel. 21 07 28 51 11, Fax 21 07 25 12 05

Österreichische Botschaft
Leofóros Alexándras 26, Athen, Tel. 21 08 21 10 36, Fax 21 08 21 98 23

Schweizer Botschaft
Odós Jassíu 2, Athen, Tel. 21 07 23 03 64, Fax 21 07 24 92 09

DISKOTHEKEN

Griechische Diskotheken öffnen meist erst gegen 22 Uhr. Eintritt wird nur selten verlangt, dafür sind die Getränke teuer (z. B. kostet ein kleines Bier meist 3 Euro, ein Longdrink 5 bis 8 Euro).

EINREISE

Zur Einreise genügt für Schweizer und EU-Bürger ein gültiger Personalausweis. Kinder unter 16 Jahren müssen im Pass eines mitreisenden Elternteils eingetragen sein oder benötigen einen Kinderausweis (ab 10 Jahren mit Lichtbild).

EINTRITTSPREISE

Die Eintrittspreise für Museen und archäologische Stätten betragen im Durchschnitt 1,50 bis 3 Euro.; gehört zu einer Ausgrabung auch ein Museum, muss eventuell zweimal Eintritt bezahlt werden. Bedeutende Ausgrabungen und Museen kosten 5 bis 7 Euro Eintritt. Schüler und Studenten aus EU-Ländern (mit nationalem Schüler- oder internationalem Studentenausweis) haben freien Eintritt, Senioren ab 60 Jahren ermäßigten.

Was kostet wie viel?

Kaffee	**1 Euro** für einen Mokka
Taxi	**21 Cent** pro Kilometer
Wein	**1,50 Euro** für ein Glas Wein
Fisch	**30–40 Euro** für 1 kg im Restaurant
Benzin	**90 Cent** für einen Liter Super
Gýros	**1,50 Euro** für 1 Portion Gýros mit Pítta

FKK

FKK ist in Griechenland nur an Stränden erlaubt, die von der Gemeinde offiziell als FKK-Gelände freigegeben wurden. Davon gibt es nur sehr wenige. Sich wie Adam und Eva in die Sonne zu legen ist dennoch an vielen abgelegenen Stränden üblich. An nackten Busen stören sich Einheimische nirgendwo mehr.

FOTOGRAFIEREN & FILMEN

Filmvorräte und Ersatzbatterien sollten Sie mitnehmen, da sie in Griechenland teuer sind und die Auswahl gering ist. Es gibt viele Fotogeschäfte, die binnen weniger als einer Stunde Farbfilme entwickeln und gute Abzüge liefern.

In Kirchen und Museen ist das Fotografieren mit Blitz oder Stativ meist streng verboten.

GELD & PREISE

Bargeld erhalten Sie am günstigsten per EC-/Maestro-Karte aus den zahlreichen Bargeldautomaten der Banken. Weit höher sind die Gebühren, wenn Sie dafür eine Kreditkarte nutzen. Banken und Postämter lösen Reiseschecks ein und tauschen Devisen. Öffnungszeiten der Banken Mo–Do 8–14 Uhr, Fr 8–13.30 Uhr, in größeren Städten und in Touristenzentren manchmal auch länger.

Das griechische Preisniveau entspricht dem deutschen. Benzin, Hotels der unteren und mittleren Kategorien sowie öffentliche Verkehrsmittel sind sehr viel billiger, Lebensmittel teurer.

GESUNDHEIT

Die ärztliche Grundversorgung ist gewährleistet. Bei ernsthaften Verletzungen oder Erkrankungen empfiehlt sich jedoch die vorzeitige Heimreise.

Zwischen den deutschsprachigen Ländern und Griechenland besteht ein Sozialversicherungsabkommen, sodass man sich in Griechenland auch auf Krankenschein behandeln lassen kann. Die Umtauschprozedur des Auslandskrankenscheins in einen griechischen Krankenschein ist jedoch umständlich; meist zahlt man besser bar. Für Mitglieder gesetzlicher Krankenkassen ist daher der Abschluss einer privaten Auslandskrankenversicherung ratsam.

Die staatlichen Krankenhäuser und National Health Center (ESY) behandeln Patienten in Notfällen kostenlos. Apotheken gibt es in allen größeren Orten; viele Medikamente gibt es rezeptfrei und sehr viel billiger als bei uns.

INLANDSFLÜGE

Private Fluggesellschaften bieten Flüge zwischen Athen und Thessaloníki an. Die staatliche Fluggesellschaft Olympic Airways verbindet Athen mit allen griechischen Städten, die einen Flughafen besitzen. Auf dem Festland sind das Alexandrúpolis, Ioánnina, Kalamáta, Kastoriá, Kavála, Kozáni, Préveza und Thessaloníki. Sonst sind nur Thessaloníki, Kavála und Ioánnina untereinander verbunden.

Cronus-Aegean Airlines
– Am Hauptbahnhof 10, 60329 Frankfurt, Tel. 069/23 85 63 53, Fax 238 56 30, www.cronus.gr

Olympic Airways
– Gutleutstr. 82, 60329 Frankfurt, Tel. 069/97 06 70, Fax 97 06 72 04
– Canovagasse 7A, 1010 Wien, Tel. 01/504 41 65, Fax 504 61 65 45
– Talstr. 70, 8039 Zürich, Tel. 01/211 37 37, Fax 212 30 21
www.olympic-airways.gr

INTERNET

E-Mails und Internet werden in Griechenland ebenso häufig genutzt wie bei uns. Auch viele Hotels kann man bereits über das Internet buchen. Zur Information über Griechenland gibt es viele

Websites; keine ist perfekt. Eine Auswahl: *www.griechenland-hellas.de* (das deutsprachige Portal der Griechischen Fremdenverkehrszentrale); *www.griechische-botschaft.de; www.in-greece.de* (gutes Chatforum für alle Griechenlandfreunde, viele Tipps von Reisenden); *www.culture.gr* (offizielle Homepage des griechischen Kultusministeriums mit vielen Informationen zu Museen und Ausgrabungen, nicht immer aktuell); *www.gr-indexer.gr* (gute Suchmaschine speziell für Griechenland).

INTERNETCAFÉS

Internetcafés oder -terminals in Cafés und Bars gibt es inzwischen in jeder griechischen Klein- und Großstadt sowie in fast allen Badeorten. Meist zahlt man pro Stunde 3 bis 5 Euro. Manche arbeiten mit Münzautomaten im 5-Minuten-Takt; in anderen muss man Zeitkarten kaufen; in wieder anderen wird die Zeit mit dem Blick auf die Wanduhr abgerechnet.

JUGENDHERBERGEN

Eine Liste der zumeist sehr einfachen Jugendherbergen bekommen Sie bei der Griechischen Zentrale für Fremdenverkehr.

KLIMA & REISEZEIT

Wer viel Sonne sucht und im Meer baden möchte, fährt am besten zwischen Mai und September nach Hellas. Der Mai ist die schönste Reisezeit, da dann viele Blumen und Bäume blühen. Im August ist es meist so heiß, dass Besichtigungen keinen Spaß machen; außerdem machen in diesem Monat fast alle

Griechen und viele Italiener und Franzosen Urlaub, sodass die Unterkünfte knapp und dementsprechend teuer sind. Nur die Gebirge sind in dieser Zeit ein angenehmes Reiseziel. Für den Peloponnes und die Gegend um Athen ist auch der Oktober noch ein guter Reisemonat. Zwischen November und April kann es häufig regnen und zwischen November und März auch recht kühl sein. Für diejenigen, die grandiose Landschaften lieben und auch einen verregneten oder verschneiten Tag nicht fürchten, sind der Peloponnes, der Pílion, Attika und die Region nördlich des Korinthischen Golfes auch ein sehr empfehlenswertes Winterreiseziel. Man hat die Museen und archäologischen Stätten fast für sich; der Blick von Höhen und Pässen reicht in klarer Luft oft bis zu 150 km weit.

MIETFAHRZEUGE

Mietautos gibt es in allen größeren Städten und Urlaubsorten. Ein Kleinwagen kostet ab 30 Euro pro Tag inklusive Vollkaskoversicherung und allen gefahrenen Kilometern. Man kann sie schon von zu Hause aus buchen; außerhalb der Hauptsaison erzielt man jedoch durch Verhandlungen vor Ort oft bessere Preise.

Motorräder, Vespas und Mopeds werden in Athen und Thessaloníki sowie in allen Urlaubszentren vermietet; Fahrräder und Mountainbikes hingegen sind nicht überall zu bekommen.

NOTRUF

Polizei: 100
Feuerwehr: 199

Erwarten Sie nicht, dass Ihr Gesprächspartner sich mit Ihnen in einer Fremdsprache verständigen kann. Lassen Sie daher besser einen Einheimischen anrufen!

POST

Postämter gibt es in allen Städten und größeren Dörfern. Sie sind Mo–Fr mindestens von 7.30 bis 15 Uhr geöffnet.

SCHIFFSFAHRPLÄNE

Wenn Sie für Ihren Urlaub auch einen Abstecher zu griechischen Inseln in Erwägung ziehen, finden Sie im Internet eine sehr gute Informationsquelle, die Ihnen alle gewünschten Verbindungen und die Fahrpreise jeweils ganz aktuell nennt: *www.gtpnet.com.*

SPRACHE

Die Griechen sind stolz auf ihre eigene Schrift, die von keinem anderen Volk der Erde geschrieben wird (die Slawen benutzen das nur teilweise ähnliche kyrillische Alphabet). Für Aufschriften und Ortsschilder wird inzwischen häufig zusätzlich unsere lateinische Schrift verwendet. Trotzdem ist es sehr hilfreich, die griechischen Buchstaben zu kennen.

Die richtige Betonung ist für das Verstandenwerden außerordentlich wichtig. Betont wird immer der Vokal, der den Akzent trägt. Außerdem sollte man wissen, dass alle griechischen Vokale kurz und offen ausgesprochen werden; ein geschlossenes O beispielsweise wie im deutschen Wort *Ofen* gibt es nicht. Man spricht das O immer

Schrift und Umschrift

Griechische Buchstaben lernen Sie schnell

Α	α	a	Η	η	i	Ν	ν	n	Τ	τ	t
Β	β	v, w	Θ	ϑ	th	Ξ	ξ	ks, x	Υ	υ	i, y
Γ	γ	g, i	Ι	ι	i, j	Ο	ο	o	Φ	φ	f
Δ	δ	d	Κ	κ	k	Π	π	p	Χ	χ	ch
Ε	ε	e	Λ	λ	l	Ρ	ρ	r	Ψ	ψ	ps
Ζ	ζ	s, z	Μ	μ	m	Σ	σ, ς	s, ss	Ω	ώ	o

wie in *offen* aus. Das Gleiche gilt fürs E: Nicht wie in *eben*, sondern wie in *Ebbe*.

Im Text dieses Führers finden Sie die Worte so, wie sie der Aussprache am nächsten kommen. Auf den Karten dagegen wird ein neues Umschriftsystem verwendet, das als international verbindlich erklärt wurde. Wo es nötig war, haben wir die Kartenversion im Text in Klammern hinzugefügt. Bei einigen Ortsnamen verwenden wir im Text die deutschen Versionen, z. B. bei Athen und Patras.

STROM

220 Volt Wechselstrom wie bei uns; unsere Stecker passen meist.

TAXI

Taxis sind überall reichlich vorhanden und nicht teuer. In den Städten fahren sie mit Taxameter; in den *agoraíon* genannten Taxis in den Dörfern liegen Tariftabellen aus. Geringe Zuschläge, die das Taxameter nicht anzeigt, dürfen für Fahrten von Flughäfen, Häfen und Bahnhöfen sowie für Gepäckstücke, die mehr als 10 kg wiegen sowie für Fahrten in der Oster- und Weihnachtszeit erhoben werden. Zwischen 0 und 5 Uhr verdoppelt sich der Fahrpreis für Touren innerhalb von Städten.

TELEFON

Das griechische Festnetz wird von der Firma OTE betrieben. Sie unterhält in allen Städten Büros, von denen aus Sie telefonieren können. OTE-Kartentelefone stehen außerdem zahlreich in allen Dörfern und Städten. Telefonkarten für 100 Einheiten sind an vielen Kiosken und in Supermärkten erhältlich. Preislich günstiger sind jedoch Telefonkarten zu 200, 500 und 1000 Einheiten, die meist nur in den OTE-Büros verkauft werden. Telefonate aus Hotels sind häufig unverschämt teuer! Der Mobilfunk wird von Griechen exzessiv genutzt; die Flächendeckung ist gut.

Vorwahlen: *Griechenland 0030, Deutschland 0049, Österreich 0043, Schweiz 0041;* anschließend Vorwahl des gewünschten Ortsnetzes (für D, A, CH ohne die Null).

Insider Tipp

Bis zum 30.9.2002 ist bei allen innergriechischen Telefonaten die erste 2 (bei Mobilfunknummern die erste 6) jeder Rufnummer durch eine Null zu ersetzen!

TOILETTEN

Außer in sehr guten Hotels und Restaurants darf benutztes Toilettenpapier auf keinen Fall ins Klobecken, sondern nur in Eimer oder Papierkörbe geworfen werden (große Verstopfungsgefahr!).

TRINKGELD

Gibt man wie bei uns; Beträge unter 0,50 Euro wirken beleidigend.

ZEIT

In Griechenland ist es ganzjährig eine Stunde später als bei uns.

ZEITUNGEN & HÖRFUNK

Ausländische Tageszeitungen und Illustrierte sind in Städten und Urlaubsorten meist mit einem Tag Verspätung erhältlich. Im Land selbst erscheinen die englischsprachige Tageszeitung *Athens News* sowie die deutschsprachige Wochenzeitung *Athener Zeitung*. Wenn Sie das Hörfunkprogramm der Deutschen Welle in Griechenland hören möchten, erfragen Sie die aktuelle Frequenz in Köln: *Tel. 0221/ 389 32 08, Fax 3 89 32 20.*

ZOLL

Waren zum persönlichen Gebrauch können von EU-Bürgern innerhalb der EU bis zu gewissen Glaubwürdigkeitsgrenzen zollfrei ein- und ausgeführt werden. Für Reisende aus der Schweiz gelten andere Grenzen: z. B. 200 Zigaretten oder 400 g Tabak, 2 l Wein und 1 l Spirituosen, 50 g Parfüm.

Wetter in Athen

	Jan.	Feb.	März	April	Mai	Juni	Juli	Aug.	Sept.	Okt.	Nov.	Dez.
Tagestemperaturen in °C	14	14	16	20	25	30	33	33	29	23	19	15
Nachttemperaturen in °C	7	7	8	11	16	20	23	23	19	15	12	9
Sonnenschein Std./Tag	4	6	6	8	10	12	13	12	10	7	5	5
Niederschlag Tage/Monat	8	4	6	4	4	1	1	1	2	5	7	8
Wassertemperaturen in °C	14	14	14	15	18	22	24	24	23	21	19	16

Milás elliniká?

»Sprichst du Griechisch?«
Dieser Sprachführer hilft Ihnen, die wichtigsten Wörter und Sätze auf Griechisch zu sagen

Zur Erleichterung der Aussprache sind alle griechischen Wörter mit einer einfachen Aussprache (in der mittleren Spalte) versehen. Folgende Zeichen sind Sonderzeichen:

- ' die nachfolgende Silbe wird betont
- ð wie englisches »th« in »the«, mit der Zungenspitze hinter den Zähnen
- θ wie englisches »th« in »think«, mit der Zungenspitze zwischen den Zähnen

AUF EINEN BLICK

Ja./Nein.	nä./'ochi.	Ναι./'Οχι.
Vielleicht.	'issos.	'Ισως.
Bitte.	paraka 'lo.	Παρακαλώ.
Danke.	äfchari'sto.	Ευχαριστώ.
Entschuldigung!	si'gnomi!	Συγνώμη!
Wie bitte?	o'ristä?	Ορίστε;
Ich verstehe Sie nicht.	ðä sass katala'wäno.	Δε σας καταλαβαίνω.
Bitte, wiederholen Sie es.	na to ksana'pite, paraka'lo.	Νά το ξαναπείτε, παρακαλώ.
Ich spreche nur wenig …	mi'lo 'mono liga …	Μιλώ μόνο λίγα …
Können Sie mir bitte helfen?	bo'ritä na mä woi'θisätä paraka'lo?	Μπορείτε να με βοηθήσετε, παρακαλώ;
Ich möchte …	'θälo …	θέλω …
Das gefällt mir nicht.	af'to ðän mu a'rässi.	Αυτό δεν μου αρέσει.
Haben Sie …?	'ächätä	'Εχετε …;
Wie viel kostet es?	'posso ko'stisi?	Πόσο κοστίζει;
Wie viel Uhr ist es?	ti 'ora 'inä?	Τι ώρα είναι;
Heute/Morgen	'simära/'awrio	Σήμερα/Αύριο

KENNENLERNEN

Guten Morgen!	kali'mära!	Καλημέρα!
Guten Tag!	kali'mära!/'chärätä!	Καλημέρα/Χαίρετε!
Guten Abend!	kali'spära!	Καλησπέρα!

Hallo! Grüß dich!	’jassu!	Γειά σου!
Wie geht es Ihnen/dir?	’poss ’istä?/‘issä?	Πώς είστε;/είσαι
Danke. Und Ihnen/dir?	äfchari’sto. äs’sis/äs’si?	Ευχαριστώ. Εσείς/εσύ;?
Auf Wiedersehen!	a’dio!	Αντίο!
Tschüss!	’jassu!	Γειά σου!

UNTERWEGS

Auskunft

links/rechts	aristä’ra/ðäks’ja	Αριστερά/Δεξιά
geradeaus	ef’θia	Ευθεία
nah/weit	ko’nda/makri’a	Κοντά/Μακριά
Wie weit ist es zum/zur …?	’posso makri’a ’inä ja …?	Πόσο μακριά είναι για …;
Ich möchte … mieten.	’θälo na ni’kjasso …	Θέλω να νοικιάσω …
… ein Auto …	’äna afto ’kinito	… ένα αυτοκςνητο
… ein Fahrrad …	’äna po’ðilato	… ένα ποδήλατο
… ein Boot …	’mia ’warka	… μια βάρκα
Bitte, wo ist …?	paraka’lo, ’pu ’inä …?	Παρακαλώ, πού είναι …;

Panne

Ich habe eine Panne.	’äpaθa zim’ja.	‘Επαθα ζημειά
Würden Sie mir bitte einen Abschlepp-wagen schicken?	θa bo’russatä na mu ’stilätä ’äna ’ochima ri’mulkissis?	Θα μπορούσατε να μου στείλετε ένα όχημα ρυμούλκησης;
Wo ist hier in der Nähe eine Werkstatt?	’pu i’parchi ä’ðo kon’da ’äna sinär’jio?	Πού υπάρχει εδώ κοντά ένα συνεργείο;

Tankstelle

Wo ist bitte die nächste Tankstelle?	’pu ’inä, sass paraka’lo, to e’pomäno wensi-’naðiko?	Πού είναι, σας παρακαλώ, το επόμενο βενζίνάδικο;
Ich möchte … Liter …	’θälo … ’litra …	Θέλω … λίτρα …
… Normalbenzin.	ap’li wän’sini.	… απλή βενζίνη.
… Super./Diesel.	’supär./’disäl.	… Σούπερ./Ντήζελ.
… bleifrei/verbleit.	a’moliwði/mä’moliwðo.	… αμόλυβδη/με μόλυβδο.
… mit … Oktan.	mä … o’ktanja.	με … οκτανια.
Voll tanken, bitte.	jä’mistä, paraka’lo.	Γεμίστε, παρακαλώ.

Unfall

Hilfe!	wo’iθja!	Βοήθεια!
Achtung!/Vorsicht!	prosso’chi!	προσοχή!
Rufen Sie bitte schnell …	ka’lästä, paraka’lo, ’grigora …	Καλέστε, παρακαλώ, γρήγορα …
… einen Krankenwagen.	’äna asθäno’foro.	… ένα ασθενοφόρο.

… die Polizei.	tin astino'mia.	… την αστυνομία.
… die Feuerwehr.	tim piroswästi'ki ipirä'sia.	… την πυροσ βεστικη υπηρεσ ια.
Geben Sie mir bitte Ihren Namen und Ihre Anschrift.	'pästä mu paraka'lo to 'onoma kä ti ðiäfθin'si sass.	Πέστε μου παρακαλώ το όνομα και τη διευθυνσή σας.

ESSEN/UNTERHALTUNG

Wo gibt es hier ein gutes Restaurant?	pu i'parchi ä'ðo 'äna ka'lo ästia'torio?	Πού υπάρχει εδώ ενα καλό εστιατόριο;
Gibt es hier eine gemütliche Taverne?	i'parchi ä'ðo ta'wärna mä 'anäti at'mosfära?	Υπάρχει εδώ ταβέρνα με ανετη ατμόσφαιρα;
Reservieren Sie uns bitte für heute Abend einen Tisch für vier Personen.	kra'tistä mas paraka'lo ja 'simera to'wraði 'äna tra'päsi ja 'tässära 'atoma.	Κρατήστε μας παρακαλώ για σήμερα το βράδυ ένα τραπέζι για 4 άτομα.
Bezahlen, bitte.	paraka'lo, na pli'rosso.	Παρακαλώ, να πληρώσω.
Das Essen war ausgezeichnet.	to faji'to 'itan äksäräti'ko.	Το φαγητό ήταν εξαιρετικό.
Messer	ma'chäri	Μαχαίρι
Gabel	pi'runi	Πηρούνι
Löffel	ku'tali	Κουτάλι
Teelöffel	kuta'lakki	Κουταλάκι

EINKAUFEN

Wo finde ich …?	pu θa wro …?	Πού θα βρω …;
Apotheke	to farma'kio	το φαρμακείο
Bäckerei	to artopo'lio	το αρτοπωλείο
Fotoartikel	ta fotografi'ka 'iði	τα φωτογραφικά είδη
Kaufhaus	to polika'tastima	το πολυκατάστημα
Lebensmittelgeschäft	to ka'tastima tro'fimon	το κατάστημα τροφίμων
Markt	i ajo'ra	η αγορά

ÜBERNACHTUNG

Können Sie mir bitte … empfehlen?	bo'ritä paraka'lo na mu si'stissätä	Μπορείτε παρακαλώ να μου συστήσετε …
… ein Hotel …	'äna ksänoðo'chio?	… ένα ξενοδοχείο;
… eine Pension …	'mia pan'sjon?	… μια πανσιόν;
Ich habe bei Ihnen ein Zimmer reserviert.	'äðo sä sas 'äklissa 'äna ðo'matjo.	Εδώ σε σας έκλεισα ένα δωμάτιο.

Haben Sie noch Zimmer frei?	'ächätä a'kommi ðo'matja ä'läfθära?	Έχετε ακόμη δωμάτια ελεύθερα;
… für eine Nacht?	ja mja 'nichta?	… για μια νύχτα
… für eine Woche?	ja mja wðo'maða?	… για μια βδομάδα
Was kostet das Zimmer mit …	'posso ko'stisi to ðo'matjo mä	Πόσο κοστίζει το δωμάτιο με …
… Frühstück?	proi'no?	… πρωινό;
… Halbpension?	'mäna 'jäwma?	… μ'ένα γεύμα;

PRAKTISCHE INFORMATIONEN

Arzt

Können Sie mir einen guten Arzt empfehlen?	bo'ritä na mu siss'tissätä 'änan ka'lo ja'tro?	Μπορείτε να μου συστήσετε έναν καλό γιατρό;
Ich habe hier Schmerzen.	ä'ðo 'ächo 'ponnus.	Εδώ έχω πόνους.

Post

Was kostet …	'posso ko'stisi …	Πόσο κοστίζει …
… ein Brief …	'äna 'gramma	… ένα γράμμα
… eine Postkarte …	mja 'karta	… μια κάρτα …
… nach Deutschland?	ja ti järma'nia?	… για τη Γερμανία;
Österreich/Schweiz?	Afs'tria/Elwe'tia	Αυστρία/Ελβετία

ZAHLEN

0	mi'ðän	μηδέν	20	'ikossi	είκοσι
1	'äna	ένα	21	'ikossi 'äna	είκοσι ένα
2	'ðio	δύο	22	'ikossi'ðio	είκοσι δύο
3	'tria	τρία	30	tri'anda	τριάντα
4	'tässära	τέσσερα	40	sa'randa	σαράντα
5	'pändä	πέντε	50	pä'ninda	πενήντα
6	'äksi	έξι	60	ä'ksinda	εξήντα
7	ä'fta	εφτά	70	äwðo'minda	εβδομήντα
8	o'chto	οχτώ	80	og'ðonda	ογδόντα
9	ä'näa	εννέα	90	änä'ninda	ενενήντα
10	'ðäkå	δέκα	100	äka'to	εκατό
11	'ändäka	έντεκα	200	ðia'kosja	διακόσια
12	'ðoðäka	δώδεκα	1000	'chilia	χίλια
13	ðäka'tria	δεκατρία	2000	'ðio chi'ljaðäs	δύο χιλιάδες
14	ðäka'tässära	δεκατέσσερα	10000	'ðäka chi'ljaðäs	δέκα χιλιάδες
15	ðäka'pändä	δεκαπέντε			
16	ðäka'äksi	δεκαέξι	1/2	to 'äna 'ðäftäro	(το) ένα δεύτερο
17	ðäkaä'fta	δεκαεφτά			
18	ðäkao'chto	δεκαοχτώ	1/4	to 'äna 'tätarto	(το) ένα τέταρτο
19	ðäkaä'näa	δεκαεννέα			

Reiseatlas Griechenland

Die Seiteneinteilung für den Reiseatlas finden Sie auf dem hinteren Umschlag dieses Reiseführers

Kartenlegende Reiseatlas

	Autobahn mit Anschlussstelle Motorway with junction
Datum, Date	Autobahn in Bau Motorway under construction
Datum, Date	Autobahn in Planung Motorway projected
	Autobahnähnliche Schnellstraße mit Anschlussstelle Dual carriage-way with motorway characteristics with junction
	Straße mit zwei getrennten Fahrbahnen Dual carriage-way
	Durchgangsstraße Thoroughfare
	Wichtige Hauptstraße Important main road
	Hauptstraße Main road
	Sonstige Straße Other road
A 1, 920, E 20	Straßennummern Road numbers
180	Fernkilometer Very long distances in km
49	Großkilometer Long distances in km
10	Kleinkilometer Short distances in km
12	Kleinkilometer an der Autobahn Short distances in km along the motorway
	Fernverkehrsbahn Main line railway
	Bergbahn Mountain railway
	Autotransport per Bahn Transport of cars by railway
	Autofähre Car ferry
	Schifffahrtslinie Shipping route
	Landschaftlich besonders schöne Strecke Route with beautiful scenery
	Straße gegen Gebühr befahrbar Toll road
	Straße für Kraftfahrzeuge gesperrt Road closed to motor traffic
1357	Pass mit Höhenangabe Pass with height
15%	Bedeutende Steigungen Important gradients

	Kultur **Culture**
★★ PARIS ★★ *la Alhambra*	Eine Reise wert Worth a journey
★ TRENTO ★ *Comburg*	Lohnt einen Umweg Worth a detour
	Landschaft **Landscape**
★★ Rodos ★★ *Fingal's cave*	Eine Reise wert Worth a journey
★ Korab ★ *Jaskinia raj*	Lohnt einen Umweg Worth a detour
	Besonders schöner Ausblick Important panoramic view
	Malerisches Stadtbild Picturesque town-scape
4807	Bergspitze mit Höhenangabe in Metern Mountain summit with height in metres
	Kirche Church
	Kirchenruine Church ruin
	Kloster Monastery
	Klosterruine Monastery ruin
	Schloss, Burg Palace, castle
	Schloss-, Burgruine Palace ruin, castle ruin
	Moschee Mosque
	Denkmal Monument
	Stadtmauer Town wall
	Griechische Ruine Greek ruin
	Römische Ruine Roman ruin
	Wasserfall Waterfall
	Höhle Cave
	Ruinenstätte Ruins
	Museum Museum
	Jugendherberge Youth hostel
	Campingplatz Camp site
	Hotel Hotel
	Verkehrsflughafen Airport
	Flugplatz Airfield

A
B
C
M
A
K
E
1
2
3
4
5
6
TIRANË
ELBASAN
Fush e Krujës
Vorrë
Qafmollë
Krastë
Shën Nduei Madh
Shëngjergj
Klenjë
Petrelë
Krrab
Zgozhdë
Xibrrakë
Librazhd
Jablanica
Mali i Polisit
Mali Shpatit
Shkumbin
Rogozhinë
Cërrik
Lixhat
Peqin
Këneti e Tërbufit
Lushnjë
Gramsh
Seman
Poshnjë
Kuçovë
Devoll
Roskovec
Berat
Guka Partizanit
Byllis
Lalar
Vërtop
Ballsh
Çorovodë
Gllavë
Selenicë
Sevaster
Memaliaj
Tepelenë
Këlcyrë
Rogu
Qendrevica
Gusmar
Kuc
Himarë
Palermo
Borsh
Gjirokastër
Lukovë
Delvinë
Gjorgucat
Sarandë
Mesopotam
Lekures
Errikousa
Karousades
Sidari
Auliotes
Hypsos
Kassiopë
Pantokrator
Nissakion
Kontokalion
Kërkyra (Korfu)
Kërkyra
KEPKYPA
Kanoni
Achilleion
Hag. Matthaios
Moraitika
Argirádes
Lefkimmi
Melikia
Kavos
Paxoi
Gaios
Antipaxos
Gaios-Sami
Patrai
Brindisi
Trieste, Venézia
Ancona Bari
Butrint
Liq.i Butrintit
Konispol
Sagiada
Hormos
Philiatai
Igoumenitsa
Plataria
Sivota
Perdika
Margarition
Parga
Nekromanteion
Kanaláki
Messopotamon
Thesprotikon
Myrsini
Kastrosykia
Smyrtoula
Nikopolis
Préveza
Aktion
Bónitsa
Salaóra
Ambrakikos Kolpos
Arta
Kompoti
Menidion
Krikellon
Peta
Photeinon
Neos Philippias
Ambrakia
Kirkizates
Louron
Kerasón
Kalentine
Drosopēge
Nikolitsi
Glyki
Paramythia
Neochori
Dódōnē
Agnanta
Kaléntzi
Droschorion
Iōánnina
Perama
Halikion
Lyngos
Brousina
Keramitsa
Hag. Nikolaos
Klēmatea
Mitsikéli
Metsobon
Katara
Korydallos
Prossilion
Negádes
Monodendri
Tsepelovo
Kipi
Kalpakion
Elati
Zitsa
Kato Lavdani
Lia
Kerásobon
Delbinakion
Doliana
Aristē
Kakkabia
Pōgōnianē
Papingo
Tymphē
Kónitsa
Smolikas
Aoos
Ziákas
Kēpourio
Pindos
Pyrsoganne
Eptachōri
Pentalophon
Sarantaporos
Perat
Papingu Madh
Leskovik
Poliçan
Mali i Luaxhërisë
Nëmerçkë
Përmet
Kosinë
Dangëlli
Kolonjë
Ersekë
Grammos
Frashër
Qafëzezi
Osum
Ostrovicë
Vithkuq
Dvoran
Dardhë
Voskopojë
KORÇË
Moravë
Zemblak
Maliq
Moglicë
Qafe Zwezdë
Bilisht
Krystalopēge
Kranionas
Jeropēgē
Kastoria
Mesopotamia
Argos Orestikon
Nestórion
Pefkos
Neápolis
Tsotylion
Florina
Aetos
Melas
Kotta
Triklarion
Hag. Germanos
Akritas
Pylē
L. Mikra Prespa
L. Megale Prespa
Prespansko Jez.
Otesevo
Stenje
Ljubojno
Bukovo
Magarevo
Pelister
Lera
Kažani
Makazi
Davato
Reser
Ohrid
Ohridsko Jez.
Lin
Peštani
Ljubanista
Sv. Naum
Gorice
Pogradec
Guri i Zi
Valamare
Verçun
Zwirinë
Liq. i Maliqit
Struga
Kališta
Velešta
Vevčani
Botun
Izdeglavje
Belčišta
Dolenci
Orovnik
Globočica Stausee
L. Globočica
Crni Drim
L. Spilje
Sopotnica
Krusovo
Krivogaštani
Murgašovo
Ivanjevci
Demir Hisar
20km

172

170
Valandovo
Smokvica
Novi Dojran
Bogdanci
Stari Dojran
Gevgelija
Kalindria
Euzōnoi
Belovodica
Bošava
Dunje
Vitolište
Mrežičko
Skra
Peukoton
Koupa
Sosandoa
Meg. Leibadia
Axioupolis
Polykastron
Kilkis
Kerkinē
Kentrikon
Alexia
Pontokerasia
Anabryton
Isoma
Lachanas
Cheimarros
Herakleia
Ano Poroia
Petritsi
Exaplatanon
Gribas
Goumenissa
N. Gynaikokastron
Mikrokampos
Gallikos
Nea Dorkás
Orma
Ardea
Polykarpi
Papadia
Achlada
Arabyssos
Ano Kouphalia
Nea Pella
Pella
N. Chalkedon
Lēte
Lankadas
Edessa
Skydra
Giannitsa
Gephyra
Diabata
THESSALONIKI
Belē
L. Begoritis
Peraia
Hag. Panteleimon
Kampania
Alexandria
Platy
Kleidi
Pirgos
Chortiatēs
Kissos
Naousa
Véroia
Stavros
Ajinion
Aghia Trias
Anatolikon
Ptolemaïs
Marousia
Bergína
Kolindros
Eleftherohori
Methoni
Nea Michaniona
Vasilika
Krene
Epanomi
Asbestopetra
Amygdala
Kastania
Polydéndri
Kitros
Pydna
Ormos
Pontokomē
Chantova
Ritinē
Katerinē
Nea. Kallikrateia
Nea Plagia
N. Moudania
Kozanē
Petraná
Velvendos
Fotina
Paralia
Siatista
Dion
Vrontou
Thermaikos
Kolpós
Sérbia
Hag. Demētrios
Petras
Stena Portas
Libadion
Olympos
Litochoron
Leptokarya
Aiane
Auchen Kóka
Metaxas
Kokkinoplos
Herakleion
Platamon
Mikrobalton
Karya
Lazarádes
Kambounia
Burmpa
Krania
Deskátēs
Pyrgetos
Karperon
Deskátē
Elassón
Kato Olympos
Tempi
Omólion
Stomion
Tsaritsanē
Gonnos
Ampelakia
Ossa
Kissabos
Anixis
Domenikon
Sykourion
Meliboia
Ampelón
Týrnabos
Agia
Orthobouni
Meteora
Praitōri
Antichasia
Agrelia
Damasi
LARISA
Agiókampos
Kalambáka
Diaselon
Platykampos
Mauroboúni
Paleópyrgos
Farkadón
Pelinnaion
Koutsochero
Kalkē
Megalo Chorio
Krannon
Kypselē
Pēlion
Tríkala
Pēgē
Paliomonastēri
Agnantero
Palamas
Itea
Kranón
Paleóklesi
Rizómylos
Makrynitsa
Thessalia
Kyparissos
Pherai
Belestinon
Ithome
Mouzaki
Phanárion
Orfana
Mataranka
Enipeus
Dimini
VOLOS
Kala Nera
Karditsa
Mētrópolis
Sofádes
Demerla
Thebai
Phthiotides
Nea Anchiálos
Paliómylos
Pagasētikos
Phylaktí
Pharsala
Euxeinoupolis
Techniti
L. Megdobas
Neochori
Néon Monastiri
Narthakion
Anthotopos
Amaliápolis
Vragiana
Karoba
Kedron
Halmyrós
Sourpe
Domokós
Karyés
Bouna Gouras
Ptéleon
Pindos
Boulgara
Makryrrache
Kentina
Anabra
Othrys
Achilleion
Domianē
Phrangista
Loutra
Platystomon
Fourka Pass
Pelasgia
Kalesmenon
Hag. Geórgios
Tymfrēstos
Lamía
Stylis
Glifa
Karpenision
Gardiki
Omilaion
Meg. Chorio
Anthili
Thermopylai
Maliakos Kolpós
Mólos
Kámena
Lihas
Limnos, Alexandroupolis
Skiathos, Iraklion
169
173

Blagojevgrad
БЛАГОЕВГРАД
Jakoruda
Čepino
Batak
Belica
Gradevo
Predel
Razlog
Banja
Elešnica
Dobrinište
Bansko
Simitli
Vihren
Pirin
Kamenica
Gostun
Zapadni Rodopi
Sjutkaja
J.v.Kolarov
Devin
Mihalkovo
Persenk
Borino
Beden
Široka Laka
Smoljan
СМОЛЯН
Levočevo
Čepelare
Rajkovo
Rudozem
Smiljan
Sirnica
Jaz. Dospat
Dospat
Satovča
Jaz. Barutin
Breznica
Kresna
Struma
Sandanski
САНДАНСКИ
Goce Delčev
Koprivlen
Dibnica
Melnik
Levunovo
Marikostinovo
Kulata
КУЛАТА
Petrič
Strumešnica
Promachon
ΠΡΟΜΑΧΩΝ
Radomir
Orbelos
Peridori
Achladochōri
Leukogeia
Potamoi
K. Neurókopi
Bouzala
Skalotē
Sillē
Nestos
Paranéstion
Stauroúpol
Kechrokambos
Ptelea
Lekanē
Ano Poroia
Petritsi
Lailias
Sidērókastron
K. Brontou
Mikropolis
Pyrgoi
Petrousa
Dráma
ΔΡΑΜΑ
Menikion
Kalē Brisi
Prosotsánē
Adrianē
Choristē
Zygos
Lekanes
Kestenés
Makrychori
Herakleia
L. Kerkinitis
Kerkinē
Bathē
Cheimarros
Pontokerasia
Lakkos
Serrai
ΣΕΡΡΑΙ
Kallithea
Alistratē
Neazichna
Gázōros
Kalampaki
Krēnides
Philippoi
Polýstylon
Nea Karbalē
KAVALA
ΚΑΒΑΛΑ
Anabryton
Kalon Kastron
Isoma
Lachanas
Nigrita
Strymon
Drabiskos
Rodolibos
Kēpia
Pangaion
Eleutheroúpolis
K. Kabálas
N. Iraklitsa
N. Péramos
Ormos Prinou
Kalybes
Hypsari
Limenária
Pyrgos
Messoropi
Eleutherai
Folea
Myrtophyton
Bertiskos
Nea Dorkás
Choumnikon
Kerdylion
Nea Kerdylia
Amphipolis
Karyanē
Loutra
Sochos
Stefanina
Aspróvalta
Lankadas
Profitis
Mikra Bolbē
L. Bolbē
Staurós
Rentina
Strymonikòs Kolpós
THESSALONIKI
ΘΕΣΣΑΛΟΝΙΚΗ
Lankadikia
Apollonia
Zankliberi
Olympiáda
Chortiatēs
Kissos
Peristera
Barbara
Stratonikē
Stratōnion
Stagira
Neochōri
Riza
Arnaie
Sana
Akr. Arápes
Vasilika
Hygizonos
Meg. Panagia
Hierissos
N. Roda
Tripití
Krene
Epanomi
Babdos
Polýgyros
ΠΟΛΥΓΥΡΟΣ
Chalkidiki
Petralona
N. Tenedos
Ormylia
Amoliani
Ouranopolis
Hag. Oros
Chiliandros
Batopedios
Pantokrator
Athos
ΑΘΩΣ
Kariá
Hag. Panteleēmonas
Karakala
Lauras
Daphnē
Simon-Petra
Hag. Paulos
Akr. Pinnes (Nymphaion)
Kallikráteia
Olynthos
Jerakini
Ormós Panagias
Nikēta
Sithonia
Nea Plagia
N. Moudania
Poteidaia
Kolpós Kassándras
Kolpós Hagiou Orous
Thermaikos Kolpós
N. Phokaia
Kallithea
Sani
Kassandria
Kassandra
Chaniotis
Kalandra
Paliouri
Loutra
Neos Marmaras
Porto Charras
Toroné
Sykiás
Kufos
Itamos
PEL
Skiathos
20km
174
170

D
E
F
1
2
3
4
5
6
Svilengrad
СВИЛЕНГРАД
Sırpsındığı
Edirne
Petelovo
Malki Izvor
Malko Gradište
Varbovo
Petrota
Dikaia
Kastanea
ΚΑΣΤΑΝΕΑ
Komuniga
Černočene
D.Glavanak
Silen
Rodopi
Kărdžali
КЪРДЖАЛИ
Kladenec
J Studen
Arda
J Ivailovgr.
Komara
Phylákion
E85
Ebros
Potočnica
Popsko
Ivailovgrad
Orestiás
Ardino
Bjal Izvor
Momčilgrad
Belopolci
Ladi
Dafni
Thoúrion
Madan
Krumovgrad
Bjala R.
Mandrica
Metaxades
Brysiká
Didymoteicho
ΔΙΔΥΜΟΤΕΙΧΟΝ
Podkova
Čorbadžijsko
Mikron Dereion
Láydra
Fotinovo
Zlatograd
Južni Rodopi
Virsini
Megalo Dereion
Sidiró
Souphli
Echinos
Meriç
Ergene Nehri
Sapka
Ano Drosine
Kotronia
Dadia
Korgopholea
Küplü
Pessáne
Kará Oylán
THRAKI
Komotinī
ΚΟΜΟΤΗΝΗ
Nea Santa
Xydia
Kimeria
Kopteron
Arisbe
Sápai
İbriktepe
Tychion
Kabakle
Venna
Kitrinopetra
Vafaika
Lagos
Aisymē
Paguria
Porto Lago
Ismaros
Nipsa
Abús
Ardanion
ΑΡΔΑΝΙΟΝ
Ipsala
Kirkē
Loutros
Ferai
Pherrai
Xylagtanē
Marōneia
Phanari
Makri
Abdyra
Abdēra
Akr. Báloustra
Hag. Charálampos
Alexandroupolis
ΑΛΕΞΑΝΔΡΟΥΠΟΛΙΣ
Kolpós Ánu
Gala Gölü
Orhaniye
Hisarlı D.
Enez
Suluoa
TÜRKİYE
İbrice
THRAKIKON PELAGOS
Karabu
Saros Körfezi
Thássos
Samothrakī
ΣΑΜΟΘΡΑΚΗ
Kamariotissa
Mnimória
Phengari
Lakkoma
Tayfurköy
Kara Burun
Beşyol
Büyük Kemikli Burun
Kabatepe
Eceabat
Kaleköy
Kuzu Limanı
Kilitbahir
Çanakkale
A. Ilias
Çınarlı
Tekke Burun
Abide
GAIŌN
Gökçeada
Kumkale
İntepe
Troia
Küçük Menderes
Plaka
Varos
Kornos
Kontopoúlion
Limnos
ΛΗΜΝΟΣ
Kaspakas
Mirina
Moudros
Kondia
Skandali
Bozcaada
Geyikli
Ezine
Odunluk İskelesi
Bey Dağı
E87
AGOS
Ayvacık
TÜRKİYE
Tuzla Çayı
Gülpınar
Baba Burun
Eustrátios
Hag. Eustrátios
Rafina
Sigrion
Porthmos
Lesvos
Mēthymna
Pétra

175

A
B
1
3
4
5
6
168
Préveza
ΠΡΕΒΕΖΑ
Aktion
Kolpos
Bónitsa
Krikellon
Giannópoulon
Karpenision
ΚΑΡΠΕΝΗΣΙΟΝ
Meg. Chorio
Kaliakouda
Domnitsa
Amphilochia
ΑΜΦΙΛΟΧΙΑ
Ano Hag. Blasios
Monastēraki
Loutraki
Stanos
Katoūna
Akarnanika Or.
Lefkas
ΛΕΥΚΑΣ
Karyai
Nydrion
Pálairos
Kandēla
Fyteiai
Lepenou
Elaiófyton
Prussos
Panaitolikon Or.
Igoumenitsa, Kerkyra Gaios
Venezia, Bari, Brindisi, Ancona, Trieste
Lefkas
Athanion
Katochōri
Mytikas
Limnē Ozeros
Strátos
Agrínion
ΑΓΡΙΝΙΟΝ
Thermon
Krokyle
Aj. Petros
Basilike
Mega-nission
Kalamos
Kalybia
Angelokastron
L. Trichonis
Petrochōrion
Hag. Spyr
Stranōmaa
Palaiópyrg
Akr. Leukátas
Aj. Nikolaos
Niras
Astakós
2004
Stamna
Gabalou
Arakynthos
Atokos
Pentalophos
Euēnos
Naupaktia
Phiskárdon
Stavros
Kionion
Ithákē
ΙΘΑΚΗ
Ithake
Piso Aetos
Katochē
Aitōlikón
Pleurōn
Kalydōn
Naúpa
ΝΑΥΠ
Oiniadai
Mesolóngion
ΜΕΣΟΛΟΓΓΙΟΝ
Acheloos
Euēnochōri
Kryoneri
Antirion
Rion
Psath
Kefallinia
ΚΕΦΑΛΛΗΝΙΑ
Assos
Dibarata
Aj. Effimia
Oxia
Troulis
Patraikòs Kolpós
PATRAI
ΠΑΤΡΑΙ
2003
Kam
Arabonit
Zóla
Aj. Effimia
Kardakata
Akr. Araxos
Ionian Beach
Kalogria
Paralia
Panac
Diakopt
Bilatória
Sámē
Razata
Lakko petra
Kato Achaia
Brachnaika
Chalandrits
Lixoúrion
Argostólion
ΑΡΓΟΣΤΟΛΙΟΝ
Ainos
Peros
Aj. Irini
Pessada
Skala
Katelios
Loutra Kounoupéli
Lousika
Kankadi
Mazarákion
Achaia
Erýmanthos
Brindisi
Barda
107
Santomerion
Aetorahi
Libartzior
Lechainá
Kyllini
Kastro
Andrabida
Lutra Kyllinis
Miramare Olympia Beach
Vartholomión
Gastoúnē
Elis
Amaliás
ΑΜΑΛΙΑΣ
Ephýra
Skiadas
Lámpeia
Kor
Korithion
Bolimes
Zákynthos
ΖΑΚΥΝΘΟΣ
Anafonitria
Planos
Koutsochéra
Zákynthos
Xirokastellon
Vassilikos
Kourouta
Alpochōri
Machairado
Lajenas
Keri
Plátanos
Pýrgos
ΠΥΡΓΟΣ
Olympía
ΟΛΥΜΠΙΑ
Katákōlon
Akr. Ichthys
Epitalion
Krestena
Alpheios
Samikon
Minthē
223
Kaiafa
Zacharō
Kyparissiakòs Kolpós
Kakovatos
Katō Figáleia
Bassai
57
Elāa
Sidērokastr
Strofades
Kyparíssia
Kyparissia
Philiatrá
Hellēnc
Christianón
66
Gargaliánoi
IŌNIŌN
Marathoupolis
Prótē
Palace of Nestor
Koryphasion
Chora
Kaza
Pylos
Pýlos
ΠΥΛΟΣ
Methōnē
Fir
Sapiéntza
Nēsoi Oinoúsai
PELAGOS
20km

174

D
E
F
Spercheiás
Hypatē
Alepospita
Anthili
Thermopylai
Mōlos
Kamena Vurla
Hag. Konstantinos
Lihas
Loutra Aidépsou
Arkitsa
Limnē
Kymasi
Mantoúdion
Pílion
Prokopion
Bóreios Euboïkos Kolpós
368
Leibanátes
Skala
Malesina
Zélion
Atalántē
Martinon
Larymna
130
Politika
Psachná
Chalkis
1
A. Musonitsa
Grabiá
Gióna Óros
Polýdrosos
Amphikleia
Elateia
Kátō Tithoréa
Tithoréa
140
Paulos
Topólia
N. Artákē
Chália
Leukaditi
Prosēlion
Heptálophos
85
Amfissa
Lidōrikion
Delphi
Aráchoba
Dauleia
Petromagoula
Hag. Dēmētrios
Akraiphnion
Ritsóna
Bathý
Schimatárion
Bounichóra
109
Erateinē
Galaxídion
Desphina
Antikýra
Distomon
Lebadeia
113
Aliartos
Pétros
Thivai
24
Tanágra
Neochōrákion
Skourta
Aulōn
Osios Louka
Kyriákion
Hag. Geórgios
Helikon
Théspiai
Prodromos
Paralía
Hag. Joánnēs
Leuktra
Erythrai
Plataiai
Oinoē
Aigion
Témenē
Diakopton
Trapesa
Paralía Akrátas
Korinthiakos Kolpós
Alepochōrion
Germainós
Ereneia
Mándra
69
Fylē
2003
129
Derbénion
Xylókastron
Limni
Vuliagmenis
Perachora
Geraneia
Megara
87
Eleusis
Aspropýrgos
Daphnē
PEIRAIEFS
Pérama
Salamis
Ampelákia
Kalábryta
Balime
Marmati
Kiáton
Kórinthos
Loutrákion
Kineta
Aiánteion
Chelmos
Trikala
Kyllēnē
Pheneos
216
Sikyon
Belon
Arch. Kor.
Isthmia
Hag. Theódōroi
ATHINAI
Saronikos Kolpos
Salamis
Aroáneia
Goura
Kastaniá
Kleitoria
Kátō
Kaliánoi
Stymphalia
Psari
Phlious
Stimánka
Chiliomodion
Kalamaki
Beach
Akrokorinthos
Sophikón
Akr. Plakakia
Suvala
3
Aígina
Aígina
Naos Aphaia
Aj. Marina
Dafnē
Lauka
Neméa
Kleonai
Mykēnai
55
Korfos
Ankistrion
Pérdika
Kandyla
Orchomenos
Doúka
Gymnon
Limnai
84
117
Néa Epídafros
P. Epidafros
Baltesinikon
Lebidi
Kakoúrion
Koutsopódion
Mydea
Ligourion
Kaiméni
Méthana
Bytina
Mainalon Óros
Mantineia
Kariá
Argos
Hag. Triás
Tiryns
Nafplion
Fanári
Póros
Póros
Nestanē
55
Myloi
Asinē
Drepanon
Kandia
Rómvi
Xydaiika
Didymon
Troizēn
130
Galatas
153
Dabia
Loukás
Tolon
Paralia Irion
Didyma
Tripolis
Achladókampos
Stenon
Tegea
Rizai
Astros
Paralion Astros
Kranídion
Thermissíon
Hermionē
Porto Hydra
Hydra
4
Hydra
Karýtaina
260
Megalopolis
Argolikos Kolpos
Pórtochélion
Kosta
Dokos
Episkopi
Spétsai
Spétsai
Blachokerasea
59
62
Hag. Nikólaos
Hag. Andréas
Leontárion
Anō Kollínes
Karyai
Longanikos
1
Zeugolateio
Meligalás
Aristodēmeion
2003
Tyros
Leonídion
Paralia Tyrou
Kastóreion
Basarás
Parnōn
Arphara
60
Langada-schlucht
Tripi
Spartē
Chrysafa
Kosmas
Poulēthra
MYRTŌON
5
PELAGOS
Thouria
Kalamata
Mystras
Amyklai
Goritsa
Geráki
Kyparissi
Parapóla
Anogeia
Brontamás
Hag. Dēmētrios
Buka
Velika Beach
Petalidion
Avia
Kampos
Taygetos
Lakonia
Goubes
Kitries
Gerani
Basilakion
Daphni
98
Kardamylē
Arna
72
Krokeai
Elos
Skala
Moláoi
Leúktron
Kastania
Sykéa
Epídauros Liméra
1
Panitsa
Gýtheion
Elaia
Papadianika
Monembasía
Messēniakos Kolpos
Oitylon
Ageranos
Plytra
Nomia
Archangelos
Areópolis
Lakonikos Kolpos
Pirgou Dirou
Kotrōnas
Dirou Grotte
Elafónesos
Neápolis
6
Kokkala
Elafónesos
Akr. Maléas
Gerolimēn
Vathia
Akr. Tainaron (Matapas)
Elaphonesos
Karabas
Kythera

A
B
C
170
Agiókampos
Platykampos
Kalkē
Kypselē
Palēoklēsi
Rizómylos
Pēlion
Chorevtón
Aj. Ioannis
Tsangarada
Makrynítsa
Dimini
Lechonio
Mēlies
Belestinon
Pherai
VOLOS
ΒΟΛΟΣ
Kala Nera
Afyssos
Neochorion
Hersonēsos
Magnesias
Nea Anchialos
Thēbai Phthiotides
Paliómylos
Euxeinoupolis
Anthotopos
Pagasētikos
Kolpós
Argalastē
Promýri
Kalamos
Platania
Amaliápolis
Halmyrós
Sourpē
Trikeri
Pteleon
Achilleion
Bouna
Gouras
Anabra
Othrys
Skiathos
ΣΚΙΑΘΟΣ
Glóssa
Alónnēsos
ΑΛΟΝΝΗΣΟΣ
Alónnēsos
Peristera
Skópelos
ΣΚΟΠΕΛΟΣ
Pelagos
Vorei
Thessaloniki N.Moudania
Neos Marmaris
Hellēniká
Pefkion
Istiaia
Oreoi
Ajiokambos
Kokkinomiléa
Achladi
Angali
Hag. Anna
Kastaniotissa
Xeron
Loutra Aidépsou
Strophýlia
Glifa
Kymasi
Mantoúdion
Pilion
Limnē
Prokopion
Pyxária
Dirphys
Delph
Lamía
ΛΑΜΙΑ
Stylis
Pelasgia
Aj. Marina
Fourka Pass
Maliakós Kolpós
Lihas
Anthili
Thermopylai
Mōlos
Kamena Vurla
Hag. Konstantinos
Arkitsa
Bóreios Euboïkos Kolpos
Knēmis
Renginion
Leibanátes
Skala
Opous
Malesina
Politika
Psachná
Steni Dirfyos
Dirfion
Metohion
Adronianoi
Ōrológ
Drymon
Zélion
Elateia
Atalánte
ΑΤΑΛΑΝΤΗ
Martínon
Larymna
N. Artáke
Chalkís
ΧΑΛΚΙΣ
Olympos
Afrátion
Basilíkon
Chalia
Kēfissos
Amphikleia
Polydrosos
Amblema-P.
Heptálophos
Káto Tithoréa
Tithoréa
Chlōmon
Paulos
Topolia
Amfissa
ΑΜΦΙΣΣΑ
Delphi
Parnassos
Dauleia
Petromagoula
Orchomenos
Hag. Demetrios
Akraiphnion
Paralimnē
Ritsōna
Bathy
Eretria
Amárynth
Arachoba
Chaironeia
Distomon
Lebadeia
ΛΕΒΑΔΕΙΑ
Aliartos
Hylikē
Thivai
ΘΗΒΑΙ
Schimatárion
N. Euboïkos
Amphiarion
Skala Ōropou
Hag. Apó
Malakasa
Kapandr
Desphina
Antikýra
Osion Louka
Kyriákion
Hag. Geórgios
Helikon
Thespiai
Pétros
Tanagra
Neochorakion
Skourta
Aulōn
Parnes
Dekeleia
Galaxidion
Prodromos
Paralia
Hag. Joánnēs
Leuktra
Plataiai
Erythrai
Oinoē
Aigosthena
Germainós
Ereneia
Mándra
Fylē
Acharnai
Aspropyrgos
Daphnē
Kēfisia
ΚΗΦΙΣΙΑ
Pentelikon
Korinthiakos Kolpos
Paralia Akrátas
Alepochōrion
Derbénion
Xylókastron
Limni Vuliagmenis
Perachora
Geraneia
Megara
ΜΕΓΑΡΑ
Eleusis
PEIRAIEFS
Pérama
Salamis
Ampelákia
Paiania
Hymē
Kiáton
Sikyon
Kórinthos
ΚΟΡΙΝΘΟΣ
Loutrákion
Isthmia
Kineta
Aiánteion
Hag. Theódōroi
ATHINAI
ΑΘΗΝΑΙ
Salamis
Glyfáda
Vuliagméni
Varkisa
Trikala
Kyllēnē
Belon
Arch. Kor.
Stimanka
Kalamaki
Beach
Diorkyx Korinthu
Saronikos Kolpós
Goūra
Kastania
Kalianoi
Stymphalia
Phlious
Psari
Chiliomódion
Kleonai
Akrokórinthos
Sophikón
Korfos
Akr. Plakakia
Suvala
Naos Aphaias
Aígina
Aj. Marina
Anábysso
Lauka
Neméa
Mykénai
Limnai
Néa Epidafros
Ankístrion
Pérdika
Kandyla
Doúka
Gymnon
Koutsopódion
Mantineia
Nestanē
Kariá
Argos
ΑΡΓΟΣ
Mydea
Ligourion
Epidafros
ΕΠΙΔΑΥΡΟΣ
Kaiméni
Méthana
Hag. Triás
Tiryns
Nafplion
Hiéron Asklepiou
Fanári
Póros
Mylo
Asine
Xydaika
Didymon
Troizen
Galatas
Akr. Skylaion
Loukas
Tripolis
Achladókampos
Stenon
Tegea
Rizai
Drepanon
Tolon
Kandia
Rómvi
Paralia Irion
Didyma
Thermission
Hermionē
Porto Hydra
Astros
Paralion Astros
Kranídion
Argolikos
Pórtochélion
Hydra
Dokos
Kosta
Episkopi
Hag. Nikólaos
Hag. Andréas
Blachokerasea
Anō Kollínes
Karyai
Spétsai
20km
Tyros
Leōnídion
Paralia Tyru
Kastóreion
MYRTŌON
Rethymnon
Souda
Iraklion, Hag. Nikolaos
173

D
E
F
171
Hag. Eustrátios
A I G A I Ō N
P E L A G O S
Sporades
Piperi
Mirina
Sýgrion
Skala
Lesbos
ΛΕΣΒΟΣ
Mytilini
1
2
3
4
5
6
Olympos
403
Skyros
Skyros
ΣΚΥΡΟΣ
Linaria
Skyropoula
Balaxa
792
Sarakēno
Psará
Palaiá Psará
Kymēs
Oktōnia
Evvoia
Krieza
Distos
19
Almyropotamos
20
Styra
N. Styra
32
Sotira
Ochē
1398
Karystos
Marmari
Petalioi
Chios, Mytilini,
Çesme
Ándros
ΑΝΔΡΟΣ
Gáureion
Apikia
994
Steniá
Batsion
Petalo
Ándros
Paläopolis
Ormos
Messojäas (Porto Rafti)
Kolpos Petaliōn
Kyklades
Porthm. Androu
Tinos
ΤΗΝΟΣ
Komē
Akr. Livada
Ormos Panormu
650
Kionia
Tinos
Porthm. Mykonou
Ikaria, Chios
Makrónēsos
Laurion
Sounion
Burkari
Korissia
Kéa
Kéa
ΚΕΑ
561
Kea Beach
Gyáros
Akr. Trimeson
Ano Syros
Sýros
ΣΥΡΟΣ
442
Hermoupolis
Finix
Barē
Posidonia
Rhineia
Delos
364
Kalafatis
Mykonos
Mýkonos
ΜΥΚΟΝΟΣ
Aj. Kirykos
Kea
Peiraiefs-Skala
Loutrá
Kýthnos
Kýthnos
ΚΥΘΝΟΣ
Merichas
Dryopis
Kanala
Porthm. Seriphou
Rhodos, Lemesas, Astypaläa
Adamas
Seriphos
ΣΕΡΙΦΟΣ
Panajia
595
Sériphos
Koutalas
Livadion
L A G O S
Akr. Filippou
Kamáres
175
Antíparos
Antiparos
Páros
ΠΑΡΟΣ
Paros
Náusa
771
Marpissa
Piso Livadi
Dryos
Akr. Stavrós
Apóllona
Koronos
Náxos
ΝΑΞΟΣ
Naxos
Apéra
1008
Filótion
Alikion

MARCO POLO

Für Ihre nächste Reise gibt es folgende Titel:

Deutschland

Allgäu
Amrum/Föhr
Bayerischer Wald
Berlin
Bodensee
Chiemgau/
Berchtesgaden
Dresden
Düsseldorf
Eifel
Erzgebirge/Vogtl.
Franken
Frankfurt
Hamburg
Harz
Heidelberg
Köln
Leipzig
Lüneburger Heide
Mark Brandenburg
Mecklenburgische
Seenplatte
Mosel
München
Nordseeküste:
Schleswig-Holst.
Oberbayern
Ostfries. Inseln
Ostfriesland:
Nordseeküste
Niedersachsen
Ostseeküste:
Mecklenburg-
Vorpommern
Ostseeküste:
Schleswig-Holst.
Pfalz
Potsdam
Rügen
Schwarzwald
Spreewald/Lausitz
Stuttgart
Sylt
Thüringen
Usedom
Weimar
Die besten Weine
in Deutschland
Die tollsten
Musicals in
Deutschland

Frankreich

Bretagne
Burgund
Côte d'Azur
Disneyland Paris
Elsass
Frankreich
Frz. Atlantikküste
Korsika
Languedoc-
Roussillon
Loire-Tal
Normandie
Paris
Provence

Italien Malta

Capri
Dolomiten
Elba
Emilia-Romagna
Florenz
Gardasee
Golf von Neapel
Ischia
Italien
Italien Nord
Italien Süd
Ital. Adria
Ital. Riviera
Mailand/
Lombardei
Malta
Oberital. Seen
Piemont/Turin
Rom
Sardinien
Sizilien
Südtirol
Toskana
Umbrien
Venedig
Venetien/Friaul

Spanien Portugal

Algarve
Andalusien
Azoren
Barcelona
Costa Blanca
Costa Brava
Costa del Sol/
Granada
Fuerteventura
Gomera/Hierro
Gran Canaria
Ibiza/Formentera
Lanzarote
La Palma
Lissabon
Madeira
Madrid
Mallorca
Menorca
Portugal
Spanien
Teneriffa

Nordeuropa

Bornholm
Dänemark
Finnland
Island
Kopenhagen
Norwegen
Schweden

Osteuropa

Baltikum
Budapest
Königsberg/Ost-
preußen Nord
Masurische Seen
Moskau
Plattensee
Polen
Prag
Riesengebirge
Rumänien
Russland
St. Petersburg
Slowakei
Tschechien
Ungarn

Österreich Schweiz

Berner Oberland/
Bern
Kärnten
Österreich
Salzburg/
Salzkammergut
Schweiz
Tessin
Tirol
Wien
Zürich

Westeuropa und Benelux

Amsterdam
Brüssel
England
Flandern
Irland
Kanalinseln
London
Luxemburg
Niederländ. Küste
Niederlande
Schottland
Südengland
Wales

Südosteuropa

Athen
Bulgarien
Chalkidiki
Griechenland
Festland
Griechische
Inseln/Ägäis
Ionische Inseln
Istrien/Kvarner
Istanbul
Korfu
Kos
Kreta
Kroatische Küste
Peloponnes
Rhodos
Samos
Türkei
Türkische
Mittelmeerküste
Zypern

Nordamerika

Alaska
Chicago und
die Großen Seen
Florida
Hawaii
Kalifornien
Kanada
Kanada Ost
Kanada West
Los Angeles
New York
Rocky Mountains
San Francisco
USA
USA Neuengland
USA Ost
USA Südstaaten
USA Südwest
USA West
Washington, D.C.

Mittel- und Südamerika Antarktis

Antarktis
Argentinien/
Buenos Aires
Bahamas
Barbados
Brasilien/
Rio de Janeiro
Chile
Costa Rica
Dominikanische
Republik
Ecuador/
Galapagos
Jamaika
Karibik I
Karibik II
Kuba
Mexiko
Peru/Bolivien
Südamerika
Venezuela
Yucatán

Afrika Vorderer Orient

Ägypten
Dubai/Emirate/
Oman
Israel
Jemen
Jerusalem
Jordanien
Kenia
Libanon
Marokko
Namibia
Südafrika
Syrien
Türkei
Türkische
Mittelmeerküste
Tunesien

Asien

Bali/Lombok
Bangkok
China
Hongkong
Indien
Japan
Ko Samui/
Ko Phangan
Malaysia
Nepal
Peking
Philippinen
Phuket
Singapur
Sri Lanka
Taiwan
Thailand
Tokio
Vietnam

Indischer Ozean Pazifik

Australien
Hawaii
Malediven
Mauritius
Neuseeland
Seychellen
Südsee

Sprachführer

Arabisch
Englisch
Französisch
Griechisch
Italienisch
Kroatisch
Niederländisch
Norwegisch
Polnisch
Portugiesisch
Russisch
Schwedisch
Spanisch
Tschechisch
Türkisch
Ungarisch

In diesem Register sind alle im Führer erwähnten Orte und etliche zusätzliche Stichworte verzeichnet. Halbfette Seitenzahlen verweisen auf den Haupteintrag, kursive auf ein Foto.

Schreiben Sie uns!

Liebe Leserin, lieber Leser,

wir setzen alles daran, Ihnen möglichst aktuelle Informationen mit auf die Reise zu geben. Dennoch schleichen sich manchmal Fehler ein – trotz gründlicher Recherche unserer Autoren/innen. Sie haben sicherlich Verständnis, dass der Verlag dafür keine Haftung übernehmen kann. Wir freuen uns aber, wenn Sie uns schreiben.

Senden Sie Ihre Post an die MARCO POLO Redaktion,
Mairs Geographischer Verlag, Postfach 31 51, 73751 Ostfildern,
marcopolo@mairs.de

Impressum

Titelbild: Kap Súnion, Poseidon-Tempel (R. Hackenberg)
Fotos: K. Bötig (151); R. Hackenberg (1, 2 u., 4, 9, 13, 17, 20, 29, 30, 36, 47, 50, 51, 52, 54, 55, 59, 66, 70, 74, 80, 88, 90, 91, 100, 103, 116, 119, 130, 165); HB Verlag: Fabig (93, 104), Modrow (144), Schröder (19, 26, 108, 141, 146); Huber (96), Simeone (U l., 64); F. Ihlow (152); laif: Huber (37, 39), Kirchner (28, 31, 34); Mauritius: Bibikow (2 o., 57, 78), Harscher (6, 83), Rosenfeld (22), Thonig (U m., 5 u., 82, 138), Visa Image (24); K. Müller (32); Oswaldpress (143); W. Rußwurm (92); Santor (14, 97); Schapowalow: Wimmer (42, 76); K. Thiele (43); E. Wrba (U r., 5 o., 7, 11, 65, 106, 107, 111, 112, 123, 126, 128, 132, 133, 148)

7., aktualisierte Auflage 2002 © Mairs Geographischer Verlag, Ostfildern
Herausgeber: Ferdinand Ranft, Chefredakteurin: Marion Zorn
Bildredakteurin: Gabriele Forst
Kartografie Reiseatlas: © Mairs Geographischer Verlag/Falk Verlag, Ostfildern
Gestaltung: red.sign, Stuttgart
Sprachführer: in Zusammenarbeit mit dem Ernst Klett Verlag GmbH, Stuttgart, PONS Wörterbücher

Printed in Germany. Gedruckt auf 100% chlorfrei gebleichtem Papier

Bloß nicht!

Ausgesprochene Touristenfallen gibt es in Griechenland nicht, aber ein paar Dinge sollten Sie doch wissen

Die richtigen Schuhe vergessen
Auch für kleine Wanderungen sollten Sie unbedingt feste Schuhe, zumindest aber Turnschuhe tragen. Die Wege sind oft steinig und rutschig. Außerdem gibt es Schlangen, die zwar normalerweise vor den Menschen flüchten – aber man weiß ja nie. Für den Strand empfehlen sich im Sommer Badeschuhe, denn der Sand wird oft brennend heiß.

Brandgefahr unterschätzen
Die Waldbrandgefahr ist in Griechenland groß. Verkohlte Bäume beweisen das überall. Insbesondere Raucher und Camper werden um besondere Vorsicht gebeten.

Zur falschen Zeit, am falschen Ort telefonieren
Griechen ruft man nie zwischen 14 und 18 Uhr an! Bevor Sie von Reisebüros und Hotels aus Ferngespräche führen, sollten Sie sich nach dem Preis erkundigen. Mehr als 45 Prozent Aufschlag auf den OTE-Tarif sind Wucher!

Zu spärlich bekleidet sein
Am Strand und in den Badeorten sind Griechen nackte Haut gewohnt. In Kirchen und Klöstern sind aber bedeckte Schultern und Knie erwünscht. In Dörfern wird man von den Einheimischen eher respektiert, wenn man nicht in Badekleidung durch die Gassen schlendert.

Altes und Antikes mitnehmen
Antiquitäten, alte Webarbeiten und Stickereien sowie alte Ikonen dürfen nur mit besonderer Genehmigung ausgeführt werden. Wer an antiken Stätten Steine aufhebt oder Butterbrote verzehrt, macht sich strafbar.

Drauflosknipsen
Die meisten Griechen lassen sich gern fotografieren. Fotografen, die sich wie Jäger benehmen, mögen sie aber nicht. Bevor man den Auslöser drückt, sollte man höflicherweise mit einem Lächeln das Einverständnis seines Gegenübers einholen.

Mittagsruhe stören
Auch Mönchen und Nonnen ist die Mittagsruhe heilig. Zwischen 13 und 17 Uhr sind Besucher in den meisten Klöstern nicht willkommen.

Blindlings Fisch bestellen
Frischer Fisch ist teuer und wird nach Gewicht berechnet. Sie sollten sich beim Bestellen immer den Kilopreis nennen lassen und beim Auswiegen unbedingt dabei sein. Sonst könnten Sie beim Bezahlen eine unangenehme Überrachung erleben.